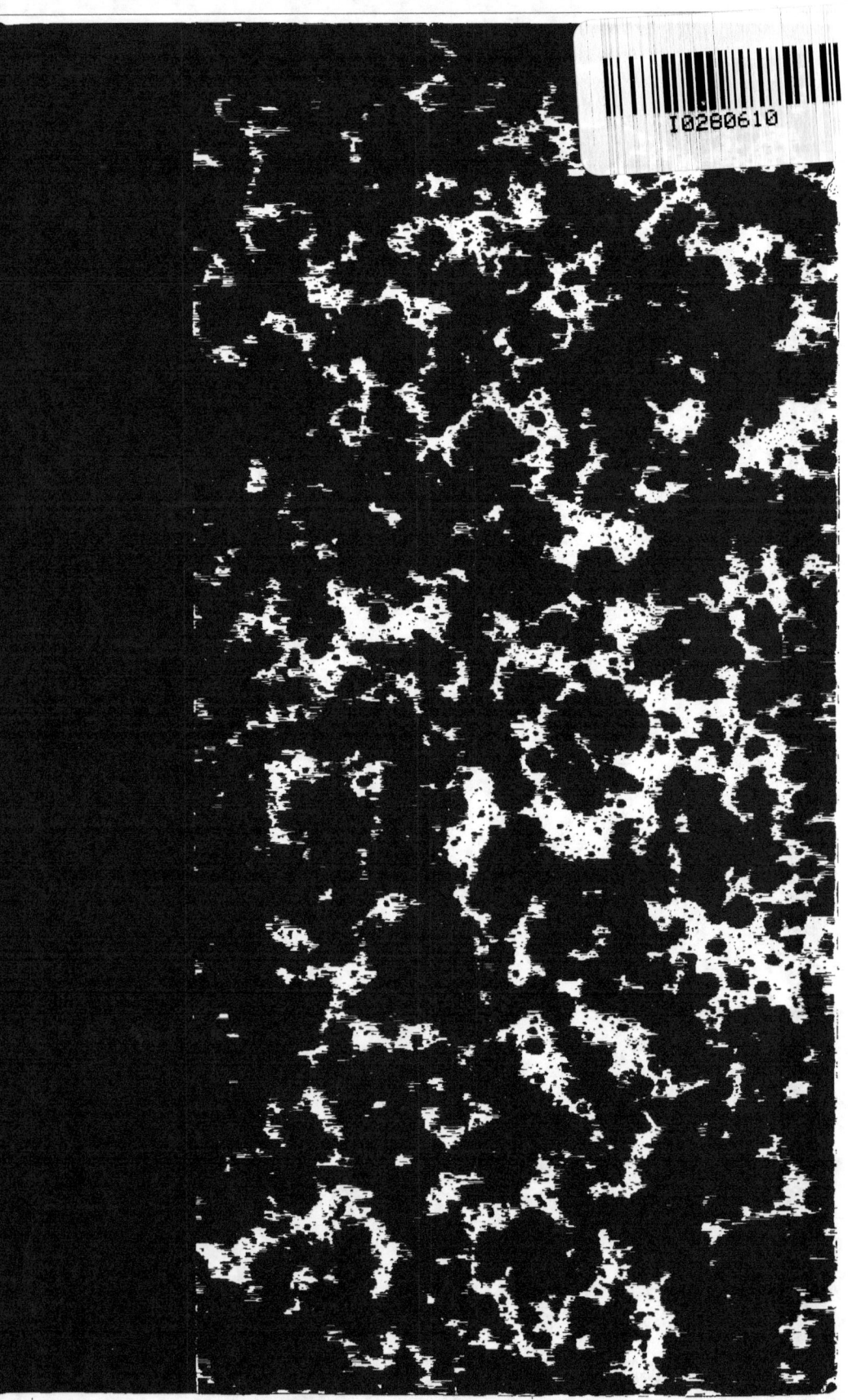

NOTICES

Sur la nouvelle Nomenclature des Rues de la Rochelle,

Par plusieurs Citoyens de cette Commune.

L'instruction est le besoin de tous.
(*Décl. des droits de l'homme : art. 22.*)

A LA ROCHELLE.
Chez P. L. CHAUVET, Imprimeur, rue de la Victoire.

———

An troisieme de la République Française, une & indivisible.

EXTRAIT

Du Regiſtre des Délibérations du Conſeil-Général de la Commune de la Rochelle.

Séance du 2 Frimaire, an 3.ᵉ de l'Ere Républicaine.

UN Membre de la Commiſſion chargée par le Conſeil-Général de ſubſtituer aux anciens noms des rues & ſections de cette Commune (la plupart inſignifians ou préſentant le ſouvenir de la ſuperſtition & du deſpotiſme), des noms nouveaux, propres à inſtruire & à intéreſſer les Citoyens, informe le Conſeil que, ſelon ſon deſir, les Citoyens invités en ſon nom par la Commiſſion à donner une explication hiſtorique, morale & philoſophique de ces nouveaux noms, viennent de terminer leur travail, & que l'Ouvrage va ſortir des mains de l'Imprimeur. Le Conſeil, qui avoit précédemment donné ſon aſſentiment à l'impreſſion de cet Ouvrage, dont le but eſt de propager les principes de la Morale & du Patriotiſme, charge le Membre de la Commiſſion de témoigner aux rédacteurs qu'il en verra avec satisfaction la publicité, annoncée dans le Tableau de la Nomenclature, & attendue par tous les bons Citoyens de la Commune qui paroissent disposés à l'accueillir favorablement.

Fait & arrêté en Conseil-Général, les jours mois & an ci-dessus.

Signé : PINET, *maire*; CHAIZE, RONDEAU, GARNAULT, LEBOUC, CHOPARD-MAILLOT, RANSON, CAPPON, PELLIER, QUINEMANT fils ainé, PILLOT & MÉNEAU, *Officiers Municipaux*; DELAIRE, SOLLEAU, *Agens Nationaux*; DANGLADE, ROUX, QUINEMANT pere, SABOURIN, BASSET, PICHON, RAVET, VIVIER, FILLEUL, REYNIERS, BIZEUX, MAGUÉ, FILLON, THOMAS, JACOB, LALANNE, RAYMOND, JUNIN, FOUCHEREAU, LEBLANC, NORIGEON, TRONCHET, PAYNEAU & ROBERT-VERDIER, *Notables*.

Pour copie conforme, signé, BARRET, *Secrétaire-Greffier*.

Note. Par arrêté du même jour, le Conseil a adopté quelques additions proposées par la Commission, & portées dans la Nomenclature imprimée en tête de cet Ouvrage.

NOUVELLE NOMENCLATURE

Patriotique & Philosophique des Portes, Places, Quais, Cantons, Rues & autres lieux de la Commune de la Rochelle.

SECTIONS.

De la Liberté....*ci-devant* de S. Barthelemy. 3
De l'Égalité............ de S. Sauveur... 6
De la Fraternité......... de S. Jean...... 8
De l'Unité.............. de S. Nicolas.... 10
De la Montagne......... de N. Dame.... 13

PORTES.

Du Nord........*ci-devant* de Lafond...... 13
De l'Est............... de S. Eloi....... ibid.
De l'Ouest............. Neuve.......... ibid.
Du Sud................ de S. Nicolas.... ibid.
De la Mer .... des deux Moulins. 17
De l'Avant-port......... des Dames...... 18
De la Jetée............. de la Jetée...... 19

PLACES.

De la Montagne. *ci-devant* des Cordeliers... 20
Du 10 Août........... du Château..... ibid.

Tartu............*ci-devant* de Necker........ 22
Manlius-Torquatus........ du Pont-Neuf... 24

QUAIS.

Franklin.........*ci-devant* du Hâvre........ 27
De Philadelphie........ de la grande Rive. 30
De l'Arſenal.......... du Canal-Maubec. 31
D'Ariſtide............ de Séneĉtere...... 33
Des Thermopyles....... de la petite Rive.. 35
Caton................. de la Grave...... 37

CANTONS.

De l'Héroïſme..*ci-devant* des Voiliers....... 39
De la Démocratie...... du Pilori......... 40
Des Sociétés Populaires.. des trois Fuſeaux.. 46
De la Surveillance...... de S. Nicolas..... 50
De Marathon.......... entre les portes S.Nic. 51
De la Philoſophie...... de Navarre....... 57
Du Faiſceau.......... de la Caille...... 62
Des Droits de l'Homme.. de Gâte-bourſe... 66
De l'Immortalité........ de St Jean....... 69
Lafontaine............ de la porte S. Eloy. 75

RUES.

Du 14 Juillet...*ci-devant* Dauphine & Puits-
                      doux.......... 81
De la Force.......... de Bethléem...... 82
Du Courage.......... de Sainte-Catherine
                      & des trois Cailloux 83

		vij
Gasparin............	ci-devant de la Guillerie.	84
Des Piques...........	du College & Sainte-Claire.........	85
Du Salpêtre..........	Béarnaise.........	86
Du Canon............	des trois Canons...	90
De la Meche.........	de la Grue.......	91
Du Bonnet-Rouge......	du Minage & des Hospitalieres....	92
De la Justice.........	p. r. Rambeau.....	93
Du 21 Septembre......	de la Chaudellerie & du Palais....	95
De la Liberté.........	Gargouillaud......	97
De l'Egalité..........	Dompierre........	ibid.
De la Fraternité.......	de Bazoge........	ibid.
De la Révolution......	des Augustins.....	ibid.
D'Auffrédy...........	de Saint-Barthelemy & de la Charité.	100
De la Constitution.....	des Maîtresses....	idid.
D'Empédocle.........	p. r. du Temple...	103
Jean-Jacques Rousseau...	Monconseil........	105
De la Victoire........	canton des Flamands & rue Chef-de-ville	112
Marat...............	Juiverie & de l'Infirm.	114
Scevola..............	Verdiere..........	116
Lepelletier...........	de l'Escale........	117
Châlier..............	Saint-Léonard.....	120
Brutus...............	de la Porte-Neuve..	121
De la Vigilance.......	p. r. Porte-Neuve..	124
Platon...............	de l'Abreuvoir.....	126

Fabricius.........	*ci-devant* de Saint-Cofme...	127
Clélie...............	de la Cloche......	129
Caffius.............	des SS. Peres.....	131
Socrate.............	du cim. S. Jean...	133
Thénard............	le tour du cimetiere.	137
Plutarque..........	Balangerie........	138
Charondas.........	des Fagots.......	141
Des Affignats.....	de la Monnoie....	142
Du Panthéon......	S. Jean & Bourferie.	144
Mably..............	de la Vache......	148
Cynégire...........	p. r. des Carmes..	151
Régulus............	des Carmes......	152
Galerie des fignaux.	fur les murs......	156
De l'Horloge......	Groffe-Horloge....	159
De la République.	du Temple.......	168
De la Commune...	de Pierre, S. Yon & Pas du Minage.	168
Guiton.............	de la Grille......	172
De l'Adoption.....	des Mariettes.....	174
De la Vertu.......	Bujaud...........	176
De l'Amitié........	du Beurre........	181
De l'Humanité....	Château-gaillard & des Sirennes....	187
De la Probité.....	du Petit Sacre....	190
Du Serment civique.	des Bonnes Femmes.	194
De la Cocarde....	Raifin & Cordouans.	197
Voltaire............	du Chariot d'or & de Lévefco.....	198
Zénon..............	de Pauléon.......	203

Des Sans-Culottes. *ci-dev.*	des Prêtres & de St. Julien du Beurre.	205
Des 5 6 Octobre.......	du Nord.........	207
Ça-ira.............	des Murailles......	209
Des Ballons..........	Pouffe-penille.....	211
Du Jeu de Paume......	S. Dominique.....	214
De l'Encyclopédie.....	N. Dame........	217
Calas,.............	des Freres-prêcheurs.	220
De la Prudence........	Porte de Paris....	226
De l'Indivifibilité........	des Voiliers......	232
Du 31 Mai............	de la Gerbe & Gaf-cogne..........	233
Sophocle..............	de l'Echelle-la-Couronne..........	237
De l'Unité............	des Jardins & des Fonderies.......	239
Flaminius.............	S. François........	ibid.
Gemmapes.............	S. Louis & Defirée..	240
De l'Inoculation........	du Prêche.........	242
Des Horaces...........	de la Place Habert & Ville-neuve.....	244
Buffon...............	p. r. de l'Arfenal..	248
D'Epaminondas.........	du petit S. Jean...	256
De la Sévérité.........	du grand S. Louis.	258
De l'Hymne des Français.	Petite rue des Corderies de l'Eft...	262
Guillaume-Tell..........	des Bouchers, de la Breche & du petit Saint-Louis......	265

Virton.........*ci-devant*	de l'Echelle-Chauvin.	266
René Descartes.........	Buffeterie.........	267
Beauvais..............	des Parcs........	272
Timoléon.............	de la Forme......	274
De l'Industrie..........	des Chaudronniers & des Cloutiers....	277
Décadaire.............	Beauregard.......	279
Thionville.............	g. r. des Merciers..	281
Du Contrat-Social......	Amelot, jusqu'à l'hôpital-général....	282
Cornélie..............	des Dames.......	284
Phocion..............	des trois Fuseaux..	285
Lucrèce..............	des Ormeaux.....	287
Des Lillois............	des 3 Marteaux & des Dames-blanches.	290
De la Rochelle.........	de la Rochelle....	291
Du Jeune Barra........	de la vieille Poulaillerie..........	295
De la Vérité..........	Saint-Michel......	298
De la Raison..........	de la Ferté.......	302
Pélopidas.............	p. r. de S. Sauveur..	307
De la Morale..........	Bletterie.........	308
De la Discrétion.......	Petite-rue des prêtres Saint-Sauveur...	318
Granville.............	des gentils-hommes.	321
De la Fidélité.........	petite-rue du Port..	323
Des Bonnes-Mœurs......	de Castres & Saint-Sauveur.......	326
Publicola.............	du Port..........	328

De la Convention. *ci-dev.*	Saint-Nicolas.	330
De Labarre.	des Canards.	336
De l'Opinion.	de la Fourche.	339
Démosthènes.	d'Ablois.	343
De la Loi	Sardinerie.	347
Thrasybule.	de la Solette.	353
De l'Agriculture.	du Duc.	354
Du Soc.	Comtesse.	359
De la Charrue.	des Meuriers.	361
Des Moissonneurs.	de la Belette.	363
Des Epis	des Marionnettes.	365
De la Herse.	du Paradis.	366
Du Travail.	de la Fabrique.	367
De la Carmagnole.	Saint-Claude.	371

COURS.

De l'Energie.... *ci-devant*	du Moulin.	374
Des Vainqueurs de la Bast.	des Grolles.	377
Des Douze Mois.	des Anglais.	378
De la Modestie.	des Saints.	385
De la Bienfaisance.	de Pauléon.	387
De l'Instruction.	du Buffet.	390
Des Mesures Décimales.	de l'Ancien-Poids.	395
De l'Espérance.	Cour entre les portes Saint-Nicolas.	403
Des Sans-Culotides.	du Temple.	408
Du Niveau.	de la Commanderie.	409
De l'Eloquence.	du Marché.	410

Des Pétitions...*ci-devant* de la Chapelle.... 416

Allée du Printemps..... des Capucins...... 418

FONTAINES.

Des Platanes...*ci-devant* de la Maréchale... 421

De la Régénération..... du Gouvernement.. 425

    Nota. Les autres Fontaines prennent le nom des Cantons & places où elles font situées.

CASERNES.

Quartier de la Subordina-
tion....*ci-devant*..... Royal........... 426

De la Bravoure........ Dauphin......... 428

PONTS.

D'Horatius-Coclès.*ci-dev.* de S. Sauveur.... 430

De l'Ecluse .... Neuf........... 433

Des Moulins.......... de Maubec....... ibid.

Canal d'Abondance..... Canal Maubec.... ibid.

IMPASSES.

                        Rues de leur fituation.

De la Balance......... de la Convention.. 439

Du Scorpion.......... de la Vérité..... idid.

Du Sagittaire.......... de la Victoire..... ibid.

Du Capricorne........ du Bonnet Rouge.. idid.

Du Verseau.......... de Scévola....... ibid.

Des Poissons.......... des Sans-culottes .. ibid.

Du Bélier............ de la Cocarde.... ibid.

Du Taureau............	des Lillois........	ibid.
Des Gémeaux.........	de la Commune..	ibid.
De l'Ecrevisse..........	du Panthéon.....	ibid.
Du Lion..............	de la Révolution..	ibid.
De la Vierge, *ou de la* Glaneuse............	des Sans-culottes..	ibid.

HOSPICES.

Hospice-Général. *ci-devant*	Hôpital-Général...	447
Hospice d'Auffrédy.....	Hôp. S. Barthelemy.	451
Hospice Militaire de la Réunion.............	Hôp. Ste.-Claire...	452
Champ du Repos. *ci-dev.*	Cimetiere-Général.	453

INTRODUCTION.

A un Peuple nouveau, il faut de nouvelles institutions, un langage nouveau ; il faut lui faire oublier jusqu'aux dernieres traces de sa servitude : aux monumens de l'orgueil & de la superstition devront être substitués ceux de la Liberté ; & retracer à ce Peuple, tout récemment sorti de l'esclavage, le fréquent souvenir de ses efforts, de son courage & de ses succès, c'est lui faire abhorrer à jamais un Gouvernement odieux & tyrannique. La Liberté lui deviendra chere, à proportion qu'il la connoîtra : elle doit donc lui parler à tous les instans, se présenter à lui sous toutes les formes, frapper tous ses sens. Le moyen le plus simple de parvenir à ce but est d'offrir au Peuple à chaque pas un signe, une inscription, un monument, qui réveille en lui le souvenir d'une époque intéressante, qui rappelle à sa mémoire une action vertueuse ; qui consacre le nom d'un héros.

Les Peuples libres, ceux qui, par la sagesse de leurs Loix & la douceur de leurs mœurs, sont demeurés le plus constamment rapprochés de la nature, ont tous connu ce langage simple, expressif, qui d'un seul mot perpétue d'âge en âge une tradition uniforme & constante. Au sein de sa famille, un pere avoit à satisfaire à la louable curiosité de ses enfans qui trouvoient dans le récit d'une belle action, ou dans l'éloge d'un grand homme, un puissant motif de faire le bien : ajoutez à l'intérêt tiré du fond même du récit, tout celui qui devoit naître des réflexions d'un pere vertueux & chéri, & jugez quelle heureuse impreſſion recevoit une jeuneſſe ainſi formée pour les Loix & la Patrie. Chaque maiſon particuliere devenoit une ſorte d'inſtitut National. L'exemple des vertus privées préparoit aux vertus publiques ; & la vue d'une ſtatue diſoit au jeune homme que la Patrie décerne des honneurs au légiſlateur éclairé, au magiſtrat integre, au guerrier qui meurt en combattant pour elle.

Cette inſtitution des anciens ſe reproduit parmi nous. Notre Révolution a des époques dont le ſouvenir doit paſſer aux dernieres générations : l'Hiſtoire du Peuple Français libre & régénéré deviendra l'Hiſtoire du genre humain ; il faut lui faire parler un langage qu'il puiſſe facilement communiquer à tous les Peuples ; c'eſt celui des inſcriptions & des ſignes.

Déjà ce nouveau genre d'enſeignement eſt connu dans preſque toute la République : il eſt entiérement exécuté dans l'enceinte de nos murs ; mais pour en hâter le ſuccès, il eſt indiſpenſable d'expliquer ce changement : on trouvera dans cet ouvrage un expoſé ſimple des principaux évenemens de la Révolution, les traits caractériſtiques des hommes célebres dont les noms frapperont la vue, & pour rendre plus parfaite cette forme d'inſtruction, elle ſera préſentée ſous tous les points de vue d'utilité que l'on s'eſt propoſés dans cette nouvelle dénomination des rues, cantons, & places publiques de cette commune.

NOTICES

Sur la nouvelle nomenclature des Rues de la Rochelle.

SECTIONS.

La France, jadis partagée en Provinces, a reçu une nouvelle diſtribution : elle ſe diviſe en Départemens, Diſtricts, Cantons, Municipalités ou Communes. Cette diſtribution a pour baſe la population, & pour but, de rendre plus faciles les relations des Autorités inférieures avec celles qui ſont au-deſſus d'elles. Indépendamment de cette diviſion générale, les Communes ſe diviſent en Sections, ſelon l'étendue de la Commune & le nombre de ſes habitans. La Rochelle a cinq Sections, ou eſt diſtribuée en cinq parts.

SECTION DE LA LIBERTÉ.

La Liberté, ce bien ſi précieux à l'homme, & ſans lequel il ne jouit des autres qu'à-demi, ce bien que nous apportons tous en naiſſant

& qui naguère nous étoit ravi avant même que nous en pussions faire usage ; la Liberté, dis-je, est la glorieuse conquête qui étoit réservée au Peuple Français. Tous les genres de tyrannie nous tenoient asservis ; un monarque despote ne connoissoit que sa volonté propre pour terme & pour regle d'une puissance absolue ; des ordres arbitraires étoient sa maniere de l'exercer, & le Peuple enfin, accablé du joug de l'oppression, avoit même perdu le droit des réclamations & de la plainte. Une Cour, d'une corruption profonde, avoit également corrompu, pour le mieux enchaîner, ce même Peuple qui, avec la Liberté, reprend toute l'énergie des plus sublimes vertus. La superstition, autre espece de tyrannie qui traîne à sa suite tous les fléaux, s'étoit unie d'intérêt avec la Royauté ; & de concert, ces deux compagnes du crime faisoient gémir sous leur verge de fer un Peuple bon & paisible. Mais l'abus du pouvoir est à la longue destructeur du pouvoir même ; & du chaos des vexations, des préjugés & de la corruption, s'est fait entendre une voix forte qui a dit : Peuple, reprends tes droits, chasse l'usurpateur, brise l'idole, & fois libre en devenant vertueux. Le Peuple a entendu cette voix, il s'est levé...; & ses tyrans fuient. Français, vous êtes libres; soyez dignes de votre sort, & gardez-vous de confondre le droit avec la force, la licence avec la liberté. N'oubliez pas qu'un des moyens choisis pour vous perdre étoit de vous corrompre. La corruption & la licence, c'est la même chose; où regnent l'une & l'autre, la Liberté n'est plus.

Mais qu'est-ce que la Liberté ? Ouvrez le code de vos Loix, & dès les premieres lignes, vous y verrez ces mots : *la Liberté est le pouvoir qui appartient à l'Homme, de faire tout ce qui ne nuit pas aux droits d'autrui; elle a pour principe, la Nature; pour regle, la Justice; pour sauve-garde, la Loi. Sa limite morale est dans cette maxime : ne fais à aucun autre ce que tu ne veux pas qui te soit fait.*

Il suit de cette définition que je puis faire tout ce qui ne blesse point l'égalité, la liberté, la sûreté & la propriété de mon voisin. La *Nature* m'a fait libre, & avant d'entrer en Société, cette Liberté étoit absolue, n'étant restreinte par les droits & l'intérêt de qui que ce fût ; mais sitôt que je vis avec mes semblables, la *Justice* veut que je respecte leurs droits ; que je ne m'éleve point au-dessus d'eux, puisqu'ils sont mes *égaux* étant hommes comme moi ; que je ne les empêche point d'être *libres*, comme je veux l'être moi-même ; que je veille à leur *sûreté*, parce que j'ai aussi besoin qu'ils veillent à la mienne, & enfin que je ne touche point à leurs *propriétés*, comme je m'opposerois à ce qu'ils dérobassent mon bien. Notre nature est la même, nos droits sont les mêmes, notre intérêt est commun. Si je m'écarte de ces principes, je viole la *Justice* ; & la *Loi*, qui nous protege tous, met sous sa *sauve-garde* celui de mes semblables dont j'attaque la Liberté. Elle est donc limitée, ma Liberté, par les droits des autres hommes : c'est-là *sa limite morale*, c'est-à-dire, une limite fondée sur la justice.

SECTION DE L'ÉGALITÉ.

ON a peine à concevoir quel instinct secret nous a enfin dessillé les yeux, tant étoient étonnantes les disparates que l'orgueil avoit établies entre l'homme & l'homme. Vingt-cinq millions d'hommes étoient partagés en trois claſſes, appellées les trois *ordres*, & tellement diſtinctes, que les deux premieres, quoique ſouvent diviſées de prétentions & d'intérêts, étoient toujours unies pour tenir la troiſieme en eſclavage. Ce qui ſur-tout doit ſurprendre, c'eſt que cette derniere, triſte jouet du mépris & des dédains des deux autres, leur étoit de beaucoup ſupérieure en nombre, en talens & en vertus. Quelle étrange monſtruoſité dans l'ordre ſocial ! L'ordre eſt rétabli : ce n'eſt plus en ſpéculation ni dans les livres que la ſainte Égalité ſe fait connoître ; elle regne parmi nous ; ceux qui l'ont méconnue ont porté le juſte châtiment de leurs crimes ; leurs dignes complices ſubiront le même ſort. En vain s'efforceroient-ils de nous arracher ce préſent de la Nature. L'Univers conjuré contre nous peut-il quelque choſe contre un Peuple qui combat pour de tels intérêts ? Nous voulons la mort, ſi nous ne pouvons avoir l'Égalité : nous l'avons juré tous, & ce ferment nous garantit la conſervation de nos droits. La Nature nous fit tous égaux ; la Loi nous déclare tous égaux, nous avons tous droit aux mêmes récompenſes ; chacun de nous a une part égale au Gouvernement, & ſi quelques-uns de nous paroiſſent gouverner, c'eſt nous qui gouvernons par eux ; c'eſt nous qui leur avons mis les rênes à la main ; ils travaillent par nos ordres, ſous notre ſurveillance, & pour notre bonheur. Aujourd'hui, je n'ai à remplir que les devoirs privés du Citoyen ; demain mes vertus me feront Magiſtrat ou Légiſlateur. Peuple, ſens-tu toute ta dignité ? Malheur à celui qu'une ſemblable idée n'élève pas à l'enthouſiaſme ! Il n'eſt plus Français.... Il n'eſt pas même homme.

Section de la Fraternité.

Lorsque dans une Société la fortune tient lieu de la vertu, que les places & les honneurs ſont le prix des richeſſes, lorſque tout eſt vénal, la ſoif de l'or ſe confondant avec le deſir des diſtinctions, produit l'égoïſme, deſſeche les cœurs & met toujours l'intérêt à la place du ſentiment. Une Société ainſi réglée n'a qu'une forme extérieure d'aſſociation : les hommes vivent enfemble fans s'aimer ; la bienféance eft le feul lien qui les unit. Là où toutes les prétentions rivalifent, il ne peut y avoir de concorde ni d'union : telle fut l'ancienne France.

Il n'appartenoit qu'à la Révolution de faire éclore toutes les vertus. L'intérêt, difoit-on, divife les hommes : maxime qui n'eft que trop vraie, lorfque les hommes font mus par des intérêts divers ; mais rapprochez tous ces intérêts, ils s'aimeront comme freres. Eh ! qui pourroit affoiblir cet amour mutuel, ce fentiment général ! L'amour de la Patrie abforbe toutes les affections particulieres. Cet élan fublime de tout un Peuple vers le même but, fait fon bonheur en même temps que fa force. La Patrie, cette mere commune, ayant pour tous fes enfans la même tendreffe, la Fraternité eft un fentiment qu'elle leur commande, qu'elle leur infpire à tous ; fentiment vif, brûlant, qui confume tous les cœurs, & duquel dérivent la bienfaifance, l'humanité, les égards, l'indulgence & le defir de fe fecourir, de s'entr'aider par des fervices réciproques. L'Égalité eft un droit, la Fraternité un sentiment, & l'un & l'autre sont l'ouvrage de la Nature; la raison établit l'un; c'est du cœur, de ce cœur qui éprouve le besoin continuel d'aimer, que le second doit tirer toute sa force & sa vérité.

Section de l'Unité.

Les ennemis de la Révolution désespérant de renverser le nouvel ordre de choses, l'ont attaqué par tous les moyens. Tandis que l'Étranger nous faisoit une guerre ouverte, l'astuce ourdissoit en secret mille trames. C'est le propre de la perfidie d'aller à ses fins par des voies cachées & de perdre en caressant. Elle conçut le criminel projet de déchirer l'empire par des factions, & eut l'audace de proposer un système qui, s'il eût pu être adopté, devoit ramener la tyrannie & nous replonger pour jamais dans l'esclavage. Il s'agissoit de fédéraliser la France, c'est-à-dire, de la partager en diverses portions. Chaque partie de ce vaste tout auroit eu ses Loix, ses Législateurs, ses Magistrats; & un traité général, un nouveau plan d'alliance devoient retenir toutes les parties, en former un ensemble. Afin de mieux furprendre & égarer l'opinion publique, on feignit d'être fous l'oppreffion; au milieu des orages & des débats inféparables des difcuffions politiques, on fe plaignit de ce que la liberté des opinions étoit bleffée; la pomme de difcorde jetée au fein d'une nombreufe Affemblée étoit un fruit amer qui devoit empoifonner ceux qui en goûteroient. Paris, témoin de ces divifions, étoit le théâtre où le fang alloit couler, & des Mandataires infideles avoient déjà provoqué la haine des Départemens contre les habitans de cette grande Cité. Paris enfeveli fous fes ruines, le germe des diffentions eût ravagé le refte de l'empire qui, fatigué de tant d'horreurs, auroit appellé le premier maître qu'on lui eût montré. L'infâme *d'Orléans* vouloit occuper le trône de *Capet le fourbe*.

Pendant ce temps-là, le génie de la Liberté planoit fur la France : rien n'échappe à fes regards perçans; il laiffe aux conjurés le temps de s'envelopper de leurs pieges, & à l'inftant où ils s'apprêtent à confommer cette œuvre d'iniquité, un rayon de lumiere va porter le grand jour dans les ténebres des complots ; le Peuple regarde, il s'étonne, fait un effort, & est libre encore une fois.

De-là ce Décret qui déclare la République *Une & Indivisible*. Attenter à cette Unité, c'est diviser la République, c'est l'anéantir & la perdre.

Nous terminerons cet article en disant que le fédéralisme, outre qu'il étoit un système désorganisateur, n'est pas en politique une opinion qui dût être soutenue parmi nous : aujourd'hui que nous avons la précieuse invention de l'Imprimerie & des postes, les communications sont faciles, promptes, rapides ; & malgré l'étendue de la République, le Peuple peut être soudainement averti de tout ce qui se passe. Que si l'on cite l'exemple des anciennes Républiques dont la plupart étoient resserrées dans des bornes étroites, nous répondrons que les anciens ne paroissent point avoir eu l'idée d'un Gouvernement représentatif.

Section de la Montagne.

Ce mot appartient à l'histoire; c'est une des *bornes milliaires* dans la carriere de la Révolution. L'époque où le nom de *Montagne* fut appliqué à une portion de la salle des séances de nos Législateurs intéresse tous les Français, & nous devions la consacrer dans nos murs; c'est celle où une Constitution libre nous fut enfin donnée. (Voyez l'article *Constitution*.)

PORTES.

Porte de l'Est; porte de l'Ouest; porte du Sud; porte du Nord.

Les quatre principales Portes de la Rochelle prennent leurs noms de quatre principaux vents. Le vent n'est autre chose que l'air agité, & cette agitation a deux causes, le mouvement de la terre & la chaleur du soleil. L'air est un fluide, c'est-à-dire, un corps qui fuit, qui s'échappe, qui ne peut être faifi d'une maniere folide, comme on faifit tout autre corps. L'air environne la terre & en fuit tous les mouvemens; car la terre tourne fur elle-même une fois toutes les vingt-quatre heures; mais en tournant, elle avance, ainfi que feroit une boule, dont le mouvement feroit dirigé dans un cercle : pour le parcourir, cette boule tourneroit fur elle-même avant d'arriver au point d'où elle feroit partie. La terre, prefque femblable à une boule, parcourt un cercle; le temps qu'elle employe à cette courfe eft d'environ 365 jours, ou d'une année, c'eft-à-dire, qu'elle avance d'un pas vers le terme d'où elle eft partie, en employant vingt-quatre heures ou un jour à faire ce pas, ou à tourner une fois fur elle-même.

Ce double mouvement de la terre eft rapide & doit agiter l'air avec la même rapidité.

A cette premiere caufe de l'agitation de l'air s'en joint une feconde. Le foleil par fa chaleur dilate l'air. La nuit, l'air eft plus épais, plus refferré; mais, le matin, la chaleur pénetre cet air, l'étend, le divife, le développe,

& cette division ne peut se faire sans agitation, puisque chaque partie de l'air s'éloigne plus ou moins de celle qui l'avoisine.

L'air, ainsi agité, rencontre des obstacles, les montagnes, les forêts; il se divise alors, il se heurte lui-même, & dans ces différens chocs, il prend telle ou telle direction, selon que l'agitation est plus ou moins forte, la résistance plus ou moins grande d'un ou d'autre côté. De-là on compte trente-deux Vents, c'est-à-dire, trente-deux sortes de directions de l'air. Ce n'est pas que l'on ne pût en indiquer davantage; mais pour l'usage de la Marine, on s'est contenté de ce nombre.

Parmi ces trente-deux vents, on en remarque quatre qui correspondent aux différens aspects du soleil, & qui se font le plus sentir. On les nomme, le vent d'*Est*, celui qui souffle du côté où le soleil paroît se lever; celui d'*Ouest*, qui vient de la partie opposée; celui du *Sud*, ou du midi, qui souffle lorsque le soleil est le plus directement placé au-dessus de notre tête, & celui du *Nord* qui s'éleve du côté de la terre le moins échauffé par les rayons du Soleil. Ce vent doit être &

…it froid en effet; celui du Midi, ou Sud, est chaud par la raison contraire; celui d'Ouest est humide & chargé d'eau (relativement à nous) parce qu'il emporte avec lui les parties aqueuses que la chaleur du Soleil fait évaporer de dessus l'océan; & celui d'Est est toujours sec, parce qu'il n'a rencontré sur sa route que des plaines, des forêts, ou des montagnes. Aussi cet aspect est-il le plus sain, & celui qu'on préfere dans la position à donner à un édifice, lorsqu'il est possible de la déterminer. Les autres vents soufflent entre ces quatre, & prennent le nom de celui dont ils sont le plus voisins : le vent qui souffle entre le Nord & l'Est se nomme Nord-Nord-Est ou Est-Nord-Est, selon que sa direction sera plus rapprochée ou de l'Est ou du Nord, & ainsi des autres.

Les vents empêchent l'air de se corrompre, propagent la chaleur, dispersent les graines & promenent ces nuées bienfaisantes qui humectent & fertilisent la terre.

PORTE

PORTE DE LA MER.

La Mer, cet élément furieux que l'homme a su dompter, est ce vaste amas d'eau qui environne les continens, & qui sert de communication d'un pôle à l'autre. Point de spectacle plus imposant que cette immense étendue, lorsque l'on considere la Mer dans ses différens états. Elle est tout-à-la-fois l'image d'un calme profond, & le séjour des affreuses tempêtes. Aujourd'hui elle vous offre une surface unie sur laquelle se réflètent avec éclat les rayons du soleil couchant, c'est un mêlange des plus riches couleurs ; demain, vous l'entendrez pousser aux nues d'horribles mugissemens.

L'homme s'est frayé une route à travers ces écueils. Avec un frêle navire il parcourt toutes les mers ; l'Européen va porter jusques sur les sables brûlans de l'Afrique la terreur & l'esclavage, & revient chez lui chargé des dépouilles de l'Orient... Je me trompe : le noir Africain est libre ; long temps on avoit oublié qu'il fût homme ; la France le rappelle à sa dignité, en le réintégrant dans l'espece.

B

O Mer ! étonne-toi : le Pavillon tricolore vogue sur tes eaux ; l'Arbre de la Liberté, transplanté sous un nouveau climat, est confié à tes flots tumultueux. Superbe Océan ! respecte ce précieux fardeau & viens courber tes vagues émues sous les pieds de la Déesse tutélaire des Français, qui va chercher des adorateurs par-tout où elle trouvera des hommes.

Porte de l'Avant-Port.

A Peine le soleil commence à éclairer nos remparts, la forge s'allume, le marteau fait retentir au loin ses coups redoublés, l'ancre se façonne. Voyez-vous ce navire, étonnante production de l'industrie humaine ? Il semble s'élancer ; le moindre obstacle le retient ; la hache a frappé son coup ; le navire abandonne la terre ; il se précipite dans l'onde ; le mât se dresse ; la voile s'enfle ; & un nouvel hémisphere se partage déjà les productions de notre sol.

PORTE DE LA JETÉE.

La Jetée est cette espece de digue située près la porte de l'avant-port. Cette Jetée fut construite dans l'intention de resserrer le courant de maniere à nettoyer & entretenir la profondeur du chenal que suivent les bâtimens en entrant dans le port. Mais des projets plus vastes pourront donner lieu à de nouvelles dispositions qu'indique la nature du local, que réclame vivement l'intérêt de la République, & dont la Convention adoptera sans doute les plans.

Nous parlerons ici de cette autre digue qui rappelle le fameux siege qu'eut à soutenir la Rochelle en 1628. Richelieu, ce ministre digne d'un roi, s'irritant de la longue résistance des assiégés, voulut les réduire par la famine. Il conçut le hardi projet de couper la mer dans une longueur de 740 toises. Cette entreprise fut commencée par *Pompée Targon*, ingénieur Italien, mais le succès ne répondit point à son attente. La mer rompit la chaîne & démonta la batterie qui flottoit sur ses eaux. L'architecte *Clément Métézeau*, & *Jean Tiriot*, maçon, vinrent ensuite; & quoiqu'ils eussent établi les fondemens de la digue sur le fond même de la mer, ils ne furent pas d'abord plus heureux. Une tempête détruisit les premiers travaux qui n'étoient pas assez inclinés pour résister à l'impétuosité des vagues. Enfin une troisieme tentative, dirigée sur des plans plus réguliers, conduisit à sa fin cette prodigieuse construction. Sa partie supérieure étoit large de quatre toises ; le talus avoit 13 pieds d'élévation sur 23 d'empatement du côté de la mer, & sur 16 du côté de la ville. Tout solide que fût cet ouvrage, il ne put tenir entiérement contre une seconde tempête survenue quelques jours après la reddition de la ville ; & ce qui en reste ne se découvre qu'à basse-mer.

PLACES.

PLACE DE LA MONTAGNE.

(*Voyez* SECTION DE LA MONTAGNE.)

PLACE DU DIX AOUT.

LES crimes de la cour étoient à leur comble : le plus lâche, le plus sombre des tyrans alloit couronner par un éclat de sa férocité les trames de sa perfidie. Enhardi par ses complices, il méditoit de fang-froid l'affaffinat du peuple. Le château des *Thuilleries*, repaire de ces brigands, devoit s'entourer des victimes de leur fcélérateffe. Des poignards, des tonnerres déguifés devoient frapper à la fois. Rien n'eft épargné pour donner au peuple l'attitude de la révolte, afin de couvrir la trahifon du manteau d'une défenfe néceffaire. L'alarme fe répand au milieu de la nuit. Le monftre couronné fe dit menacé des plus grands dangers. Il vient, s'écrie-t-il, chercher un afyle au fein de la Repréfentation Nationale que la gravité des circonftances retient fans relâche à fon pofte. On attire cependant, par des démonftrations de fraternité, ceux dont le fang doit étancher d'abord la foif ardente du tyran. Au milieu des épanchemens d'une confiance trop aveugle, la foudre s'allume tout-à-coup. Des étrangers à la folde de *Louis*, *les Suiffes* font fur le peuple une décharge fubite. Les Bretons, les Marfeillois, qu'une fête précédente avoit attirés dans Paris, que le danger de la Patrie y avoit retenus, fe ferrent & s'animent : le combat s'engage opiniâtrément. Les heures du matin s'écoulent dans fon horreur ; mais le peuple triomphe. Les satellites du tyran couvrent de leurs cadavres ensanglantés le sol coupable où s'éleve le palais du despotisme......Ils sont par-tout poursuivis & terrassés. Le trône chancele ; & ses ébranlemens annoncent sa chûte. La honte & le désespoir s'emparent de ses lâches suppôts. Le Pouvoir Exécutif est bientôt frappé de suspension entre les mains de son odieux dépositaire.... Immortelle journée du 10 Août 1792!... Si tu n'as pas vu proclamer la République, tu l'as fondée dans nos cœurs. Tu as fait tomber de nos yeux le dernier bandeau qui les couvroit. Gloire au 10 Août! Gloire au Peuple, que cette époque à jamais mémorable a délivré des dernieres fureurs de la Monarchie!... Que ton souvenir en éternise la haine, & soit, dans l'avenir le plus reculé, un monument de la Souveraineté Populaire! Gloire au 10 Août! Gloire au Peuple Français!

PLACE TARTU.

Tartu étoit marin. Nommé Député à la Convention Nationale par les suffrages de ses

Concitoyens, il aima mieux continuer de servir sa patrie dans une profession où son expérience pouvoit lui garantir à lui-même son habileté. Il voulut prouver par son exemple que le grand homme fait consister la véritable gloire à être utile à son pays, sans songer à ces distinctions que l'amour-propre & l'ambition savent si bien remarquer & saisir, mais que dédaigna toujours l'amour de la Patrie. Ce refus de Tartu d'occuper un poste plus élevé pour demeurer à une place moins éclatante, suffiroit pour faire son éloge.

Mais cette rare modestie, qui peint d'un seul trait le vrai Républicain, n'est pas le seul exemple que Tartu devoit laisser à ses Concitoyens. Une ame qui a la fierté de la vertu est naturellement courageuse. Tartu signala sa valeur dans un combat sur mer. En croisiere sur la frégate l'*Uranie*, il est attaqué par deux frégates Anglaises. Déjà les vils Insulaires se félicitent d'un succès que semble leur promettre l'inégalité de forces entre les combattans; succès honteux & digne des insolens soldats de l'*imbécille Georges*; mais le Capitaine Français leur apprend à respecter le pavillon tricolore.

Soutenu de ses braves marins, il résiste aux assaillans. Tartu n'a pas besoin d'exciter ceux qui sont à son bord ; tous sont Républicains ; mais lui-même est bientôt mis hors de combat ; un boulet de canon lui emporte la cuisse ; il conserve toujours le calme & le sang-froid d'un homme maître de lui-même ; entre les bras de la mort, il voit tout, il entend tout ; ses ordres fidellement exécutés décident l'avantage ; la frégate l'*Uranie* triomphe, & le nom de *Tartu* qu'elle vient de recevoir, conservera parmi les marins le souvenir d'un modele de courage & de vertu.

PLACE DE MANLIUS-TORQUATUS.

CHEZ les Romains, ce peuple guerrier qui doit à ses armes une partie de sa gloire, la discipline militaire fut toujours d'une inflexible rigueur ; & Manlius-Torquatus nous fournit un exemple de sévérité que le salut de la Patrie peut seul excuser.

Dans une guerre contre les Latins, les Consuls Manlius & Décius firent défense à l'armée Romaine, sous les peines les plus févères, de combattre hors des rangs & sans ordre. Il existoit entre ces deux Peuples une telle uniformité de mœurs, de langage & de tactique militaire, qu'elle pouvoit donner lieu aux plus funestes méprises. De l'exacte obéissance à l'ordre des Consuls, dépendoit le succès de la guerre.

Le jeune Manlius, Capitaine de cavalerie, est envoyé à la découverte. Il s'approche, avec sa troupe, du poste ennemi le plus avancé. Geminius, Commandant du poste, reconnoît le fils du Consul; il le provoque à un combat singulier. Le jeune homme, ou par honte de se montrer lâche, ou par suite de cet instinct de pétulance si naturelle à son âge, accepte le défi; combat qui devoit lui être fatal, soit qu'il fût vaincu, soit qu'il demeurât le vainqueur. Nos deux braves fondent l'un sur l'autre avec une égale impétuosité; au premier choc, la victoire est incertaine; un second assaut la donne au jeune Manlius, & tout glorieux, il retourne au camp. *Mon pere*, dit-il au Consul, *un cavalier Latin m'a défié au combat; je l'ai terrassé, & j'apporte à vos pieds ses dépouilles, afin que tout le monde sache que*

je suis véritablement le fils de Manlius. A ces mots, le Conful détourne la tête en figne d'improbation ; il fait affembler l'Armée ; on fe rend en foule ; tous les efprits font en fufpens ; le Conful montre un front févere ; un morne filence regne autour de lui. « Manlius,
» dit-il, s'adreffant à fon fils ; puifque fans
» refpecter, ni le Pouvoir Confulaire, ni
» l'autorité paternelle, vous avez ofé com-
» battre hors des rangs, malgré mes ordres ;
» puifque vous avez aboli, autant qu'il étoit
» en vous, ces loix militaires qui ont été
» jufqu'ici le plus ferme appui de la puiffance
» humaine ; puifque vous me réduifez enfin
» à la néceffité de manquer à ce que je dois
» à ma Patrie, ou de m'oublier moi-même
» & mon fang pour elle, il eft jufte d'expier
» notre attentat, plutôt que d'expofer la
» République aux fuites de votre impunité.
» Trifte exemple pour les fiecles à venir ;
» mais qui deviendra falutaire à la jeuneffe !
» Ce n'eft pas que ma tendreffe pour vous,
» & ce coup de valeur, auquel vous a mal-
» heureufement engagé une vaine image de
» gloire, ne me follicitent en votre faveur ;

» mais l'Autorité Consulaire se trouve ici com-
» promise jusqu'à dépendre de votre mort ou
» de votre impunité ; & je suis persuadé, mon
» fils, que si vous avez dans les veines une
» goutte de mon sang, vous la répandrez
» généreusement pour affermir la discipline mi-
« litaire, ébranlée par votre mauvais exemple:
» approche, Licteur, attache-le au poteau. »

Tous les spectateurs frissonnent d'entendre prononcer cet arrêt : il s'exécute à l'heure même : la tête du jeune Manlius tombe sous le glaive ; & sa mort vaut aux Romains le gain d'une bataille.

La nature souffre, mais la République triomphe.....!

QUAIS.

QUAI FRANKLIN.

Eripuit cœlo fulmen sceptrumque tyrannis.

Il arracha la foudre des cieux & le sceptre de la main des Tyrans.

SI l'on demandoit de nous un éloge de Franklin, nous aurions à peindre ce grand homme, comme Savant & comme Politique.

Nous dirions d'abord que n'ayant fait de la physique qu'un délassement, ses premiers pas dans cette carriere l'ont cependant placé parmi les savans, qui ont illustré notre siecle. Après avoir parlé de ses différens traités de physique sur la meilleure maniere de construire les cheminées, sur la population, sur l'inoculation, la propagation du son, la salure de la mer, les météores & sur d'autres objets intéressans & utiles, nous parlerions sur-tout de ses verges électriques ; nous dirions que de profondes & savantes méditations sur la maniere de charger & de décharger la bouteille de Leyde lui apprirent que le fluide électrique étoit le même que celui du tonnerre, & que son génie puissant lui fit tirer de cette découverte les moyens de maîtriser la foudre. Aujourd'hui l'homme commande aux orages : il dépouille un nuage de cette matiere terrible qui menaçoit d'embrâser nos cités. Il préserve sa demeure, ses vaisseaux de ce feu destructeur ; & c'est à Franklin qu'il en est redevable. Reprochons-nous l'irréflexion, l'insouciance qui nous ont empêché, jusqu'à ce jour, de multiplier, dans notre cité, ces moyens préfervatifs ; la rareté des accidens, due à fa fituation, ne peut être une excufe.

Mais c'eft comme Politique que Franklin doit être préfenté à un Peuple qui vient de conquerir fa liberté. Ce Légiflateur d'une des belles parties du nouveau Monde appartient à toutes les Nations libres : il appartient furtout à la France ; car fi l'Amérique feptentrionale doit, en grande partie, à ce Sage la révolution qui l'a délivrée du joug, celle qui nous a rendu nos droits a été préparée par la premiere.

Le Gouvernement Britannique, forcé de refpecter une ombre de liberté dans les trois Royaumes, cherchoit à s'en venger en opprimant, de plus en plus, fes colonies régies par d'autres Loix. Mais la Philofophie avoit fait germer dans les cœurs l'amour de la Liberté. Franklin eft choifi pour défendre la caufe des Colonies auprès du Gouverneur, & enfuite au Parlement d'Angleterre ; & il le fait avec cette fermeté, cette vigueur qui annoncent déjà un Républicain. Enfin l'aveugle obftination du Gouvernement Anglais néceffite d'autres mefures. Ce Gouvernement ne voit pas qu'un grand Peuple qui a des lumieres est libre dès qu'il veut l'être, & qu'il le veut dès qu'il fent le joug s'appefantir. L'infurrection fe déclare ; Franklin traverfe les mers ; il négocie avec les ennemis de l'Angleterre, il profite du defir qu'ils ont d'humilier & d'affoiblir une rivale fuperbe & injufte. Et tandis que Wafingthon à la tête des armées combat pour la Liberté, la fageffe de ces deux grands hommes prépare les moyens de vaincre. Ils donnent au monde l'exemple de cette union, de cette concorde, fi néceffaires entre ceux qui tiennent dans leurs mains la deftinée des Empires.

Franklin, né à Philadelphie, parmi les Quakers, en prit toutes les vertus.

(*Voyez États-Unis & Philadelphie.*)

QUAI DE PHILADELPHIE.

Des enthoufiaftes ardens abandonnent l'Angleterre où ils font perfécutés ; Guillaume Penn les conduit dans l'Amérique feptentrionale ; ils y fondent Philadelphie, la ville de *l'amour fraternel.* Ils étoient dignes, par leurs vertus, de donner ce nom à leur demeure.

Ce que leurs principes religieux avoient de bizarre s'est affoibli peu-à-peu ; leurs vertus leur sont demeurées. La justice, la bienfaisance, la modération dans les desirs, l'amour du travail, l'amour de la Paix, de la Liberté & de l'Égalité caractérisent les heureux & respectables habitans de Philadelphie. Le goût des sciences & des arts est bientôt né parmi eux, afin que rien ne manquât à leur bonheur. Les connoissances y sont généralement répandues; Philadelphie possede plusieurs savans distingués ; & si Franklin fut trop grand pour avoir des rivaux, il eut au moins de dignes émules.

QUAI DE L'ARSENAL.

Aux Armes, Citoyens ! formez vos bataillons : Marchez : qu'un sang impur abreuve nos sillons.

L'Arsenal est un lieu destiné à servir de magasin d'armes. C'est là que sont déposés ces bouches d'airain qui vomissent au loin la mort, ces mortiers qui ébranlent les forteresses, ces bombes qui renversent les cités ; là se fabriquent & se polissent le mousquet qui va porter au dernier rang le plomb meurtrier, la bayonnette qui force les retranchemens, & acheve de décider la victoire fur un ennemi arrêté dans fa fuite ; le piftolet qui démonte le cavalier & lui fait mordre la pouffiere. Là, le fabre s'éguife, l'épée s'affile ; la lance, la pique fortent des mains de l'ouvrier, & vont hériffer nos remparts.

Les Anciens n'ont point connu les armes à feu ; ils fe fervoient de la pique, de l'épée à deux tranchans, de la fronde, de l'arc & des dards ; ils employoient auffi les marteaux & la hache. Leurs machines de guerre pour abattre les portes & les murailles portoient pour la plupart le nom de *béliers*.

L'arme à feu n'a été connue en Europe que depuis l'invention de la poudre à canon. On attribue cette invention à un moine d'Allemagne, nommé Berthold Schwartz, qui fut, dit-on, la premiere victime de fon expérience. On fixe l'époque de cette découverte vers le milieu ou la fin du quatorzieme fiecle. Les Vénitiens furent les premiers qui fe fervirent du canon dans la guerre contre les Gênois en 1380. Avant l'an 1425, l'artillerie étoit
encore

encore inconnue en France; mais son usage est aujourd'hui général, & toutes les côtes de l'Europe sont bordées de canons.

Quai d'Aristide.

Rappeller le nom d'Aristide, c'est offrir un des plus parfaits modeles de justice, de modération & de grandeur d'ame, qui soient célébrés dans l'antiquité. Aristide étoit Athénien; il se distingua aux fameuses batailles de Marathon, de Salamine & de Platée. Ses vertus lui mériterent l'estime de ses concitoyens qui le surnommerent le *juste*. Cette estime générale parut un jour avec cet assentiment qui éternise la gloire d'un héros. Le Peuple assistoit à la représentation d'une des pieces du Poëte Eschile : à ce vers, qui contenoit l'éloge d'Amphiaraüs : *Il ne veut point paroître homme de bien & juste, mais l'être effectivement*, tous les regards se porterent sur Aristide. Quel homme que celui à qui tout un peuple rend un tel témoignage ! Quel peuple que celui qui sait ainsi honorer la justice & la vertu !

Mais Aristide avoit un rival. Themistocle,

jaloux de fixer sur lui seul l'opinion publique, réussit à écarter un homme dont l'integre probité avoit souvent contrarié ses projets ambitieux: tant il est vrai qu'on peut être supérieur en mérite & en vertu, sans l'être en crédit! L'impétueux Thémistocle l'emporte sur le juste Aristide. Le peuple s'assemble pour prononcer l'exil de ce dernier.

Cette sorte de jugement s'exécutoit en écrivant sur une coquille le nom de l'accusé. Un membre de l'assemblée, qui ne savoit point écrire, s'adresse à Aristide lui-même, & le prie de mettre son nom sur sa coquille. *Cet homme*, lui dit Aristide, *vous a-t-il fait quelque mal pour le condamner ainsi ? — Non, je ne le connois même pas ; mais je suis fatigué de l'entendre toujours appeller le juste.* — Aristide prend tranquillement la coquille, y inscrit son nom, & la lui rend. Thémistocle, tu crois triompher; tu te trompes ; ton rival sera toujours le juste Aristide, plus grand encore, lorsqu'au moment de son exil il forme des vœux pour le bonheur d'une patrie ingrate que lorsqu'il étoit victorieux & triomphant dans les plaines de Marathon.

Ce grand homme mourut si pauvre, quoiqu'il eût manié les deniers publics, que. Etat fût obligé de payer ses funérailles & de marier ses filles.

Quai des Thermopyles.

Si la guerre a ses dangers, la victoire a son triomphe; & le courage n'a plus rien qui étonne, lorsque la gloire vient s'offrir pour prix de la valeur. Mais voler à une mort certaine & inévitable, uniquement pour laisser un grand exemple; pousser au-delà du tombeau le desir de servir son pays en laissant à la postérité la mémoire d'un généreux dévouement, c'est un acte d'héroïsme qu'on peut appeller le dernier effort de l'humaine vertu. Amour sacré de la Patrie! je reconnois ici ta puissance.

Xercès, roi de Perse, à la tête d'une nombreuse armée, vient inonder la Grece; il veut la soumettre à sa domination; Sparte & Athenes n'ont que peu de forces à opposer à ce torrent; le courage suppléera au nombre. Léonidas, chef des Spartiates, fait camper quatre mille hommes près le défilé des Thermopyles, pour défendre l'entrée du pays aux troupes de Xercès. Le tyran s'étonne que l'ennemi songe à lui résister ; il fait faire à Léonidas des propositions, que celui-ci ne peut entendre sans indignation. *Rends tes armes*, lui dit Xercès : *viens les prendre*, lui répond avec fierté le général Lacédémonien. A cette réponse, Xercès donne le signal ; le combat s'engage ; les Mèdes fuient ; les Grecs sont victorieux. Deux fois les soldats de Xercès reviennent à la charge ; deux fois ils sont repoussés. L'ambition du tyran est prête à échouer contre l'armée des Grecs, lorsqu'il est informé qu'il existe sur la hauteur des Thermopyles un sentier par lequel l'ennemi peut facilement être surpris ; il y fait avancer du monde. Léonidas l'apprend ; il choisit trois cents jeunes Spartiates, & avec cette poignée d'hommes il entreprend de fermer aux Perses ce passage. Avant de partir, il adresse à ses freres d'armes cette courte harangue ; *Mes Camarades*, leur dit-il, *prenez de la nourriture comme des gens qui ce soir n'auront plus besoin d'alimens ; notre mort est assurée : il n'importe :*

partons. Cette jeuneſſe, toute bouillante d'ardeur & d'intrépidité, pouſſe des cris de joie; elle ſuit ſon chef; bientôt on en vient aux mains; le combat eſt ſanglant; nos jeunes guerriers portent des coups terribles; mais enfin, accablés ſous le nombre, ils ſuccombent, & l'ennemi en fait un affreux carnage.

Pour conſerver le ſouvenir de cette action magnanime, on érigea, au lieu même où ces trois cents jeunes héros s'étoient volontairement immolés à la Patrie, un monument avec cette inſcription :

Paſſant, vas dire à Sparte que nous ſommes morts ici, pour obéir à ſes ſaintes Loix.

QUAI DE CATON.

CATON, ſurnommé *le Cenſeur*, étoit, au témoignage de Cicéron, un excellent orateur, un Sénateur accompli, un grand Général. Il ſuffira d'un trait pour le caractériſer. La cenſure, ſorte de Tribunal établi chez les Romains, & qui avoit pour objet l'inſpection des mœurs, occupoit deux Magiſtrats. A des époques fixes, ces Magiſtrats étoient renouvellés. La cabale

& l'intrigue, toujours avides de dignités, s'étoient emparés du peuple ; la Censure étoit briguée ; Caton s'apperçoit que ses concitoyens font faire choix d'hommes disposés à les flatter; il s'élance à la tribune aux harangues, & de ce ton de fierté que donne la vertu : « Romains, » leur dit-il, vos mœurs ont besoin d'un » médecin févere, & non d'un lâche flatteur. » il en est parmi vous à qui la conscience » fait de secrets reproches ; ils redoutent de » m'avoir pour Censeur ; & pour être plus » libres dans leurs désordres, ils se préparent » à donner leurs suffrages à mes compétiteurs. » Mais s'il vous reste quelqu'amour pour la » vertu, si vous haïssez sincérement le vice, si » vous desirez voir renaître les temps heureux » de nos ancêtres, choisissez Valérius Flaccus » & Moi, pour censeurs. » Ce discours toucha le Peuple. Caton fut élu, & pendant sa magistrature il se comporta avec tant d'intégrité, que les Romains lui érigerent une statue dans la place publique avec cette inscription :

Caton le Censeur s'est rendu digne de ce monument, pour avoir réformé les moeurs corrompues des Romains, & ramené dans la Ré-

publique les vertus & l'auſtérité des premiers âges.

Français, ſoyez aſſez ſages pour n'avoir pas beſoin de Catons ; mais ſachez les connoître, ſi vos mœurs ont beſoin de réforme.

CANTONS.

Canton de l'Héroisme.

On entend par Héroïſme l'éclat attaché à une action extraordinaire qui, excitant l'admiration, obtient ou ravit notre eſtime. Il ne faiſoit ſouvent en effet que la ravir ſous le deſpotiſme ; le deſpote, commandant juſqu'à nos ſentimens, n'admettoit guere l'héroïſme que dans les exploits militaires, parce qu'il ſavoit bien que la force des armes étoit le plus ferme ſuppôt de la tyrannie ; & il forçoit ainſi les hommes à payer de leur eſtime les deſtructeurs de l'humanité. Dans la République au contraire, l'Héroïſme eſt de tout âge, de tout ſexe, de tout état. Le magiſtrat qui ſe dévoue au nom de la Loi, le ſoldat qui brave la mort, la mere qui arme ſon fils en dévorant ſes larmes, le pauvre qui partage ſon pain avec ſon frere plus pauvre que lui, sont des héros aux yeux de la Patrie reconnoissante.

Cependant, en rappellant la définition que nous avons donnée de l'Héroïsme, nous oserons hasarder cette réflexion : c'est que si l'Héroïsme est rare chez un peuple esclave & corrompu, il doit aussi le devenir chez un peuple libre & vertueux. Le premier, en perdant enfin toute son énergie, ne peut plus s'élever à aucune action éclatante, & l'autre, contractant l'habitude de la vertu, ne fournira bientôt plus d'aliment à cette admiration qui seule proclame les héros, & qui finit par s'éteindre à force d'être excitée. Heureuse la Nation dont les héros se perdent, pour ainsi dire, dans la foule ! France, voilà ta destinée : les temps ne sont pas éloignés où le crime seul l'étonnera, tandis que la vertu & le courage n'obtiendront, au milieu d'un Peuple accoutumé à leur éclat, que le sentiment tranquille de l'approbation générale.

Canton de la Démocratie.

La Démocratie est une des trois formes simples de Gouvernement, c'est-à-dire, l'un des trois modes principaux, suivant lesquels s'administrent les États, & sont régis en société les hommes qui les composent.

Ces trois fondamentales sortes d'existence & de direction politiques sont ordinairement désignées par ces noms: Gouvernement *Aristocratique*, *Monarchique*, *Démocratique*. Le premier de ces trois régimes est celui où l'administration se trouve exercée exclusivement par une classe particuliere de la Société; le second est l'espece de gouvernement qui concentre la conduite de la chose publique entre les mains d'un seul homme; & le troisieme, ou le *Démocratique*, est celui où la Nation, se gouvernant elle-même, ne commet l'exercice de ses pouvoirs qu'à des Agens électifs, représentatifs & temporaires, dont elle-même fait choix, auxquels elle retire ses mandats, quand bon lui semble, & qui ne sont, en un mot, fonctionnaires que *pour & par le Peuple*.

Avant la journée mémorable du 21 septembre 1792, époque où la France a été constituée République, son gouvernement étoit de nature *Monarchique*; c'est-à-dire, qu'un individu, qu'on nommoit *Monarque* ou *Roi*, y tenoit feul, & à l'exclufion de tous, les rênes de l'adminiftration.

A cet égard, il n'eft pas inutile d'obferver que, quoique la France fût bien alors Monarchie quant au fonds, cependant, pour peu que l'on fe reporte, dans les annales de l'hiftoire, aux temps qui ont précédé de quelques fiecles les derniers regnes, l'on verra que, morcelée par le fait, poffédée & gouvernée en différentes parties de fon territoire par divers petits Princes, chacuns *Seignenrs* fouverains dans leurs domaines, fe faifant fouvent la guerre entr'eux, fouvent auffi la déclarant au *Seigneur* principal, appellé Roi; la France, à bien dire, ne préfentoit, à ces époques, qu'un grand État Ariftocratique, où des privilégiés, formant une cafte particuliere, dite des *Seigneurs*, agiffoient, adminiftroient, chacun privativement fur leurs grands fiefs, & où le Monarque, tout en prenant cette dénomination, n'étoit lui-même que le chef de ces Ariftocrates ou de ces Seigneurs. A le confidérer dans fes effets, le régime d'alors n'étoit donc en France qu'un composé informe, production bizarre du chaos moral où tout avoit été plongé par l'avilissement du Peuple, par la domination des Prêtres, celle des Nobles, l'empire de l'ignorance & la nuit de la barbarie.

Dans la suite, les Rois parvinrent à abaisser les prétentions des Seigneurs particuliers; ils affoiblirent la puissance de ceux-ci, & devinrent réellement Monarques.

C'est ainsi que dans l'histoire raisonnée du Gouvernement Français jusqu'à l'institution de la République, l'on distingue les époques où l'autorité s'est trouvée plus ou moins centralisée entre les mains des Rois, & que l'on peut diviser, en quelque sorte, en deux chapitres le tableau de la Monarchie.....

Mais pourquoi rémémorer ces dates plus ou moins reculées, plus ou moins voisines de notre âge, marquées toujours par la tyrannie de quelques-uns, & par l'esclavage & le malheur du plus grand nombre?.. Eh! qu'importe en effet au Peuple qu'un régime de fer accabla, de savoir que ses calamités multipliées, que ses longs outrages furent le produit de l'ambition & des crimes de plus ou de moins d'êtres coupables, de plus ou de moins d'usurpateurs ?.. La Nation froissée n'en vécut pas moins esclave, les Loix saintes de la Nature ne s'en trouverent pas moins violées, les droits de l'Homme foulés aux pieds, la souveraineté du Peuple méconnue, la charte fondamentale des Sociétés humaines indignement lacérée, & l'attentat consommé.

Après plusieurs siecles d'une honteuse servitude, las, enfin, du joug insupportable que lui avoient imposé, & successivement & de concert, des Nobles, Despotes tantôt rivaux, tantôt subalternes, des Rois, premiers tyrans & oppresseurs en chef, le Peuple Français s'est ressouvenu de sa dignité ineffaçable, de ses droits imprescriptibles, de sa toute-puissance & de sa suprématie originaire ; Rois, Nobles, Vexateurs de toutes les dénominations, sont rentrés dans la poussiere ; la Nation seule s'est fait entendre ; la République a été proclamée, & le régime *Démocratique* accepté & sanctionné par un assentiment universel & sublime.

Disons ici une vérité qui, quoique contrariée en apparence par les distinctions de gouvernemens fondées fur l'ufage & fouvent rappellées par les écrivains politiques, n'en eft pas moins un principe facré, l'écueil de toutes les objections.

Dans les intentions, dans le vœu de la Nature, il ne peut, il ne doit exifter qu'un gouvernement, celui où la légiflation & le régime qui en découle font uniquement dirigés par la volonté générale du Peuple, ou de la majorité qui le repréfente. Par-tout où cet état naturel de chofes eft écarté, foit par l'arbitraire d'un feul homme, foit par les actes d'envahiffement d'une cafte particuliere ; là l'ordre effentiel eft interverti, là tous les devoirs font enfreints, & tous les principes étouffés. Difons tout : le defpotifme, le machiavélifme feul, & tous les vices ont pu infpirer la penfée, dicter le nom de gouvernemens qui prétendiffent légitime la domination d'un feul ou de quelques individus fur la maffe. C'eft la Nature qui profcrit ces inftitutions monftrueufes, éverfives de fes décrets ; c'eft la Nature qui commande impérieufement la *Démocratie*, comme ratifiant les droits de tous...... Français, qui avez entendu fa voix, qui avez obéi à sa noble impulsion, le régime que vous venez de proclamer est la propriété qu'elle attribue à ses enfans, & puisqu'un tel état de choses émane essentiellement d'elle, le bonheur doit nécessairement en découler pour vous.

CANTON

DES SOCIÉTÉS POPULAIRES.

Lorsque le Peuple eut acquis la connoissance & fait la conquête d'une partie de ses droits, il sentit le besoin de les maintenir & d'en discuter l'exercice pour s'éclairer de plus en plus sur leur nature & sur leur étendue. Ce sentiment fit naître, dès l'origine de la Révolution, des *Sociétés* fraternelles qui semblerent d'abord ne faire qu'imiter l'usage de quelques Peuples voisins, mais où le germe Révolutionnaire s'échauffoit & se développoit avec une force toujours croissante. Aussi les lâches partisans des anciens abus, ou les trop froids approbateurs de leur destruction, ne manquerent-ils pas de s'élever d'abord contre ces associations que présidoit la Liberté, qu'animoit son génie, que soutenoit son précieux instinct. Les Sociétés Populaires prenoient tous les jours un plus utile ascendant, leur surveillance devenoit tous les jours plus active, les préjugés chancelans y étoient tous les jours attaqués avec plus de force. Il falloit bien que tous ceux qui vouloient encore dominer, qui craignoient la surveillance, qui caressoient les préjugés dans lesquels il leur restoit des armes; il falloit bien que ces hommes, dont l'égalité blessoit l'orgueil & menaçoit les prétentions, déclamassent contre les *Sociétés Populaires*. Aussi les peignoient-ils comme des rassemblemens *d'enthousiastes* sans principes & sans raison; mais le Peuple ne put s'y tromper : il reconnut ses véritables amis, il reconnut que son intérêt seul avoit inspiré l'idée de ces établissemens utiles. Au milieu des orages successifs de la plus grande des révolutions, il vit *les Sociétés Populaires* leur opposer un front serein, & lui donner l'exemple du calme & de la fermeté. Elles résisterent à tous les coups de la tempête; & ceux qui l'excitoient sentirent que tous leurs efforts seroient vains, tant

qu'ils ne la feroient pas naître au milieu d'elles. Défefpérant de réuffir en les attaquant au-dehors, ils prirent une autre marche. Le manteau du patriotifme les couvrit. A la faveur de ce coupable déguifement, quelques-uns d'entr'eux parvinrent à s'introduire dans les *Sociétés Populaires*. Là ils n'épargnerent rien pour femer le trouble & la divifion, pour établir, dans le fanctuaire même de la Liberté, le fiege de l'intrigue & des paffions viles qui fondoient leur efpoir. Quelques fuccès paffagers les enhardirent; mais le Peuple toujours bon, toujours pur, fut encore connoître & éviter ce piege perfide. Le fouffle Révolutionnaire, devenu vent impétueux, renverfa leur fyftême chimérique. Les *Sociétés Populaires* vomirent de leur fein ces monftres rampans, ces caméléons *aux trois couleurs* que leur propre fubtilité ne devoit pas tarder à trahir ; & fi une juftice plus lente ne les a pas encore tous atteints dans leurs routes tortueufes, leur influence eft détruite & leur empire foudroyé. Qu'une aveugle confiance n'endorme pourtant pas les gardes vigilans de la Liberté. Qu'ils penfent qu'une fentinelle

nelle traîtresse a quelquefois suffi pour faire livrer un poste. Que tous les yeux soient ouverts ; que le flambeau de la vérité porte partout sa lumiere ; que les Sociétés Populaires ne cessent jamais d'être l'école des vertus morales & politiques ; que les Loix y soient toujours présentées à la vénération du Peuple ; que les droits du Peuple y brillent toujours d'un éclat inaltérable ; qu'elles ne cessent point de porter la terreur chez ses ennemis ; que sur-tout elle n'offrent jamais ces dissentions malheureuses, fruit des haines & des passions particulieres, espoir des méchans, fléau cruel du sincere patriotisme ; qu'inébranlables autour des principes, elles y puisent toujours la regle de leur conduite. Qu'elles ne cessent jamais de voir dans la représentation Nationale, le centre unique du Gouvernement, l'ame du corps politique & le salut de la Patrie. Que tous leurs efforts attachent à ce point de ralliement le Peuple qui les écoute ; qu'il y soit sans cesse ramené par elles s'il pouvoit jamais s'en écarter !... Honneur aux Sociétés Populaires !.. Gloire aux Patriotes de tous les lieux ! Union, force éternelle de la République !. Le Peuple ne peut manquer d'être vainqueur..... Sa masse est indivisible, indestructible, impénétrable, puisqu'elle se compose de toutes les vertus...... Ses ennemis n'auront que la honte qu'ils ont cherchée, que les supplices qu'ils méritent ; & la France ne trouvera bientôt que des imitateurs chez les Nations qu'ils s'efforcerent de lui opposer.

CANTON DE LA SURVEILLANCE.

SI l'on vouloit comparer la Surveillance commandée par la rigueur d'un Gouvernement révolutionnaire à la police observée dans la léthargie du Despotisme, on pourroit dire que celle-ci est établie pour épier, pour étouffer les mouvemens & les cris de l'opprimé, afin de maintenir dans l'État cette tranquillité stupide & morne, qui ne ressemble que trop au calme des tombeaux, tandis que la Surveillance, dont le code moral est le supplément des Loix positives, va chercher l'intention du crime dans le cœur du malveillant, assure au Citoyen la jouissance de ses droits, &

provoque la vengeance nationale contre le furieux qui les foule aux pieds. Tel eft, Citoyens, le fanal élevé au milieu de vous, pour vous préferver des écueils pendant l'orage de la Révolution ; approchez - vous en avec confiance ; allez révéler aux fentinelles de la Loi vos découvertes dont on profitera, vos craintes qu'on calmera bientôt, & jufqu'à vos doutes qu'on faura éclaircir. Songez que votre devoir eft de ne rien taire, de ne rien diffimuler; mais gardez - vous bien de profaner ce devoir facré de la dénonciation civique, en le fouillant du caractere odieux de la calomnie : une refponfabilité terrible pefe fur votre tête, car on trahit la Patrie en calomniant fon frere. Vous devez tous avoir gravé dans vos cœurs ce ferment prononcé dans les témoignages judiciaires : *de dire la vérité, toute la vérité, rien que la vérité.*

CANTON DE MARATHON.

UNE partie de la Grece gémiffoit fous le defpotifme de Darius, fils d'Hyftape. Des qualités brillantes illuftrerent cependant le regne de ce Monarque; & la postérité eût pu rendre hommage à ses vertus, si la tyrannie & les vertus pouvoient jamais être compatibles. Résolus de recouvrer leur ancienne liberté, les Ioniens appellerent à leur secours les peuples de Chypre & de Carie; Lacédémone refusa d'entrer dans la ligue; mais Athenes, liée d'intérêt avec la plupart des villes qui venoient de secouer le joug, révoltée de ce que les Perses avoient accordé asyle & protection au fils de son oppresseur; Athenes seconda les efforts des Peuples coalisés, & contribua par des secours indirects à leurs premiers succès. Apres plusieurs années de combat, des lâches trahirent leur patrie & la replongerent dans l'esclavage. Les Ioniens terrassés, leur chûte entraîna celle des Peuples qui avoient suivi leurs drapeaux. Fier d'un avantage qu'il ne devoit qu'au crime, Darius résolut l'entier asservissement des Grecs, & osa leur en faire la proposition. Tremblans au seul nom des Perses, la plupart des Peuples de la Grece se rangerent sous ses Loix.

Athenes & Lacédémone eurent seulement l'énergie de refuser des fers; leur perte fut bientôt décidée : toujours la vengeance fut le plaifir des tyrans. Les Athéniens avoient favorifé la révolte de l'Ionie; les Ambaffadeurs de Darius expioient dans les cachots d'injurieufes propofitions. La ruine de leur pays pouvoit feule laver deux affronts auffi fanglans.

L'armée Perfanne, forte de cent mille fantaffins & de dix mille chevaux, portée par fix cents vaiffeaux fur les rives de l'Attique, débarqua auprès du village de *Marathon*, déjà célebre par l'antique victoire de *Thefée*, éloigné d'Athenes de cent quarante ftades & fitué dans une plaine baignée d'un côté par la mer : de hautes montagnes environnoient les autres côtés. A la nouvelle de l'arrivée des Perfes, un cri d'effroi fe fit entendre parmi les Athéniens; la confternation & le défefpoir alloient s'en emparer. Trois hommes vinrent heureufement ranimer leur courage. Miltiade, Thémiftocle & Ariftide étoient nés pour la gloire & le bonheur de leur patrie, fi la rivalité qui les divifoit ne leur eût pas fouvent été préjudiciable ; dans cette occafion preffante, ils furent facrifier au falut de l'Etat des reffentimens particuliers. Dix mille hommes

de pied & mille cavaliers furent levés à la hâte dans les Tribus d'Athenes ; dix Généraux marchoient à leur tête & devoient successivement commander ; mais l'amour du bien public l'emportant sur le desir de gouverner, le commandement général fut d'un avis unamine déféré à Miltiade, que ses succès dans la Thrace avoient depuis long-temps rendu fameux. Dans la 3.e année de la 72e. Olympiade (le 29 septembre, l'an 460 avant l'ère vulgaire), les Athéniens vinrent camper à huit stades de l'armée des Perses. Miltiade, fier de la justice de sa cause, proposa aussitôt d'attaquer ; quelques chefs, effrayés de l'inégalité du nombre, balancent & parlent d'attendre l'arrivée des secours promis par les Lacédémoniens, « Athéniens, s'écrie Mil-
» tiade, de vous seuls dépend aujourd'hui
» la destinée de votre Patrie. Athenes peut
» acquérir par votre victoire une gloire immortelle, ou elle gémit à jamais dans les
» fers d'un barbare. C'est ici qu'il faut vaincre
» ou mourir. Entre la mort & la servitude
» le choix ne doit pas être douteux. Athéniens, les cendres d'Érétrie fument encore,

» la Liberté indignement outragée dans l'Ionie
» n'a pas encore été vengée. On vous oppose
» l'inégalité du nombre ; les soldats de la
» Liberté compterent-ils jamais leurs ennemis ?
» La victoire abandonna-t-elle jamais leurs
» drapeaux ? Toujours la fortune accompagna
» l'audace. »

Enflammés par ce discours, les Athéniens demandent le combat à grands cris, la bataille est résolue ; Miltiade range l'armée au pied des montagnes, après en avoir couvert les ailes par des arbres renversés, précaution qui devoit arrêter la cavalerie Persanne. A peine le signal est donné, les Grecs fondent avec impétuosité sur l'armée des Perses ; ceux-ci, d'abord étonnés de l'ardeur de leurs ennemis, se rassurent & leur opposent de tous côtés une fureur opiniâtre & leurs nombreux bataillons. la victoire est long-temps incertaine ; les Perses s'ébranlent enfin, les Grecs les pressent avec acharnement, les replient dans un vaste marais où ils acheverent de les disperser. La déroute devint complette. Abattu de tous côtés, l'ennemi cherche son salut dans la fuite, & se précipite en désordre vers ses vaisseaux ; les

Grecs les pourſuivent le fer & la flamme à la main ; une partie de la flotte eſt embrâſée, pluſieurs vaiſſeaux ſont coulés à fonds. Dans cette journée à jamais mémorable, les Athéniens ſe ſignalerent par des prodiges de valeur; Miltiade put compter un héros dans chacun de ſes ſoldats. Les Magiſtrats, reſtés dans Athenes avec les femmes & les vieillards, attendoient avec inquiétude l'événement d'un combat qui leur donnoit plus de crainte que d'eſpérance. Un ſoldat, ſans avoir laiſſé ſes armes, couvert de ſang & de pouſſiere, court, vole, arrive auprès des Magiſtrats, annonce la victoire & tombe mort à leurs pieds.

L'armée des Grecs n'eut à regretter qu'un petit nombre de héros; Miltiade fut bleſſé; près de ſept mille Perſes perdirent la vie; des chars, des tentes, des richeſſes immenſes, attirail ordinaire des princes de l'Orient, devinrent le partage des vainqueurs. Athenes, jalouſe de perpétuer le ſouvenir d'une victoire auſſi glorieuſe, fit graver ſur des mauſolées, élevés ſur le champ de bataille, les noms des héros morts dans le combat.

Nota. Marathon, autrefois ſi célebre chez

les Grecs, n'offre plus aujourd'hui qu'une vingtaine de malheureufes chaumieres habitées par des laboureurs Albanois.

Canton de la Philosophie.

Nous ne confidérerons ici la Philofophie que dans fes rapports avec la politique, & dans l'influence qu'elle a eue fur la Révolution Française. Pendant long-temps renfermée dans l'obfcurité de l'école, elle ne fut guere connue que par les difputes des fcholaftiques. Ce fut bien pis lorfqu'on l'employa à débrouiller le cahos d'une prétendue fcience obfcure & myftérieufe. Deftinée par fa nature à dépouiller l'homme de tous préjugés, elle ne fervit alors qu'à les confacrer tous. Le defpotifme des rois, la tyrannie des prêtres redoutant les effets de la Philofophie, s'il paroiffoit quelque génie capable de faire entendre au monde fes leçons, s'emparerent des clefs de cette fcience, & ne permirent l'entrée du fanctuaire de la Philofophie qu'à des hommes vendus aux intérêts de l'ambition. Il femble que la politique & la Philofophie euffent fait un pacte qui devoit être pour le Peuple un objet de vénération dès qu'il fut déclaré solemnel & sanctionné par la Divinité, comme si le Pere commun des hommes pouvoit souscrire à un traité contraire à toutes les reglesde la Justice. Le Trône & l'Autel, édifiés sur le même fondement, ne pouvoient se soutenir qu'à l'aide l'un de l'autre ; & l'insolent Monarque consentoit à courber le tête sous la main du Prêtre orgueilleux ; pourvu que celui-ci lui jurât ensuite obéissance & fidélité. De cet accord mutuel devoit résulter le système de politique le plus oppresseur. Si le Trône étoit menacé, le Prêtre lançoit la foudre du Ciel contre des sujets qu'il osoit qualifier de rebelles ; & si l'Autel éprouvoit quelque défection de la part de certains adorateurs, le Despote couronné alloit lui-même égorger ses sujets pour des querelles religieuses. Telle est en peu de mots l'histoire du Peuple Français, depuis le timide & crédule *Clovis* jusqu'à l'hypocrite *Capet*. Si l'on veut déchirer de cette histoire toutes les pages souillées des crimes de cette double puissance, il ne restera au Lecteur étonné que quelques lignes à parcourir.

Mais les Droits de l'Homme font imprescriptibles ; la raifon devoit enfin diffiper les nuages qui avoient jufques-là obfcurci cette charte immortelle, & la Philofophie, revenue de fes anciennes erreurs, effaya d'éclairer les hommes. Depuis bientôt un demi-fiecle, les Philofophes s'appliquerent à étudier les principes du Gouvernement. Avant d'édifier, il falloit détruire. Quoique la vérité dût être à la portée de tous les efprits, il étoit à craindre que fon éclat n'affectât trop vivement des yeux foibles, & que le paffage fubit des ténebres à la lumiere du grand jour ne les frappât d'aveuglement. Ce fut donc dans les intérêts de la vérité qu'ils uferent de précautions pour lever le bandeau qu'une longue fuite de fiecles avoit attaché fur les yeux du peuple. Enfin, vers l'an 1750, la lumiere commença à poindre ; tout le monde n'apperçut pas fon aurore. D'ailleurs les nouveaux principes fe trouverent en quelque forte épars & confondus dans un vafte ouvrage qui ne pouvoit avoir que peu de lecteurs ; & les efforts du Gouvernement, pour détruire ce riche dépôt des connoiffances humaines, rallentirent l'effet que sa lecture devoit produire ; il fut lu cependant ; il devint une mine féconde qui prodigua des tréfors à proportion du foin & de l'activité que l'on mit à la creufer ; déjà les efprits reçurent une fecouffe; l'on pouvoit dès lors prédire la Révolution ; une foule d'auteurs l'annoncerent dans leurs écrits ; les abus, les vices, tous les défordres de la Cour la préparerent infenfiblement, & la longue oppreffion du Peuple en hâta l'heureufe époque. Deux Écrivains célebres en furent les provocateurs, s'il eft permis de parler ainfi. L'un s'attacha fur-tout à dépecer par lambeaux ce voile énigmatique que la fuperftition avoit mis à l'entour de fes fimulacres : ne voulant point entrer en lice de raifonnement avec des hommes accoutumés à échapper par mille fubterfuges, il employa l'arme du ridicule & atterra fes vils adverfaires. L'autre fit entendre le langage d'une raifon fiere ; il étonna fon fiecle & fit pâlir les tyrans fur leurs trônes. Né pour l'indépendance, il déploya dans fes ouvrages une ame toute républicaine. *L'Efprit des Loix* avoit précédé le *Contrat Social* & préparé les efprits aux vérités profondes qui se découvrent à chaque page dans cet écrit ; le Peuple en favoit affez pour defirer de rompre fes fers ; il ne reftoit plus qu'à lui défigner le lieu où étoit caché le *Code des Droits de l'Homme & du Citoyen* qui ne fe trouvoit nulle part : la Philofophie, par un dernier bienfait, prend en main le flambeau, & le lui fait appercevoir à travers l'échaffaudage du trône que le temps avoit peu-à-peu miné. *Renverfe cet antique & odieux monument*, lui crierent les Philofophes, *fouille ces décombres, creufe jufqu'aux fondemens, & tu découvriras ce que tes tyrans avoient eu tant de foin de dérober à ta connoiffance.* Le Peuple docile obéit : d'un fouffle il abbat le trône, frêle édifice, qui n'avoit de confiftance que par l'idolâtrie ; bientôt il reconnoît la vérité des promeffes que lui ont faites les Philofophes ; il proclame avec enthoufiafme cette précieufe découverte, & il offre aux regards de l'Univers cette déclaration, ayant pour frontifpice : LA PHILOSOPHIE DES NATIONS.

Canton du Faisceau.

Le Faisceau est l'emblême de l'union & de la force : cet emblême se multiplie dans tous les monumens élevés à la Liberté, & devient le signe du ralliement de tous les Républicains.

Si la tyrannie regne par la division, la Liberté se perpétue par l'union. Il n'est pas nécessaire de recourir à l'antiquité pour appuyer cette vérité par des exemples ; les succès journaliers des Républicains Français, apprennent à l'Europe entiere, que tant qu'ils seront unis, tous les efforts des tyrans viendront se briser contre ce Faisceau redoutable.

Canton des Droits de l'Homme.

Les droits naturels de l'homme sont fondés sur cette Loi primitive & universelle qui maintient le grand ordre des choses, en établissant entre tous les êtres les rapports les plus avantageux à leur existence. Pour assurer les effets de cette Loi parmi les hommes, la nature n'a pas voulu s'en rapporter aux mouvemens irréguliers de l'imagination & du raisonnement, elle s'est adressée au cœur dont l'instinct délicat ne trompe jamais celui qui le consulte de bonne foi ; c'est là qu'elle a gravé en caracteres éternels que les hommes sont égaux & freres, & que la Liberté est l'essence de la vie ; c'est là qu'elle imprima d'abord ce sentiment sublime, consacré depuis par la sagesse : *ne faites pas à autrui ce que vous ne voudriez pas qui vous fût fait.*

Avec des bases aussi sûres pour établir solidement leur bonheur, comment est-il arrivé que les hommes, méconnoissant insensiblement les inspirations de la nature, en soient venus jusqu'à ce point d'avilissement qui, dans les trois quarts du globe, les tient enchaînés sous la volonté d'un seul ? Comment ont-ils pu étouffer cette voix si forte qui appelle tous les êtres à la Liberté & à l'Égalité ? Comment cette belle créature, dont l'attitude majestueuse atteste les grands desseins de son auteur sur elle, a-t-elle pu consentir à ramper bassement dans ces mêmes contrées, où tant de nombreuses peuplades répandues dans les vastes deserts, dans les forêts silencieuses, lui retracent continuellement l'image de la Liberté & de l'Égalité primitive ? Comment a-t-elle courbé servilement sa tête dans ces contrées plus connues, où depuis tant de siecles la voix des philosophes ne cesse de lui rappeller sa dignité originaire & ses hautes destinées ? Ah! gardons-nous d'imputer à la nature cet oubli où l'homme paroît être de ses Droits. Avec quel soin au contraire ne conserve-t-elle pas en lui le germe de cet instinct qui doit les lui faire connoître! Mais un cœur abattu par la crainte, flétri par le mépris & l'arrogant orgueil, corrompu d'ailleurs par tous les vices, a beau être dépositaire de ce feu sacré qui allume la conscience, à peine dans sa triste apathie lui échappe-t-il quelques lueurs passageres ; il languit inactif & froid sous les fers de l'oppression, jusqu'à ce qu'un choc extraordinaire & imprévu devienne le signal de l'explosion. Cependant le moment arrive ; & ce fier ressort si long-temps comprimé se déploie subitement & renverse tout ce qui s'oppose à sa réaction. Ici c'est un Brutus qui jure la liberté de sa Patrie sur le sang d'une infortunée, victime des passions d'un tyran ; là c'est un Guillaume Tell qui, forcé de diriger un trait sur la tête de son propre fils, en éguise

en

en même temps un second pour percer le monftre oppreffeur qui le force à cette cruelle épreuve. Mais quels effets furprenans ne produit pas la terrible étincelle du défefpoir dans ces circonftances extrêmes ! Quel merveilleux pouvoir n'a-t-elle pas pour réveiller en nous la confcience de nos Droits ! Voyez-la frapper au même inftant, vingt millions de Français trop long-temps ifolés & infenfibles ; voyez comme elle les réunit en développant tout-à-coup en eux cet inftinct qui force les hommes à graviter les uns vers les autres. Comme ils s'enflamment de la même indignation contre leurs tyrans ! Comme ils partagent également le même defir, le même fentiment de Liberté & d'Égalité ! Mais fur-tout avec quelle promptitude ils reconnoiffent la jufte étendue de ces Droits, en prenant foin de les confacrer fous la dictée de la Nature ! Approchez, Peuples du monde efclave, du bronze folemnel que cette grande légiflatrice vient de rendre dépofitaire de fes décrets. Vous y verrez gravés en carracteres invariables les principes facrés que la tyrannie a effacés de votre cœur. Vous y apprendrez comment de ces principes décou-

E

lent la prospérité & la gloire d'un état. Honteux de votre avilissement, cherchant en vain parmi vous la *Liberté*, l'*Égalité*, la *Sureté* & la *Propriété*, vous réclamerez hautement ces Droits imprescriptibles ; bientôt ils vous seront rendus, & vous fonderez à votre tour sur cette base un Gouvernement libre & heureux.

Canton des États-Unis.

Le gouvernement monarchique le plus mitigé, le plus circonscrit par des lois fondamentales, tend toujours au despotisme. Dès qu'un homme peut regarder d'autres hommes comme un domaine qu'il a hérité de ses peres, ou qui lui a été confié pour le cours entier de sa vie ; il cherche, dans cette propriété, tout ce qui peut satisfaire sa cupidité & son orgueil. En vain les Colonies Angloises du Nord de l'Amérique ont-elles des chartres qui semblent devoir les préserver d'un joug intolérable, une lutte inégale & sourde entre le Despotisme & la Liberté menace d'anéantir les droits sacrés de l'homme. Une foule inutile d'officiers civils & militaires, choisis par le conseil britannique, pese sur les Colonies, forcées de foudoyer, à grands frais, ces esclaves dévoués à un maître. Une Cour, avide de richesses qui doivent payer des hommes assez vils pour vendre leur liberté, & assez criminels pour vendre la liberté de ceux qui les ont choisis pour la défendre, cette Cour veut imposer de nouvelles taxes sur les Colonies. Elles portent d'abord sur le commerce. Vient ensuite le fameux acte du timbre, que la généreuse résistance des colonies force cependant bientôt de retirer ; il est remplacé par un impôt sur des marchandises portées d'Angleterre en Amérique ; la même résistance a un succès pareil, si ce n'est que l'impôt sur le thé n'est pas aboli.

Mais l'amour de la liberté chez les Colons étoit trop vif & trop éclairé pour transiger ainsi avec la tyrannie. Par un accord général, tous les habitans de ce vaste pays renoncent à l'usage d'une boisson qui fait leurs délices ; on brûle ce qui reste de cette feuille dont le despotisme veut faire l'instrument de l'esclavage ; on détruit les cargaisons qui arrivent d'Europe. L'Angleterre croit intimider les Américains en fermant, par un bill, le port de Boston ; l'intérêt de cette ville, qui s'étoit le plus énergiquement prononcée pour la cause de la liberté, devient l'intérêt général. Une peuplade de sauvages, si l'on peut appeller de ce nom des hommes qui sentent tout le prix de la liberté, témoigne, avec la franchise de la nature, la part qu'elle prend au sort des Bostoniens. (1) L'Amérique brûle de reconquérir ses droits ; elle prépare ses moyens ; le commandant des satellites du tyran commet, cependant, le premier acte

―――――――――――――――――――――

(1) Les sauvages *Masphi*, ayant appris la tyrannie du gouvernement britannique envers la ville de Boston, se piquèrent de montrer la part qu'ils prenoient à son infortune. Cette horde de chasseurs fit une collecte générale de tout l'argent qui se trouvoit chez elle. La somme se montoit à seize shillings (18 liv. 8 sols de notre monnoie) ; la maniere dont elle fit ce modique présent en releve infiniment le prix. Ils se présenterent devant la salle du comité : *tenez*, dirent-ils en entrant, *voilà tout ce que nous possédons, nous comptions en acheter du rhum ; nous boirons de l'eau. Nous allons chasser dans le grand bois ; si nous pouvons vendre quelques peaux aux habitans d'en-haut, nous viendrons vîte vous en apporter l'argent.* Note tirée du Spectateur Américain, seconde partie, page 27.

d'hostilité; il détruit un magasin d'armes & de munitions appartenant aux Américains; ses troupes, à leur retour, sont assaillies par la milice du pays. L'épée est tirée, & ne sera remise dans le fourreau que lorsque l'Angleterre aura reconnu l'indépendance des Etats-Unis. Mais cet heureux événement doit être le prix de la fermeté, du courage, de la sagesse, du dévouement entier des Américains à la cause de la liberté. Les Français ont eu la gloire d'y contribuer; & peut-être devons-nous à la révolution de l'Amérique le bonheur d'avoir opéré celle qui régénere la France.

Puissent les liens de l'amitié se resserrer de plus en plus entre deux peuples, que l'amour de la liberté rend dignes l'un de l'autre! puisse la vue de leur prospérité commune faire bientôt sentir à toutes les Nations qu'il n'est de bien qu'avec la liberté!

Voyez Philadelphie & Franklin.

Canton de l'Immortalité.

Oui, Platon, tu dis vrai, notre ame est immortelle.
C'est un Dieu qui lui parle, un Dieu qui vit en elle.

Eh! d'où viendroit, sans lui, ce grand pressentiment,
Ce dégoût des faux biens, cette horreur du néant?...
. . . .
Allons, s'il est un Dieu, Caton doit être heureux.
Il en est un, sans doute, & je suis son ouvrage:
Lui-même au cœur du Juste il empreint son image;
Il doit venger sa cause, & punir les pervers...
. . . .
Je te verrai sans ombre, ô Vérité céleste!
Tu te caches de nous dans nos jours de sommeil:
Cette vie est un songe & la mort un réveil.

(*Caton*, Trag. D'ADISSON, *traduct.* DE VOLTAIRE.)

Le sentiment de l'Immortalité est naturel à l'homme. Il s'est manifesté d'une maniere frappante chez tous les Peuples. De là le desir de perpétuer son nom, de là la religion des tombeaux chez toutes les nations de la terre. Si ce sentiment étoit une erreur, ce seroit l'erreur du genre humain. Mais il est trop uniforme, trop universel, pour n'être pas dicté par la nature même; & la nature n'imprime pas son sceau à une erreur. D'ailleurs l'examen des facultés de l'Etre pensant, la moralité de ses actions, les grandes idées de la providence, tout persuade à la raison, que l'homme ne meurt pas tout entier, que le tombeau n'est pas le terme fatal de son existence.

Tendre épouse, mere désolée ! pourquoi ces vêtemens lugubres qui vous couvrent, ces larmes que je vous vois répandre, cette tristesse profonde qui vous accable ? Vous regrettez un fils, un époux chéris : ces objets de votre tendresse ne sont plus..... Mais, s'ils ont vécu pour la Patrie, s'ils sont tombés en combattant pour elle, ah ! ne déshonorez point leurs cendres par des sentimens pusillanimes. Calmez cet excès de douleur, que la nature vous pardonne, mais que la Patrie condamne : séchez vos pleurs, & partagez leur gloire. Voyez leur nom, immortel comme leurs vertus, voler de bouche en bouche, répété par la reconnoissance ; la postérité bénir leur mémoire, & les siecles les plus reculés redire encore avec complaisance : ils ont vécu pour la vertu, ils sont morts pour la Patrie ! La mort leur a donné une vie nouvelle ; leur tombeau est le trophée de leur gloire, le berceau de leur Immortalité. Eh quoi ! ce tableau consolant ne suffit pas pour tarir vos larmes ! — Ils sont morts, pensez-vous ! ... Non, ils vivent ; l'Éternel les a reçus dans son sein : ils recueillent maintenant le prix de leurs vertus, ils jouissent de leur gloire, & du plaisir d'avoir bien fait. — Flatteuse illusion ! repliquez-vous. Mais ces cendres froides, ces ossemens épars, tristes restes d'un objet qui n'est plus, déposent trop cruellement contre cette espérance.... C'en est fait, ils sont morts tout entiers... Arrêtez, téméraires, arrêtez ! pourquoi vouloir engloutir dans cette tombe l'espoir consolateur ? Oui, la terre a reçu leur dépouille mortelle : je vois les restes inutiles d'une enveloppe grossiere. Mais la plus belle portion d'eux-mêmes, mais cet esprit qui savoit apprécier vos vertus, ce cœur qui vous chérissoit, ce souffle divin, cette émanation de la Divinité, leur ame enfin, est-elle anéantie ? Non.... J'en atteste le cri de la nature & la justice du ciel.

Loin d'ici, vils corrupteurs de la morale publique, qui, pour mettre le crime à l'aise, la vertu dans l'angoisse, osez ouvrir devant eux le gouffre de l'anéantissement ! vous qui, sous le spécieux prétexte de faire la guerre aux préjugés, invoquez la raison pour désespérer la nature, pour briser sans pitié tous les reſſorts du cœur humain, dépouiller les hommes de leur dignité, les confondre avec la brute, & ne les niveler que ſur le néant! Éloignez-vous à jamais de la ſociété des hommes libres, qui aiment la juſtice, & chériſſent la vertu. Votre affreux ſyſtême ne peut plaire qu'aux ſcélérats. L'homme juſte veut ſe ſurvivre à lui-même : le méchant ſeul peut ſourire au néant. Fuyez, ah! fuyez, s'il eſt poſſible, au-delà des bornes du monde. Votre déſolante doctrine épouvante l'eſpece humaine ; elle couvriroit de deuil la Nature entiere. Eh quoi! voulez-vous arracher à la vertu ſon encouragement, au malheureux ſa derniere reſſource ?... Ah! ne ſoyez pas plus cruels que la mort. Ne raviſſez pas à l'humanité cette conſolation ſublime, & laiſſez au moins l'eſpérance s'aſſeoir ſur les tombeaux. Être des êtres! tu ne tromperas pas cette grande attente du genre humain. Tu as promis le bonheur à l'Homme : ta promeſſe ne ſera pas vaine. D'où vient ce preſſentiment univerſel d'un avenir, ce deſir impérieux d'un bien-être ſans fin, cette ſoif d'exiſtence qui aſpire l'éternité ? N'eſt-ce pas la voix de ta providence qui proclame l'Immortalité ? Hélas ! sans elle, le désordre qui regne ici bas, accuseroit trop hautement ta sagesse. Vois les Tyrans opprimer la terre, les assassins de l'humanité, levant audacieusement la tête, jouir sans crainte & sans remords du silence de ta justice ! Quelquefois, il est vrai, la foudre de la vengeance tombe sur leurs têtes coupables. Mais que de forfaits impunis ! Que de vertus sans récompense ! En vain la raison, armée de toutes les idées morales, voudroit réparer un désordre qui l'afflige ; sa voix sera toujours trop foible, ses vœux seront toujours impuissans. Elle peut sans doute épargner bien des malheurs à la terre ; elle peut diminuer le torrent des injustices ; mais elle n'en pourra jamais tarir la source. Malgré la sagesse des Loix humaines, trop souvent encore le crime adroit ravira le prix de la timide vertu, & le méchant dévorera l'homme juste.

Dieu de l'univers ! C'est à toi qu'il est réservé de faire enfin sortir l'ordre du sein de ce chaos. Ton regard pénétrant poursuivra le coupable ; l'innocence opprimée n'aura pas en vain réclamé ta juſtice, & nul mortel n'aura droit de te dire: *je me repens d'avoir été vertueux.*

Mais pourquoi recourir à la juſtice, quand ta gloire ſeule te commande la conſervation de l'homme ? Abandonnerois-tu pour jamais l'enfant de ton amour, le ſeul être de la nature qui puiſſe t'adorer & t'aimer ? La raiſon, ce flambeau divin que tu lui as donné, cette intelligence qui s'élève juſqu'à toi ; tant de perfections enfin n'auroient-elles brillé durant le jour de cette courte vie, que pour venir s'eteindre dans la nuit du tombeau ? La mort briſeroit-elle entiérement ce chef-d'œuvre de tes mains ?.... Non. Tu n'auras pas en vain déployé ta puiſſance. Tu ne permettras pas au néant d'engloutir ton plus bel ouvrage.

Canton Lafontaine.

La Sageſſe, belle de ſa ſeule beauté, la Philoſophie, dans ſa ſévérité majeſtueuſe, ne peuvent parler à tous avec un ſuccès égal. La foibleſſe de notre nature a mis dans les diſpoſitions de l'eſprit humain une foule de nuances essentielles à saisir. La reconnoissance publique ne doit donc pas négliger d'honorer la mémoire & de proclamer le nom de ces Sages aimables qui ont semé les fleurs de l'agrément, les richesses de l'imagination sur le chemin des vertus & de la morale. Nul d'entr'eux n'a, sous ce rapport, plus de droits à nos hommages que Lafontaine, l'un des Poëtes Français dont se glorifie le 17.e siecle. Le recueil de ses apologues est un de ces monumens heureux où tous les âges & toutes les classes de la Société peuvent puiser l'amour de leurs devoirs & la regle de leur conduite; & quiconque l'a lu sans devenir meilleur, étoit sans doute indigne de le lire.

Jean Lafontaine naquit à Château-Thierry, le 8 Juillet 1621. Son éducation négligée sembla laisser à la nature le soin de le former tout entier. Les premières années de sa vie ne furent pas même animées du génie qui a fait sa gloire : ce ne fut qu'à l'âge de vingt-deux ans que la lecture d'une Ode de Malherbe en échauffa le germe. Dès lors livré sans relâche à l'étude des modeles de l'antiquité, à la lecture des meilleurs écrivains modernes, il fentit l'effor de ce feu créateur qui fait les grands hommes. Peu favorifé de la fortune, & foumis par de prétendues convenances au joug d'un mariage qui ne pouvoit le rendre heureux, il trouva dans fon propre cœur l'unique fource de fes jouiffances. C'eft là qu'ainfi que dans une mine féconde, il puifa les tréfors du fentiment qu'il fait partager, de l'inftruction qu'il fait chérir. Si l'homme de goût ne fe laffe pas d'admirer dans fes fables les charmes féduifans du ftyle naïf & gracieux, les plus rians tableaux de la nature, les plus ingénieufes couleurs de la poéfie, l'homme de bien y retrouve à chaque ligne le fecret de fes plaifirs & l'hiftoire de fon ame. Il feroit difficile de refferrer l'éloge de LAFONTAINE dans les bornes d'une notice; car ce n'eft guere qu'en le citant qu'on peut le peindre. Mais comme il eft peu de Lecteurs qui ne l'aient tout entier dans leur mémoire, fon nom fuffit pour éveiller par-tout les idées qu'infpireroit une apologie plus étendue. C'eft chez lui que la vérité, loin du dogme fcholaftique & des profondeurs de la differtation, attire notre bonne foi fans irriter notre amour-propre. Il fut trouver entre les dangers de l'indulgence & les excès du rigorifme un milieu fi délicat, qu'attachés aux leçons qu'il nous offre par le feul plaifir de les entendre, notre ame s'eft déjà pénétrée de leur fruit avant d'avoir calculé l'étendue des devoirs dont elles font l'objet... A qui encore appartint-il mieux qu'à LAFONTAINE de retracer les pures jouiffances de l'ame & d'en révéler le fecret délicieux ? Parle-t-il d'*un ami véritable* ? L'inftinct de fa douce fenfibilité lui dicte ce vers qui défie tous les traités de la plus pompeufe métaphyfique :

 Il cherche vos befoins au fond de votre cœur.

O vous qui connûtes le prix de l'amitié, de la bienfaifance, de tous les fentimens qui embelliffent la vie ! Venez trouver dans LAFONTAINE la peinture fidelle de ce que vous éprouvez fi bien ; & s'il eft poffible que votre cœur ceffe de battre à la lecture de fes productions enchantereffes, dites-vous alors avec ce regret dont il vous dicte lui-même l'expreffion touchante :

 Ne fentirai-je plus de charme qui m'arrête ?
  Ai-je paffé le temps d'aimer ?

Mais non.. nous nous plaisons à le répéter : LAFONTAINE est de tous les âges, parce qu'il chante toutes les vertus. Il appartient à tous les temps ; &, nous devons le dire, plus particuliérement à ceux que prépara la Révolution. Les vertus simples & modestes, la douce fraternité, l'égalité consolatrice devoient un jour caractériser le peuple chez lequel LAFONTAINE eut son berceau... Il a devancé leur triomphe, & leur assuroit des conquêtes avant qu'elles eussent été placées solemnellement au rang qu'elles avoient toujours mérité,

Les ouvrages de LAFONTAINE portent, dans l'inimitable naïveté qui en fait le principal attrait, le caractere qu'on connut à leur auteur. Plusieurs traits de sa vie privée, recueillis avec soin & transmis jusqu'à nous avec cet intérêt & ce respect que devoit inspirer LAFONTAINE, l'offrent exempt de toute passion tumultueuse, de toute haine, de tous les travers de l'ambition. Il étoit bien loin de soupçonner sa gloire ; & l'innocence de l'enfant se retrouvoit dans le Philosophe judicieux & sensible. Envain la pureté de ses principes semble-t-elle démentie par des ouvrages licencieux où sa réputation d'Auteur se soutient avec éclat. Personne n'ignore que cette sorte d'oubli des bienséances tenoit à la franchise de son ame ; & si une partie de ses œuvres semble étrangere, sous ce rapport, dans la bibliotheque du Républicain sévere & réfléchi, on y retrouve encore une foule de traits que revendique la saine morale, & qui sont d'ailleurs trop précieux au bon goût pour devoir être repoussés, au milieu même des tableaux trop nuds qui les entourent.

Amis des mœurs ! ne rougissez pas. LAFONTAINE vous a vengés. Incapable de méditer le mal, il fut lui-même son plus rigoureux censeur. Chérissez la mémoire du Fabuliste Français ; & sachez jeter un voile sur des écarts qu'excuse leur source, & que l'orgueil d'une fausse philosophie ne chercha jamais à pallier. Ce ne fut point à la corruption de son siecle que LAFONTAINE paya le tribut; songez à ce que lui doit le vôtre, & vouez-lui sans remords l'hommage de votre reconnoissance.

RUES

RUES.

Rue du Quatorze Juillet.

Le 14 Juillet 1789, fut le jour marqué par le réveil du Peuple, par les premiers coups du tonnerre de la Liberté. La Baſtille, ce hideux monument du deſpotiſme des Rois, fondé ſous Charles V en 1370, ce tombeau de tant d'opprimés, ſervoit encore, au mépris des loix, les paſſions coupables, les criminelles vengeances de ceux dont l'autorité monſtrueuſe s'appeſantiſſoit ſur le peuple. Le Peuple l'environne dans ſa légitime fureur: il la foudroie de ſes mains toutes-puiſſantes. Le jour luit enfin dans ces abominables cachots que la nuit du crime avoit remplis pendant cinq ſiecles; un chant de triomphe annonce au foible perſécuté ce qu'il a droit d'attendre, aux tyrans ce qu'ils doivent redouter. L'exécrable Delaunay, le miniſtre des horreurs dont la Baſtille étoit le théâtre, reçoit le digne prix de ſon vil métier. Son corps ſanglant & déchiré préſente aux bourreaux du Peuple l'image prophétique du ſort qui les attend. Peuple Français, qui depuis parcourus à pas de géant la glorieuse carriere de la Révolution ! n'en oublie pas l'auguste signal, la premiere catastrophe........ Honneur au 14 Juillet !

RUE DE LA FORCE.

Il ne suffiroit pas que l'énergie des Français eût conquis la Liberté ; il ne suffiroit pas même que les actes à jamais mémorables de la *Justice Nationale* eussent frappé de terreur & d'admiration tous les Peuples de l'Europe, tous les tyrans du Monde, si ces grands événemens n'eussent été produits que par une explosion passagere, n'eussent laissé dans la Nation Française, cette impénétrabilité puissante devant laquelle doivent échouer tous les efforts & tous les attentats.

Le succès l'a déja prouvé, tout le démontre ; le Peuple Français renferme dans ses ressources les principes d'une *Force* indestructible : il ne manquoit à ses innombrables familles, à la fertilité de son sol, à la fécondité de son industrie, que le génie de la Liberté. Ce génie l'anime aujourd'hui : qui pourroit calculer la force du Peuple Français ? Mais cette force réside dans le Peuple tout entier. C'est le faisceau, dont un seul dard détaché entraîneroit bientôt la dissolution. *Divisons pour régner* : tel est le mot-d'ordre des tyrans. *Soyons unis pour vaincre* : tel sera celui des Hommes Libres.

Rue du Courage.

Ce n'étoit point assez de retracer aux regards du Peuple les grandes époques de la Révolution, les hommes choisis par le ciel pour en être les glorieux soutiens, il falloit surtout offrir à son ame le sentiment des vertus qui en ont fait l'origine & assuré les progrès. Le *Courage*, ce noble instinct de l'homme vraiment vertueux, qui sait affronter tous les périls sans les calculer jamais ; ce fléau de la tyrannie, puisqu'elle ne soumit jamais ses esclaves que par le lâche oubli de leur dignité primitive, occupe sans doute une place distinguée parmi les vertus des Français. Il a pris chez eux son vrai caractere en se vouant à la défense des droits de l'homme. Il nous fit marcher avec un front inaltérable au milieu des écueils & des pieges. Il anime nos innombrables cohortes contre les satellites des Rois. Il soutient l'homme public contre les assauts ténébreux de la malveillance. Son nom seul est la terreur de nos ennemis de toutes les classes; & la *République est impérissable*, parce que notre Courage ne se lassera jamais.

Rue Gasparin.

Gasparin, nommé dans une de nos contrées méridionales, Député à la *Convention*, après l'avoir été à l'*Assemblée Législative*, ne cessa de déployer le plus ardent patriotisme & toutes les vertus populaires. Lorsque le choix de ses concitoyens l'eut porté à la Représentation Nationale, il oublia tous ses intérêts particuliers pour ne s'occuper que de la chose publique. Une immense succession à recueillir sembloit exiger sa présence dans ses foyers; mais son pays l'appelloit. . . . . Il ne balança pas; il vit dans le bonheur de le servir la véritable richesse de l'homme libre.

Gasparin se déclara, l'un des premiers, contre la faction de la Gironde. La réunion du *Comtat* à la France, est presqu'entiérement son ouvrage.

Il fut envoyé dans les Départemens du Midi, & mourut à Orange, le 21 Brumaire de l'an 2e. *Marchons tous sous les murs de Toulon; ça ira; la République triomphera....* Telles sont ses dernieres paroles.

Le genre de mort de Gasparin a fait soupçonner l'usage du poison contre lui... Rien n'attesteroit mieux peut-être l'héroïsme de ses vertus.

Des patriotes porterent son cœur à la Convention; & les immortels honneurs du Panthéon furent accordés à ce défenseur courageux de la Liberté, des principes & de la Souveraineté Nationale.

RUE DES PIQUES.

Au moment où le despotisme fut terrassé, la France, devenue libre, eut tous les esclaves de l'Europe pour ennemis; & par une trahison long-temps méditée, les arsenaux se trouvoient démunis, afin que la République fût, pour ainsi dire, forcée de marcher le sein découvert contre des brigands armés. Mais le génie de la Liberté parla ; & la France fut tout-à-coup hérissée de *piques*, arme franche & digne d'un Républicain qui, bravant les coups de l'ennemi, sent qu'il est fait pour l'attaquer de près. Par un nouveau miracle de l'enthousiasme national, cette premiere ressource est devenue moins utile : les forges se sont allumées de toutes parts, & des milliers de fusils en sortent chaque jour ; mais le Français, un fusil à la main, semble oublier dans les batailles qu'il peut de loin lancer la mort ; sa bayonnette lui promet des coups plus sûrs, & bientôt son fusil n'est pour lui qu'une pique. C'est ainsi qu'il arrache la victoire à ses nombreux ennemis, qu'il ne compte jamais que lorsqu'ils sont couchés sur la poussiere.

Rue du Salpetre.

Cette substance terrible dans ses effets, le Salpêtre qui joue un si grand rôle aujourd'hui, n'est pas un corps simple, un sel primitif : c'est un mixte dont la nature avoit dispersé les élémens avec foin, & que l'induftrie de l'homme a fu rapprocher avec un artifice non moins cruel qu'admirable. Il a fouillé les fouterrains, les mafures, les entrailles de la terre; d'énormes quantités de décombres ont été portées dans de vaftes ateliers; des torrens d'eau ont été dirigés fur ces matériaux convenablement difpofés pour être lavés & relavés; ces eaux recueillies dans des chaudieres ont été bouillies & évaporées jufqu'à produire un réfidu; ce réfidu n'eft pas encore du Salpêtre; ce n'eft qu'un nitre impur & groffier, mêlangé d'une foule d'autres fels que la moindre humidité de l'air pénetre & diffout : il a donc fallu travailler de nouveau, méditer, combiner les diverfes matieres qu'on avoit fous la main. Enfin l'homme a trouvé, dans les cendres des végétaux brûlés, une autre fubftance de nature toute différente de la premiere, un fel acre & cauftique, lequel abforbe ou précipite tout ce qui n'eft pas nitre, & transforme celui-ci en longues aiguilles auffi tranfparentes que le criftal.

Ce fel précieux, connu fous le nom d'alkali fixe végétal, exifte dans les cendres de nos foyers : c'est lui qui, fondu dans l'eau bouillante, agit si puissamment sur le linge sale entassé dans les vaisseaux de lessive ; c'est encore lui qui, amalgamé avec les huiles & les matieres grasses, forme le savon avec lequel nos ménageres achevent de donner au *linge lessivé* cette blancheur & cette propreté qui contribue tant à conserver la santé ; c'est lui enfin, qui, en se combinant avec l'acide nitrique de nos ateliers, produit, comme nous venons de le dire, le Salpêtre avec lequel on fait la poudre à canon.

Toutes les cendres des végétaux ne sont pas également riches en alkali ; les bois blancs en ont très-peu, le chêne, l'orme & sur-tout les sarmens de vigne en contiennent beaucoup : ces mêmes bois, s'ils ont flotté, s'ils ont séjourné long-temps dans l'eau, ne rendent presque plus d'alkali : en brûlant des joncs & des roseaux, vous n'obtenez qu'une cendre insipide, tandis que les chardons & les orties, sont, avant & après leur combustion, tout brillans de nitre pur, s'il est permis de s'exprimer de la sorte.

Avant l'infernale coalition des Potentats de

l'Europe contre la Liberté Française, les Peuples du Nord nous fournissoient en abondance & à bon marché la potasse, qui est le sel des cendres lessivées, que l'on fait ensuite dessécher & calciner pour le transporter plus facilement. Nos ennemis, en nous privant de cette ressource, ont cru nous mettre dans l'impuissance de fabriquer la foudre avec laquelle nous exterminons journellement les troupeaux d'esclaves qu'ils font mouvoir contre nous. N'ont-ils pas cru également nous affamer, en interceptant avec leurs nombreuses flottes quelques chargemens de subsistances que nos bons amis les Américains nous apportoient ? Mais qu'ils connoissent peu l'énergie républicaine, ces imbécilles Tyrans ! La disette momentanée de quelques denrées a excité l'industrieuse activité des Français ; le patriotisme a enfanté des miracles dans tous les genres ; de nombreux ateliers se sont élevés, & se soutiennent par le travail infatigable de plusieurs citoyens & par la générosité des autres. Il nous reste encore des moyens immenses ; sachons les mettre à profit ; & si jamais les matieres premieres nous manquent, si nous ne trouvions plus chez nous les élémens de la foudre, oui, nous le jurons par les mânes des braves canonniers qui sont morts pour la Patrie, nous irons en masse, avec nos intrépides freres d'armes, établir nos ateliers au milieu du pays ennemi; nous irons faire du salin & de la potasse dans les parcs immenses des orgueilleux paladins de la Germanie; nous irons jusqu'à Madrid & à l'Escurial, fouiller le Salpêtre natif, si abondant dans ces tristes contrées; & nous forgerons nos foudres en présence même de ces lâches Espagnols qui ont perdu jusqu'à leur antique bonne foi, comme le prouve la perfide inexécution de la capitulation de Colioure.

Rue du Canon.

Depuis la découverte de la poudre, le Canon est devenu le grand juge des querelles du genre humain. Les insensés! ils se plaignent des maux de la nature, & ils ont inventé le canon !... On peut faire à tous les Peuples civilisés ce reproche adressé aux barbares vainqueurs du nouveau monde:

Et vous n'avez du ciel imité que la foudre.

On lisoit sur les canons de l'ancien régime cette ridicule devise : *ultima ratio regum , le dernier argument des Rois*. Du moins ceux-ci avoient-ils la franchise d'avouer par-là que la guerre ne se faisoit que pour eux, & que nous étions les dupes des *argumens* qu'ils se poussoient. Je voudrois qu'on lût aujourd'hui sur nos canons, non pas en latin, mais dans la langue mere de la Liberté, cette inscription : *le dernier mot des hommes libres*. C'est dans notre cause que l'usage de cette terrible machine est justifié ; il nous étoit même réservé d'en perfectionner les effets. Notre artillerie à cheval a chez l'ennemi une réputation qui atteste à la fois nos succès & ses pertes.

Rue de la Meche.

La Meche est faite de vieux cordage préparé avec du salpêtre & du soufre. L'expérience a prouvé que son usage est infinimeut supérieur à celui de tout autre combustible, pour enflammer à coup sûr & avec la promptitude de l'éclair la poudre placée à la lumiere du canon. Elle offre ainsi, dans ses effets, l'emblême de ce feu rapide qui a embrâsé le cœur des Français au premier cri de la Liberté.

Rue du Bonnet Rouge.

Les Romains, dont l'imparfaite république étoit bien loin de devoir offrir un modele à la nôtre, puisqu'elle présenta dans ses plus beaux jours la lutte continuelle des *Patriciens* & des *Plébéïens*, c'est-à-dire de l'aristocratie & de la masse populaire; les Romains avoient pour coutume, lorsqu'ils affranchissoient leurs esclaves, (car ils connoissoient des *esclaves*) de leur poser sur la tête un Bonnet qui devenoit ainsi le *signe de la Liberté*. L'usage que nous faisons aujourd'hui du *Bonnet Rouge* donne à cet emblême une heureuse latitude. Il ne désigne plus la Liberté d'un individu, mais celle d'un Peuple immense. Il désigne, dans un sens non moins auguste, l'imprescriptible souveraineté des Nations. La couronne étoit de même un signe de *souveraineté*; mais elle couvroit le front des tyrans, & le *Bonnet* couvre celui du Peuple. Il rappelle ce droit éternel & sacré dont la couronne figuroit l'odieuse usurpation..... Malheur à l'hypocrite qui ne l'arbora que pour trahir la Liberté, pour s'élever sourdement contre *la souveraineté populaire!*

Rue de la Justice.

La Justice, en général, consiste à rendre ce que l'on doit à Dieu, à soi-même, à ses semblables. Cette définition renferme tous les devoirs de l'homme ; & sous ce point de vue, être juste ou vertueux est la même chose. (*Voyez l'Article* Vertu).

Nous ne prendrons ici la Justice que pour ce sentiment naturel d'équité, qui nous fait agir avec droiture, & rendre à nos semblables ce que nous leur devons.

Ne fais point à un autre ce que tu ne veux pas qui te soit fait. Tel est le principe & la base de la Justice. C'est l'instinct de la nature ; c'est le sentiment qu'elle a gravé dans tous les cœurs. Le sauvage & l'homme policé, l'ignorant & le philosophe, tous entendent également cette voix sacrée ; elle retentit d'un bout de l'univers à l'autre. Le cri de l'intérêt ou des passions peut bien l'étouffer quelquefois, mais il ne sauroit l'anéantir. Cette morale universelle n'a besoin, ni de maîtres ni de docteurs ; pour la connoître, il suffit d'être homme. C'est donc agir contre nature que d'agir contre la Justice. Aussi n'est-ce pas impunément qu'on l'outrage. La conscience en défend les droits, & le remords vengeur vient sur le champ punir le coupable.

La Justice est la sauve-garde de la Société; elle assure la liberté, la propriété de chaque citoyen. Elle est sur-tout le fondement des Républiques. Disons mieux, la Justice ne regne que dans un gouvernement républicain. Est-il juste en effet qu'un seul homme dévore la substance de tout un peuple, & que ses caprices tiennent lieu de Loix ? Est-il juste qu'un petit nombre d'individus ait un droit exclusif aux honneurs & aux richesses, & que le grand nombre soit réduit à vivre dans l'humiliation & la misere ? N'est-il pas au contraire de toute justice qu'une Nation n'obéisse qu'à des Loix qui soient son ouvrage, que des hommes qui sont nés égaux & freres partagent également les avantages de la grande famille, & que les vertus & les talens soient le seul titre aux fonctions publiques ? Tel est l'effet de la Révolution Française : elle a fait revivre les droits de la nature, & a enfin rappellé la Justice, depuis si long-temps bannie de la terre.

Si la Justice est la base d'une République, elle doit en être le soutien. La liberté ne peut périr qu'avec elle. Tout homme injuste est ennemi de la liberté, parce que toute injustice est une tyrannie. Ainsi être juste ou républicain n'est qu'une même chose ; & le Peuple Français ne peut cesser d'être libre, si chaque citoyen prouve par ses actions que ce n'est pas en vain que la Justice est *à l'ordre du jour* dans la République.

RUE DU 21 SEPTEMBRE.

RÉPUBLICAINS !.... voici votre jour. Dégagé des prestiges de quatorze siecles, le Peuple y proclama son empire. Réunis en *Convention Nationale*, ses Représentans fixerent son sort en exprimant son vœu. Le génie de la France leur inspira le même cri :

tombe à jamais la Monarchie!.... vive la République!.... Un ferment fpontané frappa le ciel : vingt-quatre millions d'hommes le répéterent. Il partit du cœur ; il ne fera jamais violé. Ce n'eft pas ainfi que fe prononce un vain caprice. La voix d'un Peuple immenfe eft la voix de la deftinée..... O vous qui osâtes vous flatter de rendre illufoire ce mouvement fublime ! O vous même qui doutâtes de fon efficace ! fuyez, s'il eft poffible, dans l'ombre du néant ; ou plutôt, expiez fous les coups de la vengeance Nationale vos complots perfides & vos criminelles erreurs. La République Françaife eft inébranlable ; car le Peuple Français a voulu la République.

C'eft du 21 Septembre 1792 que commence l'*Ere Républicaine*, l'Ere de nos vertus & de notre félicité. Les fiecles qui l'ont précédée ne furent que l'enfance du Peuple : à cette époque commence fa vie morale & politique. Le jour qui la retrace eft immédiatement fuivi du 1er *Vendémiaire* ; & la mémoire du 21 Septembre ne périra jamais puifque fon foleil éclaira le premier la *République Françaife*.

Rue de la Liberté.

(*Voyez* Section de la LIBERTÉ.)

Rue de l'Égalité.

(*Voyez* Section de l'ÉGALITÉ.)

Rue de la Fraternité.

(*Voyez* Section de la FRATERNITÉ.)

Rue de la Révolution.

Les différentes Révolutions politiques dont l'histoire offre le tableau, c'est-à-dire, les divers changemens plus ou moins pressentis, plus ou moins gradués, qu'éprouverent les Gouvernemens & les Empires depuis la fondation des Sociétés humaines, ont toujours exercé les réflexions de la philosophie. Mais il n'étoit réservé qu'à la Révolution Française de présenter dans toute leur énergie les facultés de l'homme social, & de lui dévoiler en quelque maniere la majestueuse étendue des droits que la Nature revendique en sa faveur contre l'abus des institutions. Cette Révolution se dérobe au cercle toujours resserré des loca-

G

lités partielles : c'eſt la Révolution de l'humanité toute entiere ; c'eſt le développement auguſte & rapide des principes éternels dont elle généraliſe l'application ; c'eſt, dans ce qu'un Peuple immenſe a pu devenir, l'exemple de ce que tous les Peuples doivent être ; c'eſt un enſemble de toutes les leçons de l'expérience ; c'eſt l'école univerſelle du genre humain.

Sous combien de formes le deſpotiſme n'a-t-il pas ſouillé la terre ? L'eſſence de la Révolution Françaiſe eſt de détruire toute eſpece de deſpotiſme.

L'homme étoit né libre, & n'avoit ceſſé de ſe donner des fers..... La Révolution Françaiſe répare le long oubli de ſa dignité. Elle eut ſa double ſource dans l'excès des malheurs du Peuple, & dans l'énergie de ſes vertus.

Mais le prodigieux éclat des progrès de la Révolution tranſporte bientôt à pluſieurs ſiecles de ſon origine l'imagination étonnée.

Le Peuple ſemble cependant n'y avoir eu d'abord que le ſentiment de ſa force. Il ſemble avoir ſuſpendu ſa foudre pour en frapper plus sûrement tous les genres de tyrannie. Son imprescriptible souveraineté ne s'est d'abord exercée qu'à-demi, pour parvenir sans retour au comble de son triomphe. Le colosse impur de la Monarchie l'a vu s'agrandir à coté du trône monstrueux qu'il devoit sapper dans ses fondemens; & la coupable existence du pouvoir d'un seul, s'est prolongée jusqu'au point de ne plus laisser aucun doute sur les horreurs que ce pouvoir enfante. Le fanatisme, poursuivi jusqu'au fond de son dernier repaire, s'est vu arracher, dans ses défaites successives, le secret de tous ses attentats; & l'établissement de la République, l'empire de la raison, sont devenus l'ordre nécessaire des choses, l'exécution irrésistible de l'arrêt des destinées. Les bornes de cette Notice ne permettent pas d'exposer plus au long cette vérité qui porte d'ailleurs en elle-même une démonstration assez sensible.

Il reste au Peuple vainqueur à jouir entiérement de sa victoire. Un bonheur parfait doit en être le fruit. C'est aux vertus privées à consommer l'ouvrage des vertus publiques.....
C'est aux sentimens qui font tout le prix de

notre exiftence, qu'il appartient d'embellir déformais la carriere qui nous fut ouverte. Alors tous les Peuples du monde ne croiront pas pouvoir payer trop cher la gloire de nous imiter; & le crime ufurpateur, les paffions viles, les excès déshonorans, difparoîtront de la terre confolée. Alors une famille innombrable couvrant tous les points du globe, trouvera, dans les liens de la fraternité, toute la félicité permife à la nature humaine; & l'on oubliera qu'il fut des temps, où des mortels oferent s'élever au-deffus de leurs femblables, & fe croire le droit affreux de les opprimer.

Rue d'Auffredy.

(*Voyez* Hofpice d'Auffredy.)

Rue de la Constitution.

La Conftitution eft le pacte focial qui détermine les principales formes d'un Gouvernement & en fixe particuliérement le mode. Une Conftitution ne peut pas donner la Liberté à un Peuple: il faut au contraire que le Peuple ait recouvré le libre exercice de ses droits naturels pour qu'il puisse se donner une Constitution.

Les bases d'une Constitution sont la Liberté & l'Égalité; son objet est d'en assurer le maintien, d'en perpétuer la durée, & de garantir à chaque Citoyen individuellement l'exercice des droits précieux qui en émanent. Il n'y a donc que les Peuples libres qui jouissent de l'avantage d'avoir une Constitution, comme il n'y a qu'eux qui possedent des loix. Là où il n'y a pas de Liberté, il n'y a pas de Constitution; où il n'y a pas de Constitution, il n'y a pas de Gouvernement, il n'y a que despotisme & tyrannie.

La Constitution contenant les principales regles du Gouvernement, il est du devoir de tous les Citoyens de chercher à la connoître & de se pénétrer de ses principes. La déclaration des droits sur lesquels la nôtre est fondée, doit être sur-tout l'objet de nos méditations ; & en nous livrant à cette étude importante, nous ne devons pas perdre de vue que nous ne pouvons nous maintenir dans la jouissance de ces droits précieux qu'en remplissant les devoirs qu'ils nous imposent.

Il est des circonstances où les droits fondés sur une sage Constitution doivent demeurer en suspens pour l'intérêt du Peuple; celle, par exemple, d'une guerre générale contre la Liberté. Il est nécessaire en ce cas que la marche du Gouvernement soit plus rapide, les opérations plus centralisées, la surveillance plus active, les précautions plus multipliées, les moyens de répression plus sévères. Les mesures extraordinaires qu'un tel état de choses nécessite, seroient à chaque instant entravées par la marche uniforme & simple d'une Constitution faite pour ces temps de calme & de tranquillité qui ne peuvent naître que de la paix. La Constitution alors est momentanément suspendue; on lui substitue un Gouvernement révolutionnaire; mais ce Gouvernement n'en doit pas moins être fondé sur la justice. Une justice exacte est en ce cas la sauve-garde de la liberté individuelle des Citoyens. Dès qu'on s'est permis d'en faire fléchir les principes sévères, la porte est ouverte à l'arbitraire, & l'arbitraire enfante bientôt la tyrannie; il produit également les partis dont l'effet eſt plus dangereux encore dans les circonſtances révolutionnaires; & de là naiſſent tous les maux qui peuvent entraîner la perte de la choſe publique. Lorſqu'au contraire la juſtice dirige toutes les opérations, elle offre un point de ralliement à tous les bons Citoyens & leur inſpire la ſécurité & l'énergie néceſſaires pour déjouer l'intrigue & la malveillance ; l'attrait de la juſtice gagne inſenſiblement les plus indifférens, & bientôt la Patrie ne trouve plus d'ennemis que dans les cœurs endurcis dans le vice & dans le crime, pour qui eſt impoſſible le retour à la vertu.

Rue d'Empédocle.

Le nom d'Empédocle eſt celui d'un des plus zélés partiſans de la Liberté. Ce philoſophe, natif d'Agrigente, en Sicile, ſe montra toujours l'ennemi déclaré de toute eſpece de domination. Les tyrans lui étoient odieux, & lui-même, il refuſa conſtamment la royauté qui lui étoit offerte par ſes Concitoyens. Ce refus n'avoit pas ſeulement pour principe, ainfi qu'on le pouvoit croire, cet orgueil de la philofophie qui dédaigne comme quelque chofe de bas & de vil un fceptre & une couronne. Il avoit un motif plus digne encore d'un vrai philofophe ; c'étoit un invincible averfion pour la tyrannie, fentiment qu'il étendoit aux autres, en cherchant à les fouftraire, pour ainfi dire, malgré eux, à la fervitude. On en jugera par le trait fuivant.

Invité par un Agrigentin à manger chez lui, il fe rend à l'heure du repas. Comme l'on différoit à fervir, il s'informe de la caufe de ce retard & apprend que le Miniftre du Confeil eft attendu. Cet Officier arrive enfin : on fe met à table ; l'hôte, pour honorer cet homme qu'il a intérêt de flatter, le fait *Roi du feftin*. A fon exemple, les autres convives fe prêtent à cette illufion fans beaucoup de prévoyance ni d'alarmes. Le feul Empédocle, à ce mot de Roi, s'indigne : il eft fur le point d'éclater. Il diffimule toutefois ; il n'a encore que des foupçons ; il veut voir jufqu'où fera portée cette forte d'artifice. Le Roi du feftin a déja toute l'infolence d'un Tyran ; il ne lui manque qu'un trône ; bientôt il aura des courtisans dans ceux qui l'entourent. Notre philosophe, avec le calme & le sang-froid d'un observateur, démêle l'intrigue; il devine un complot. Ses conjectures ne l'ont point trompé : ces deux hommes cités par lui le lendemain devant le Conseil, sont convaincus d'avoir machiné une conspiration tendante au rétablissement de la tyrannie, & sont punis de mort.

Empédocle refusant la royauté, peut n'être qu'un philosophe amateur du repos; Empédocle, irrité du nom même de Roi & soupçonnant la perfidie à travers des apparences aussi adroitement imaginées, est un homme que domine à tout instant le sentiment de la liberté. La France lui doit une statue.

Rue Jean-Jacques Rousseau.

La nature, qui fait naître, au sein d'un marais fétide, la plante salutaire destinée à en combattre les influences, voulut qu'au milieu du dix-huitieme siecle, dans la fange du despotisme, existât parmi les Français

Jean-Jacques Rousseau. Elle l'avoit créé dans un pays qu'alors on appelloit libre (1), pour que l'ombre de la liberté frappât ses premiers regards, & que, par une route nouvelle, les charmes de l'illusion le conduisissent à la comtemplation de la vérité. Elle le plaça dans l'obscurité & dans l'indigence, pour que, seul & sans appui, il découvrît à la fois & le secret & le besoin de ses propres forces, & que l'adversité devînt le premier maître du précepteur du genre humain. Enfin, elle le forma lentement & dans le silence : elle sembloit craindre que son chef-d'œuvre n'échappât de ses mains avant d'être achevé. Rousseau n'écrivit qu'à quarante ans.

Dès ce moment, tous les vices, tous les préjugés eurent un implacable ennemi, un infatigable adversaire. Il jeta, pour ainsi dire, au milieu d'eux, le gage du combat. *Ne vivre que pour la vérité* (2) fut son cri de guerre. L'Europe étonnée contempla dans la carriere Rousseau seul d'un côté, tout son siecle de

---

(1) Genève.

(2) *Vitam impendere vero.* Devise de Rousseau.

l'autre, & l'admiration involontaire du siecle proclamant elle-même le vainqueur.... L'enthousiasme qu'inspira ce grand spectacle m'emporte encore malgré moi.... Tâchons de jeter un coup-d'œil tranquille sur les travaux de cet Hercule de la philosophie.

Pénétré de respect pour la dignité de l'homme, persuadé que l'homme naît essentiellement bon, Rousseau s'étonna & frémit en le voyant par-tout avili & corrompu. Un sentiment douloureux s'éleve dans son ame, & sa mission est marquée; il va devenir le vengeur de l'humanité. Sa sensibilité a déjà jeté le premier cri de l'indignation. Le crime & le malheur pesent sur la terre; il en accuse hautement toutes les institutions humaines. Les sciences & les arts sont les premiers dénoncés. Son zele parut outré aux yeux d'un peuple dont l'existence politique & morale ne le justifioit que trop. Que voyoit-il autour de lui ? La nation la plus polie de l'Europe gémissant sous des chaînes dorées, & les lumieres n'éclairant que les sentiers du vice. Il n'osa pas espérer que les sciences & les arts pussent jamais être purifiés chez le Français régénéré ; son seul tort fut de n'avoir pas deviné les miracles de notre révolution.

L'inégalité des conditions parmi les hommes étoit un des ennemis qu'il étoit appellé à combattre, & il l'attaqua de front. Le monstre ne vient que d'expirer ; mais son corps étoit, depuis long-tems, cicatrisé des coups que lui avoit portés Rousseau.

Après avoir ainsi essayé ses forces, J. J. conçoit le hardi & généreux projet de réformer l'homme, j'ai presque dit : *de le créer à son image....* mais non ; respectueux & sublime adorateur de Dieu, Rousseau savoit que pour rendre l'homme aussi parfait qu'il pouvoit l'être, il ne falloit que rétablir l'ouvrage du Créateur ; & il écrivit l'*Émile*. Dans ce livre, heureusement trop connu pour qu'il ne soit pas suffisant de le nommer, il trace un plan d'éducation dont le seul défaut peut-être est cette désespérante perfection qui quelquefois peut effrayer dans la pratique, mais dont le louable excès tient à ce *beau-idéal* que le génie de Rousseau transporta des arts dans la morale. Ah ! du moins, vous lui devez vos plus délicieuses jouissances, tendres meres que ce livre a éclairées fur le devoir le plus doux & le plus facré de la nature ! Vos enfans ne font plus, à leur naiffance, bannis de vos bras ; vous n'aliénez plus le caractere de mere.... Et vous, foibles enfans, que la reconnoiffance vous apprenne à bégayer au berceau le nom de votre bienfaiteur. Vous devez à Rouffeau cette falutaire liberté dont jouiffent vos membres débiles, heureux emblême de celle qui vous eft deftinée dans votre patrie.

Celui qui venoit de donner à l'homme un code moral devoit à la fociété un code politique : *le contrat focial* acquitta cette derniere dette, & l'on vit un citoyen écrire hardiment des vérités qu'alors on ofoit lire à peine.

Ce fut à cette époque que la Pologne demanda des loix à J. J. Rouffeau. Le philofophe étoit digne de cet hommage, mais la Nation Polonaife n'étoit point encore digne de la préfenter. J. J. traça vainement un plan de gouvernement qu'on n'adopta pas.... Polonais, qui combattez aujourd'hui pour être libres, rappellez-vous cette époque & regardez les Français.

Ames sensibles & aimantes! vous attendez que nous parlions de *Julie*, de cet ouvrage enchanteur dont l'imagination moins encore que le cœur de Rousseau dicta les brûlantes pages.... Nous n'en parlerons pas; vous l'avez lu.

Ne craignons pas de déparer l'éloge de Rousseau, en indiquant les fruits précieux des délassemens de ce grand homme. Nous dirons qu'il a composé *le devin de village*; & à qui ne rappellerons-nous pas des sensations délicieuses?

L'amant de la nature devoit, jusques dans ses loisirs, chercher à se rapprocher d'elle. L'étude des plantes avoit été l'amusement de Rousseau dans ses jeunes années, & fut la consolation de sa vieillesse; mais c'étoit toujours le philosophe sensible qui herborisoit.... Je ne t'oublierai jamais, humble *Pervenche*, heureux monument d'un souvenir de J. J. (1)!

Eh bien! ce véritable ami des hommes, ce précurseur de la révolution, celui qui a préparé notre bonheur, ne fut pas heureux

---

(1) Voyez les confessions de J. J. Rousseau.

lui-même. La nature en donnant à Rousseau la toute-puissance du génie, mit en même tems dans son cœur une sensibilité qui devoit nécessairement empoisonner sa vie. Le spectacle du désordre moral & politique, qui venoit souvent troubler son ame dans la contemplation de l'ordre & du beau, étoit pour lui un supplice auquel il parut succomber dans ses derniers jours. L'infortuné ! il fut, pendant toute sa vie, la victime de son amour pour nous : les hommes le trahirent, le gouvernement le persécuta. O despotisme! voilà ton ouvrage.... Mais je vois le Panthéon s'ouvrir : *la patrie reconnoissante* y reçoit les cendres de Rousseau ;.. Rousseau est vengé.

Terminons cette notice par une anecdote qui, sans rien ajouter, il est vrai, à la gloire de Rousseau, prouvera du moins que la Rochelle étoit, depuis long-tems, digne de la célébrer. En 1780, la ci-devant *Académie des belles-lettres* de cette commune arrêta que l'éloge de J. J. Rousseau seroit proposé au concours; le gouvernement, qui en eût connoissance, s'y opposa. En 1786, la même académie, jugeant un concours de poésie, dont le sujet étoit libre, couronna une ode à la gloire de J. J. Rousseau.

Rue de la Victoire.

Un spectacle nouveau vient frapper nos regards & enchanter nos sens. Des cris d'allégresse s'élevent de toutes parts ; une gaieté bruyante, une joie tumultueuse anime tout un peuple ; le drapeau national flotte sur tous les édifices ; le bruit du canon se mêle au son des instrumens guerriers ; une musique mâle succede aux chants répétés que des milliers de voix font entendre. Des Citoyens de tout âge agitent dans les airs des rameaux de laurier ; de jeunes nymphes, vêtues de robes blanches, ceintes de rubans tricolors, parées de guirlandes, forment des groupes ravissans.... Au milieu de ce cortege pompeux, sur un char de triomphe, s'avance une femme guerriere, à l'air fier, au regard majestueux : un casque brillant orne sa tête, son bras est armé d'un bouclier resplendissant. L'aimable Liberté, la douce Égalité l'accompagnent

pagnent, en se tenant par la main.... A ces traits, qui ne reconnoîtroit pas la Victoire ? Elle sourit au Peuple qui l'environne ; elle lui annonce la fuite des Tyrans, & le triomphe de la Liberté. C'est elle qui, secondée de nos braves Guerriers, a emporté les formidables redoutes de Gemmapes, délivré Landau du féroce Autrichien, & arraché au lâche Anglais la perfide cité de Toulon. C'est elle qui transporte nos armées triomphantes sur la cime des Alpes, sur les rochers des Pyrénées; qui va forcer le tyran Sarde dans son dernier repaire, & chasser honteusement jusques sur les bords du Tage le Castillan épouvanté. Elle a promis de ne point abandonner les drapeaux de la République, & de guider nos intrépides légions, jusqu'à ce que tous les tyrans aient disparu de dessus la terre.

Infatigables Guerriers ! vous avez entendu sa voix. Vous allez, en redoublant d'efforts, accélérer ce jour heureux, où la Liberté ne comptera plus que des amis ; où les Peuples, s'embrassant comme freres, détesteront leurs funestes querelles ; où les Nations ennemies, réduites à l'impuissance de faire la guerre,

H

seront forcées de demander la paix. Alors! alors le sang cessera de couler, l'humanité essuiera ses larmes, la Liberté, l'Égalité planeront sur l'Univers; & les hommes libres de la France auront la double gloire d'avoir été tout à la fois, & les sauveurs de leur Patrie, & les bienfaiteurs du genre-humain.

Rue Marat.

Le plus bel éloge de MARAT, *Député du Département de Paris à la Convention Nationale*, est renfermé dans la qualification d'*Ami du Peuple*, qu'il se donna lui-même, qu'il ne cessa de justifier, & que la postérité ne ravira pas à sa mémoire. JEAN-PAUL MARAT n'étoit pas né dans le pays au salut duquel il devoit coopérer si glorieusement: Neuchâtel en Suisse avoit été son berceau; mais le génie de la France le naturalisa parmi nous dès sa jeunesse. Son brûlant amour pour la patrie & pour la Liberté, s'étoit répandu dans des journaux qui avoient attiré naturellement sur lui la haine & les persécutions. Placé dans la Représentation nationale, il fut comme dans sa précédente carriere, intrépide, haï, persécuté. Une faction liberticide, une coalition royaliste employa contre son impassible fermeté, contre son ardent patriotisme, les plus insidieuses ressources, les pieges les plus recherchés. Vergniaud, Brissot & leurs complices avoient juré sa perte, parce qu'ils voyoient dans son triomphe l'avortement de tous leurs projets. Lorsque l'odieux fédéralisme répandit ses poisons dans une partie des Départemens; lorsque celui du Calvados en arbora surtout la coupable banniere, une fille de 23 ans, Charlotte Corday, native de Caën, vint à Paris, poussée par le génie de l'égarement & du crime. Elle pénetre jusques dans l'appartement de *Marat*, sous prétexte d'implorer sa bienfaisance, le trouve dans son bain, & lui perce le cœur d'un coup de poignard, le 13 Juillet 1793. Les regrets du Peuple ont couvert les cendres de *Marat*, la reconnoissance Nationale les a placées au *Panthéon Français*; mais le souvenir de son amour pour la Patrie a laissé dans tous les cœurs un monument plus durable encore de sa gloire & de ses services.

Rue Scevola.

Rome avoit chaſſé les rois; & les rois étoient ligués contre Rome. L'an 241ᵉ de ſa fondation, Porſenna, Roi d'Étrurie, vouloit y rétablir les Tarquins. Il l'environnoit d'une armée menaçante. Il avoit conçu l'eſpoir de vaincre le génie de la Liberté; mais ce génie ne veilloit pas envain dans Rome aſſiégée. Mutius-Cordus inſpiré par lui, pénetre au milieu du camp de Porſenna, réſolu de percer le cœur à ce tyran. Trompé dans ſon généreux projet, il ne frappe que le dépoſitaire des ſecrets du Monarque. Il eſt entouré ſur le champ. Amené devant le roi, menacé des tourmens les plus affreux: *apprends*, dit-il à Porſenna, *que Rome renferme trois cens Citoyens qui tous ont juré, comme moi, de perdre la vie ou de te l'ôter.* Il porte au même inſtant ſa main droite dans un braſier allumé: le feu la dévore tout entiere ſans qu'il laiſſe échapper le moindre ſigne de douleur..... Étonné d'un courage ſi fort au-deſſus de lui, Porſenna rend à Mutius ſa liberté; & Mutius va recevoir de ſes Concitoyens les éloges dûs à fon dévouement héroïque. On lui donna le furnom de *Scevola* qui fignifie *Gaucher*; & c'eft particuliérement fous cette dénomination que la poftérité confacre la mémoire de l'action qui immortalifa Mutius. Porfenna fit bientôt la paix avec les Romains.

Ces vertus ont ceffé d'être en quelque maniere reléguées dans la nuit de l'antiquité. Reproduites parmi nous, revivifiées par le même fentiment qui les infpira jadis, elles animent tous les vrais enfans de la *République Françaife*. Ofez vous élever contre la *République*, tyrans de tout l'Univers !.. L'ame & le bras de Scevola vous attendent.

RUE LEPELLETIER.

VOICI l'un de ces noms confacrés à jamais par la reconnoiffance publique. LEPELLETIER, dit *Saint-Fargeau*, membre du ci-devant Parlement de Paris, fut l'un des plus ardens propagateurs des principes de la Liberté fainte, de l'Égalité bienfaifante. L'étude des anciennes loix avoit éclairé fon génie fur les abus révoltans qui caractérifoient la jurifprudence du régime monarchique; auſſi porta-t-il dans le temple de la Juſtice, le flambeau le plus éclatant & le plus pur. C'eſt ſur-tout à ſes lumieres & à ſa philoſophie que nous devons la rédaction du nouveau *code criminel*; & ſi la vengeance des loix y menace le coupable avec toute ſa majeſtueuſe énergie, l'humanité ne craint plus de ſe voir outragée, au pied des Tribunaux, par les forfaits de l'ignorance & de la prévention. N'oublions pas de dire que *Lepelletier*, né dans une caſte que le crime a fait proſcrire, n'en eut que plus de droits à notre admiration par les vertus qu'il profeſſa. Il renonça, l'un des premiers, à ces titres faſtueux que repouſſoient les *droits de l'homme*; il quitta de ſon propre mouvement le nom qu'il avoit hérité de la vanité de ſes ancêtres, & prouva conſtamment que ce n'avoit pas été chez lui l'acte d'une coupable hypocriſie.

En ſe dévouant à la ſublime cauſe que les Français venoient d'embraſſer, il lui étoit réſervé d'en devenir le martyr. Lorſque l'arrêt du dernier de nos tyrans fut rendu par la Convention Nationale, Lepelletier vota ſa mort avec cet inſtinct de juſtice & de fer-

meté qui dirigea toujours ses actions.......
La veille de l'exécution du traître *Louis*, il fut attaqué chez un restaurateur du *palais* appellé *Royal*, par un ancien garde-du-corps. Ce monstre, nommé Pâris, le reconnoissant pour un de ceux qui avoient prononcé la juste condamnation de Capet, lui porta dans le flanc un coup de sabre. Lepelletier mortellement blessé, ne déshonora point ses derniers momens par le regret d'une vie dont il venoit de consommer la gloire...... Il exhala son dernier soupir dans ces belles paroles : *Je suis satisfait puisque je verse mon sang pour la Patrie : j'espere qu'il servira à consolider la Liberté & à faire connoître ses ennemis.*

Une pompe funebre, dont l'antiquité n'avoit point offert de modele, fut ordonnée par la Convention Nationale. Le corps pâle, la plaie sanglante, furent exposés à la vénération du Peuple : le fer assassin, les vêtemens souillés, frappoient aussi ses regards. Tout cede à l'éloquence de ce spectacle ; tous les cœurs sont remplis du même sentiment ; le Panthéon reçoit la dépouille mortelle de

Lepelletier..... Mais son ame semble respirer au milieu du Peuple qu'il chérissoit ; & l'amour de cette Liberté pour laquelle il perdit la vie, doit une nouvelle force aux pleurs qui arrosent encore son tombeau.

Rue Challier.

Les ennemis de la République obtenoient dans Lyon le triomphe odieux & passager que nous avons vu, peu de tems après, attirer la foudre Nationale sur cette ville rebelle. Les Patriotes y gémissoient sous la persécution des conjurés ; mais cette persécution ne put comprimer l'énergie de Challier, président du Tribunal Criminel. Sa bouche ne cessoit point de faire entendre le langage de la liberté ; aussi fut-il bientôt une des éclatantes victimes de l'Aristocratie. Conduit sur l'échaffaud par le génie des factions, il veut parler au Peuple : le roulement des tambours couvre sa voix, mais ce bruit sinistre ne peut retenir le cri de son ame ; & ses dernieres paroles retentissent encore dans tous les cœurs Français. *Puisse*, dit-il, *le sang qu'on va* répandre, servir au triomphe de la Patrie ! — La hache fatale va frapper sa tête..... *Je donne*, poursuit-il, *mon ame à l'Éternel, mon cœur aux Patriotes & mon corps aux scélérats*. Atteint déjà d'un premier coup, il recueille ses forces pour adresser encore ces mots touchans à l'exécuteur : *attache-moi donc une cocarde ; je meurs pour la Liberté*.... Le crime se consomme, & son ame s'envole dans le sein de l'Être Suprême. Cet assassinat fut commis le 16 juillet 1793.

Les honneurs dûs aux Grands Hommes ont vengé l'ombre de *Challier*. Son buste se retrouve par-tout à côté de ceux de Marat & de Lepelletier ; mais les sentimens qui l'animerent jusqu'au dernier soupir, entretenus dans nos ames & réchauffés par son souvenir glorieux, sont le plus digne hommage à sa mémoire, & celui que tous les *Hommes Libres* des siecles à venir ne cesseront jamais de lui rendre.

RUE BRUTUS.

DONNER un grand exemple d'amour de la Patrie, faire le sacrifice de ce que l'on a de plus cher pour la servir, c'est le devoir d'un ami de la Liberté, d'un vrai Républicain. Personne ne le connut mieux que Junius Brutus, qui, cachant sous un air stupide & insensé la vengeance qu'il vouloit tirer de la mort de son pere & de son frere, que Tarquin avoit sacrifiés, se montra bientôt un grand homme. Lucrece s'étant donné la mort pour ne pas survivre à l'outrage que lui avoit fait éprouver le fils du tyran, Brutus arracha le poignard sanglant, & le tenant à la main : « je » jure, dit-il, par le sang de cette infortunée, » que je chasserai Tarquin & sa famille cri-» minelle, & que je ne souffrirai jamais que » ni lui ni aucun autre regne dans Rome ». Les assistans firent le même serment; on convoqua le Peuple, & on obtint un arrêt du Sénat, qui proscrivoit à jamais les Tarquins. L'autorité fut remise entre les mains de deux Magistrats annuels appellés Consuls, choisis par le Peuple. Brutus & Collatin, mari de Lucrece, l'un le libérateur de la Patrie, & l'autre l'ennemi personnel de Tarquin, furent les premiers Consuls vers l'an de Rome 245. Ils consacrerent leur entrée dans la magiſtrature par un ſerment ſolemnel, répété par le Peuple, de ne recevoir jamais les Tarquins ni d'autres rois. Brutus ne ſavoit pas que ceux qui violeroient les premiers ce ſerment, étoient dans ſa famille. Des ambaſſadeurs venus d'Étrurie conſpirerent avec ſes deux fils, pour ouvrir les portes de Rome au monarque proſcrit. Cette conjuration ayant été découverte, Brutus fit donner la mort à ſes enfans & aſſiſta à leur ſupplice. Ce ſang, répandu par l'ordre d'un pere, excita le ſaiſiſſement & l'effroi de tous les ſpectateurs, & fit ſentir plus vivement quel étrange malheur c'étoit que le joug des Tarquins, puiſqu'il en falloit acheter l'affranchiſſement à un ſi grand prix.

Il y eut la même année un combat ſingulier, entre Brutus & Aruns, fils de Tarquin, à la tête des deux armées. Le Conſul Romain s'attacha avec tant d'ardeur à ſon adverſaire qu'ils ſe percerent tous deux en même tems. Le corps du premier fut porté à Rome par les guerriers les plus diſtingués. Le Sénat vint le recevoir avec tout l'éclat & l'appareil d'un triomphe dont il voulut décorer les funérailles de ce grand homme. Le Conful, revêtu de deuil, expofa dans la place publique le corps de Brutus fur un lit de parade ; & en préfence de tout le Peuple, il fit, du haut de la tribune, l'éloge de fon collegue.

Les Dames Romaines fe fignalerent auffi par les honneurs qu'elles rendirent à la mémoire de Brutus. Elles prirent toutes le deuil, & le garderent pendant un an, en reconnoiffance de ce que ce Héros avoit vengé avec tant d'éclat l'outrage fait à la chafteté conjugale dans la perfonne de Lucrece.

RUE DE LA VIGILANCE.

CE n'eft pas fans raifon que la République, dans l'empreinte de fa nouvelle & glorieufe monnoie, a confacré l'effigie du coq, cette fentinelle domeftique, que la Nature a placée auprès de l'homme pour lui annoncer les différentes heures de la nuit. Symbole parfait de la vigilance, il apprend au Républicain que le vrai patriotifme ne dort jamais. Dans un Gouvernement libre, tout Citoyen eft foldat. Quel que foit le pofte qui lui eft afsigné, il est la sentinelle de la Patrie : responsable du salut public, la Vigilance est le premier de ses devoirs. Fier du dépôt précieux que la Liberté lui a confié, il ne doit rien oublier pour le conserver. L'œil ouvert sur tous les mouvemens sinistres, il doit porter par-tout cette attention scrupuleuse qui ne laisse rien échapper, cette défiance active qui découvre les pieges, cette sollicitude patriotique qui reconnoît ou prévient les dangers. Ce zele inquiet doit redoubler surtout quand la chose publique est menacée. L'insouciance alors seroit un crime : s'endormir, c'est trahir la Patrie. Les Romains oublierent une fois cet important devoir : ce moment d'oubli pensa perdre Rome. Elle ne dut son salut qu'à la vigilance de ces oiseaux utiles, dont le cri salutaire réveilla les sentinelles du Capitole, & que la reconnoissance Romaine plaça depuis avec tant de justice au rang des oiseaux sacrés. Républicains ! la malveillance & le crime veillent pour perdre la Liberté : veillez pour la sauver.

Rue Platon.

Platon étoit un philosophe Grec. Il fut l'honneur de son siecle, la gloire de l'académie Athénienne & l'admiration de ses contemporains. A l'avantage précieux d'avoir été le disciple de Socrate, le plus vertueux des Grecs, il joignit celui d'avoir eu pour disciple le célebre Aristote.

Il employa une partie d'une très-longue vie à voyager pour s'instruire, & consacra l'autre à l'instruction de ses concitoyens; il osa fronder les préjugés reçus; il étonna les hommes par la hardiesse de ses idées; il les charma par la pureté de sa morale, par le brillant de son éloquence; & dans un siecle où l'on croyoit à autant de Divinités qu'il y avoit de vices & de vertus, il enseigna hautement qu'il n'y avoit qu'un seul Dieu & que l'ame étoit immortelle.

Tel fût ce Platon, si vanté dans l'antiquité. Il jouit de son vivant & après sa mort d'une telle vénération, que lorsqu'on parloit de ce grand homme, on ne l'appelloit que le *Divin Platon*.

Rue Fabricius.

Fabricius prit naissance dans cette ville célebre qui comptoit presqu'autant de défenseurs de la Liberté qu'elle renfermoit d'habitans dans ses murs. Ce fut à Rome qu'il suça, pour ainsi dire, avec le lait, le germe de ces vertus qui formerent dans tous les temps, l'homme de la postérité. Un amour constant pour la pauvreté, un désintéressement à l'épreuve des plus fortes séductions, une intégrité vraiment républicaine, bien plus encore que ses talens & sa valeur, le firent regarder comme le plus grand homme de son siecle. Les Samnites, les Brutiens, les Lucaniens, éprouverent par plus d'une défaite combien étoient redoutables les soldats qu'il commandoit, & mériterent à leur vainqueur les honneurs du triomphe. Fabricius ne fut pas seulement recommandable par les vertus guerrieres : politique profond autant que grand capitaine, il excella dans l'art de conduire les hommes; & après avoir commandé les armées, il se vit encore élevé par ses concitoyens aux premieres dignités de la

République. Mais ce fut sur-tout dans la conduite qu'il tint à l'égard de Pyrrhus, qu'il fit éclater cette grandeur d'ame, cette fierté, qui n'appartiennent qu'aux Républicains. Comme ce tyran joignoit, pour l'attirer à sa cour, les éloges les plus flatteurs aux promesses les plus magnifiques & les plus séduisantes : » Que tu entends mal tes intérêts! » lui dit Fabricius. Sache que ceux qui sont » aujourd'hui tes esclaves, s'ils venoient une » fois à me connoître, me préféreroient à » toi. »

Le même Pyrrhus, dans une autre circonstance où Fabricius venoit de lui donner des preuves de cette grandeur d'ame qui lui étoit propre, ne put s'empêcher de s'écrier qu'à ces traits il reconnoissoit Fabricius. » Il » seroit, ajouta-t-il, plus facile de détourner » le soleil de sa course, que cet illustre Romain » du sentier de la justice & de l'honneur. »

Fabricius, après avoir passé par les premieres charges de la République, commandé plusieurs fois les armées, conquis & livré au pillage beaucoup de villes opulentes, enrichi l'armée & le trésor public des dépouilles

des

des ennemis, mourut si pauvre, que ses filles furent mariées aux dépens du Peuple. Exemple rare, qui lui mérite une place parmi ces grands hommes que l'antiquité devoit proposer aux races futures comme des modeles de toutes les vertus.

RUE CLÉLIE.

L'AMOUR de la Patrie & ce généreux dévouement qu'il inspire, ne sont point des sentimens que les hommes puissent exclusivement partager ; les femmes ne sont pas moins susceptibles d'éprouver ces mouvemens sublimes qui caractérisent le véritable héroïsme ; & quoiqu'elles soient plus particuliérement formées pour les vertus douces & privées, elles ont montré plus d'une fois que leur ame étoit capable de courage & d'énergie. L'histoire des Peuples libres en fournit plusieurs exemples, parmi lesquels le trait de Clélie mérite d'être remarqué.

La jeune Clélie étoit du nombre des citoyennes que Rome assiégée avoit données en ôtage à Porsenna, roi d'Étrurie, qui vouloit rétablir le trône des Tarquins. Clélie, indignée de se trouver au pouvoir d'un ennemi de sa Patrie, trompe la vigilance de ses gardes, traverse au milieu de la nuit le Tibre à la nage, & rentre dans Rome. Porsenna étonné fait redemander Clélie par des ambassadeurs. Les Romains, par respect pour leurs engagemens, lui renvoient Clélie. Elle comparoît devant Porsenna qui lui parla d'abord sur le ton du reproche. Clélie, que l'amour de son pays rendoit éloquente, lui exprima si vivement ce que pouvoit ce noble sentiment sur le cœur d'une Romaine, que Porsenna, ému par son discours, & ne pouvant refuser son admiration au courage héroïque qu'elle avoit montré, lui permit de retourner à Rome avec toutes ses compagnes. Elle y fut reçue aux acclamations d'un Peuple immense; & le Sénat lui fit élever une statue équestre au milieu de la place, pour consacrer cet acte de vertu civique, dont la postérité conserve encore le souvenir après l'écoulement de vingt-trois siecles.

Heureuse la République qui possede beaucoup de Clélies ! Elle peut braver les efforts de tous les Tarquins modernes & de leurs infames partifans.

RUE CASSIUS.

LE Préteur Caïus Caffius étoit d'une valeur éprouvée : ce Romain s'étoit fignalé par plufieurs actions brillantes, dans la guerre contre les Parthes ; une ame grande, fiere, un efprit vif, ardent, annonçoient le héros qui entreprit de fauver fa Patrie, en renverfant la tyrannie. Si le fuccès ne répondit pas à fon attente, la grandeur du projet attefte au moins la grandeur de fon courage.

Les Romains enorgueillis de leurs conquêtes multipliées, de leurs immenfes richeffes, de leurs victoires & de la réputation dont ils jouiffoient chez les autres Nations, n'étoient plus les Romains des premiers fiecles de la République ; l'amour facré de la Patrie n'enflammoit plus leurs ames, & la plupart d'entr'eux préféroient la jouiffance paifible du fruit des travaux de leurs ancêtres, au partage pénible des foins d'un gouvernement dont ils abandonnoient les rênes au premier ambitieux qui vouloit s'en faifir.

Ces dispositions n'échapperent pas à César, le plus grand des Romains, s'il n'eût pas été un tyran. Peu content de réunir pour lui seul, les premiers titres & les plus grandes charges de la République, dont il étoit redevable au Sénat & au peuple Romain, il voulut un titre de domination exclusive qui le rendît maître de l'un & de l'autre.

A ce danger pressant, les partisans de la liberté se réveillent ; Cassius, Brutus & leurs amis se rassemblent, la mort du tyran est jurée ; & l'amour de la liberté l'emportant sur les périls de l'exécution, César meurt percé de coups, au milieu du Sénat qu'il vouloit enchaîner. L'intrépide Cassius, ce héros de la liberté, laissant à des orateurs corrompus le soin de capituler avec la tyrannie, passe dans les provinces de l'Orient, rassemble une armée, bat dans plusieurs rencontres les partisans de César, étonne par ses succès sans se laisser abattre par les revers, & soutient jusqu'au dernier moment par des prodiges de valeur le caractere distinctif du vrai Républicain.

Une mort volontaire termina la brillante

carriere de ce grand homme, qui préféra la gloire de mourir libre à la honte de vivre esclave.

RUE SOCRATE.

PARMI les hommes célebres en tous les genres qui ont illuftré les anciennes Républiques de la Grece, il n'en eft point qui ait eu une fi haute réputation de fageffe que Socrate, Athénien, né de parens pauvres dans la claffe des fimples artifans: il apprit le métier de fon pere, & porta les armes, fuivant l'ufage des Peuples libres, chez lefquels tout Citoyen eft foldat. Doué d'un génie extraordinaire & d'une éloquence peu commune, il auroit pu s'élever aux premieres dignités de la République. Il préféra l'étude de la philofophie, & particuliérement de la morale qui nous enfeigne à régler nos paffions, & à diriger toutes les facultés de notre ame vers le fouverain bien, c'eft-à-dire la vertu. Il fit fur lui-même l'application de cette fcience divine: il étoit né avec un caractere irafcible; il parvint en peu de temps à être un modele de douceur & de patience. Il possédoit le secret de se mettre à la portée de tout le monde, & de faire éclore (si j'ose ainsi parler) les conceptions de ceux qui n'avoient pas acquis l'habitude de s'exprimer, ce qui fit dire plaisamment à l'un de ses Disciples que Socrate *accouchoit les esprits*. La jeunesse d'Athenes accouroit en foule pour l'entendre; les gens en place, les généraux, les savans eux-mêmes le consultoient, & se trouvoient plus instruits en le quittant. Une si belle réputation, fondée sur des qualités si précieuses, dut nécessairement lui susciter beaucoup d'ennemis, sur-tout parmi ceux qui n'avoient ni vertus ni talens. Des hommes de mœurs dépravées, mais puissans, l'accuserent de mépriser les Dieux, & d'enseigner à la jeunesse une doctrine pernicieuse : traduit devant des juges prévenus, il dédaigna trop de se défendre : on lui proposa (par dérision sans doute) de prononcer lui-même son jugement; il répondit avec fierté : « Je condamne les » Athéniens à me nourrir le reste de mes « jours, & à mieux juger entre moi & mes » accusateurs quand je n'y serai plus. » Ce noble orgueil déplut; il fut condamné à boire la ciguë il apprit son jugement avec le calme de l'innocence. Cependant ses amis s'abandonnoient à la douleur; il leur dit: « Mes juges m'ont » condamné à mourir; ils n'ont fait que » confirmer l'arrêt de la Nature qui m'y a » condamné il y a plus de soixante ans. »

L'exécution de ce jugement fut différée a cause de certaines fêtes qui survinrent, pendant lesquelles on ne pouvoit livrer personne à mort. Durant cet intervalle qui fut de trente jours, plusieurs de ses Disciples gagnerent le gardien de la prison, & vinrent tout joyeux annoncer à Socrate qu'il pouvoit se sauver; mais ils le trouverent inébranlable & inaccessible à leurs sollicitations & à leurs prieres; « Connoissez-vous, leur dit-il avec cette » gaieté qu'il conserva jusqu'à la fin, un lieu » sur la terre où l'on ne meure point, & » quelqu'endroit où l'on puisse éviter la honte » d'avoir commis une lâcheté? »

Les jours consacrés à la Religion étant expirés, on vint avertir ce grand homme que la ciguë étoit prête: il étoit alors entouré de ses fideles Disciples, & la conversation rouloit fur l'immortalité de l'ame. Quand on lui préfenta la coupe, il fe leva par refpect pour la Juftice, la reçut des mains de l'efclave, fe recueillit un inftant, & but le funefte poifon fans qu'il parût aucune altération fur fon vifage. Il fe promena quelque temps, & reprit l'entretien qui avoit été interrompu. Enfin fentant fes forces diminuer, il s'affit, confola fes amis qui fondoient en larmes, & expira en adreffant des vœux au ciel pour le bonheur de fa Patrie.

Jamais la vertu perfécutée par l'envie ne donna un plus beau fpectacle au monde. Socrate, accufé par des Prêtres & des Sophiftes de ne pas croire aux Dieux & de corrompre la jeuneffe par fa morale, réfuta victorieufement l'une & l'autre imputation par la maniere dont il fut mourir. Le vice & l'impiété ne finiffent point de la forte. La mort de ce grand homme fut un trait de lumiere pour les Athéniens, pour ce Peuple léger, mais fenfible à l'excès, qui peu de jours auparavant avoit entendu fon jugement avec tant d'infouciance. Les calomniateurs ne tarderent pas à fubir la peine due à leur crime;

ils périrent de honte & de chagrin. On rendit des honneurs extraordinaires à la mémoire de Socrate : ses amis lui éleverent un monument plus durable, & qui est parvenu jusqu'à nous ; c'est l'histoire de sa vie, de ses opinions, de ses préceptes, & de sa méthode admirable pour inspirer aux hommes l'amour de la vertu.

Rue Thénard.

Thénard est en patrouille avec sept de ses camarades. Ils sont attaqués par cinquante Autrichiens. Cette troupe ne peut les effrayer; ils tiennent ferme ; & après un combat aussi opinâtre que le permet l'inégalité du nombre, Thénard survit à ses compagnons couchés autour de lui sur la poussiere. *Rends-toi*, ou *tu es mort*, dit un Hullan. — *Vivre libre ou mourir*, réplique Thénard en lui brûlant la cervelle. Il tombe lui-même percé de coups.

Ces exemples ne sont pas rares chez nos Républicains ; les pages Révolutionnaires en sont remplies. Thénard, par ce trait de bravoure, ne combattoit pas sans doute pour la puissance odieuse du monstre couronné qui vivoit encore : c'est le soldat de la *Liberté* que son nom nous rappelle. Ce nom ne peut qu'être cher à ses émules : il fut gravé dans les fastes de la gloire; nos cœurs doivent le répéter.

Rue Plutarque.

« Entre tous ceux qui se meslerent oncques
» de rédiger par escrit les vies des illustres
» hommes, la palme d'excellence, au juge-
» ment des plus clairvoyans, est méritoirement
» adjugée à Plutarque, philosophe Grec, natif
» de la ville de Chéronée en Bœoce, homme
» consommé en tout rare savoir, &c. » C'est ainsi que s'exprime dans son vieux langage, naïf & plein de charmes, le célebre Amiot qui traduisoit, il y a environ deux cents ans, les œuvres de ce philosophe. Ce court éloge suffiroit pour nous justifier d'avoir voulu familiariser parmi nous le nom de Plutarque : invitons nos jeunes lecteurs à se rendre également familiers ses ouvrages, & particuliérement ses paralleles des grands hommes de la Grece & de Rome : c'est le monument

le plus précieux de l'antiquité en ce genre, un des meilleurs livres de morale & de politique qu'elle nous ait tranſmis. Là, comme dans une galerie, chacun de ſes fameux perſonnages paroît tour-à-tour avec ſes talens & ſes vertus, ſes bonnes & ſes mauvaiſes qualités ; toute ſa vie y eſt analyſée, appréciée, avec une ſcrupuleuſe, & l'on pourroit dire minutieuſe impartialité : l'homme ſe montre preſque toujours à côté du héros ; les foibleſſes, & ſouvent les plus honteuſes, déparent les actions les plus louables ; enfin, par une loi, ſans doute inévitable, ces hommes, qui ſembloient nés pour changer la face de l'univers & pour maîtriſer la fortune même, ſont preſque tous arrêtés au milieu de leurs ſuccès par une mort prématurée & ſouvent violente. Exemples frappans, (& que nous voyons ſe renouveller d'âge en âge,) des funeſtes effets de l'orgueil & de l'ambition démeſurée !

On croit que Plutarque enſeigna la philoſophie à Trajan. Il eſt certain qu'il demeura long-tems à Rome dans une haute conſidération, & qu'il y exerça les premieres dignités de la République. Quelques auteurs

disent qu'il fût Préteur en Illyrie, & qu'il administra cette grande province avec sagesse quoiqu'il fût revêtu de pouvoirs sans bornes. Un des plus beaux traits de sa vie, celui qui peint son caractere estimable, & qui lui a mérité avec justice le titre du philosophe de Chéronée, c'est qu'il préféra sa Patrie à la capitale du monde, où il étoit comblé d'honneurs & des biens de la fortune : « je me re-
» tire, disoit-il à ses amis, dans ma petite ville
» de Chéronée, afin qu'elle ne devienne pas
» plus petite par l'absence d'un Citoyen qui
» peut encore lui être utile ». Il y vécut jusqu'à une extrême vieillesse, & y composa la majeure partie de ses ouvrages.

Nous ne devons pas omettre une particularité de ses premieres années. Plutarque eut le bonheur de recevoir de son pere une excellente éducation; il étoit fort jeune lorsqu'on le chargea, avec un autre Citoyen, d'une mission importante auprès d'un peuple de la Grece. Son collegue tomba malade en route; Plutarque acheva seul le voyage, remplit la mission, & revint aussi-tôt à Chéronée. « Mon fils, lui dit le sage vieillard, prenez

» garde, en rendant compte de votre voyage
» aux magistrats, de ne pas dire ; je suis allé,
» j'ai fait, j'ai parlé &c. Car bien que votre
» collegue n'ait pu vous seconder à cause de
» sa maladie, vous devez dire : nous avons
» exécuté vos ordres, voici le résultat de notre
» mission &c. » — Heureuses les Républiques
dans lesquelles les peres sont en état de donner de pareilles leçons à leurs enfans ! Heureux
les enfans qui savent en profiter comme notre
bon philosophe de Chéronée !

RUE CHARONDAS.

L'HISTOIRE nous apprend qu'en l'an 308
de Rome, Charondas, de la ville de Catane
en Sicile, fit des loix pour les Sybarites
qui venoient de rebâtir leur ville, détruite
par les Crotoniates, sous la conduite de
Milon.

Les Sybarites donnerent le nom de Thurium à leur nouvelle ville, située dans une
partie de la grande Grece, appellée aujourd'hui la Calabre. Ils étoient non-seulement
le peuple le plus efféminé de la Grece ; ils
étoient aussi le plus mutin ; & ce dernier

motif engagea Charondas à faire une loi sévere qui condamnoit à la peine de mort tout citoyen qui se présenteroit en armes dans les assemblées du Peuple.

Ce Législateur, revenant un jour d'une expédition de guerre, qu'il avoit terminée glorieusement, apprend qu'il y a beaucoup de tumulte dans l'assemblée du Peuple ; il y vole pour l'appaiser, sans faire attention qu'il étoit armé ; on lui fait remarquer qu'il violoit sa propre loi : « J'en conviens, dit-il, mais je la confirme & la scelle de mon sang » : à l'instant, il tire son épée & s'en perce le sein.

Que les peuples apprennent par ce grand exemple, que l'obéissance à la Loi est la sauve-garde des Républiques & que personne ne peut s'en écarter sans crime.

Rue des Assignats.

A l'époque de la Révolution de 1789, les Nobles, les Prêtres & les financiers firent une coalition entr'eux, contre ce qu'on appelloit alors le Tiers-État ou le Peuple. Cette coalition possédoit la plus grande partie des richesses numéraires de la France; elle résolut d'en arrêter la circulation, comme le moyen le plus sûr de faire avorter les projets bienfaisans de l'Assemblée Constituante ; & par une suite de cette coupable résolution, la malveillance & l'émigration firent passer chez l'étranger la plus grande partie du numéraire, l'autre fut enfouie dans la terre.

Ce complot alarmant parut ralentir pendant quelque temps, la marche de la Révolution ; mais la partie saine de l'Assemblée Constituante populaire qui avoit prévu le danger, s'occupa du remede.

On proposa l'émission d'un signe représentatif du numéraire ; ce moyen pressant de salut public adopté, fut suivi du Décret sur les Assignats (1). Ce coup de foudre écrasa l'aristocratie, sauva la France, acheva la Révolution & nous procura la République.

___

(1) Les biens immenses du Clergé furent hypothéqués alors pour la sûreté de ce représentatif monétaire. Ce gage de la confiance publique a pris aujourd'hui un accroissement bien supérieur à l'émission, depuis que la Convention a mis sous la main de la Nation, les biens des émigrés, des déportés & des contre-révolutionnaires.

Rue du Panthéon.

Ce nom, dans la langue Grecque, signifie un temple dédié à tous les Dieux. Ceux qui parloient cette belle langue reçurent de leurs bons ayeux les Orientaux & les Égyptiens une multitude de Divinités fantastiques dont la plupart n'étoient que des allégories, avec lesquelles nos premiers peres essayoient de retracer les grandes époques de la Nature, ou les attributs de l'Être suprême. Les Grecs adopterent, sans examen, tous ces Dieux : ils s'étudierent seulement à leur donner des formes plus agréables, des noms plus harmonieux, & ils leur bâtirent des temples magnifiques. Ils firent encore mieux : ils éleverent de semblables monumens aux premiers fondateurs des Républiques de la Grece, à ceux qui avoient inventé des arts utiles, aux hommes courageux qui avoient combattu des monstres ou des tyrans. Hercule & Thésée, Triptolême, Orphée & Minos eurent des autels, comme Apollon & Minerve. Ce fut une grande & sublime idée de réunir dans le même sanctuaire,

tuaire, sous le nom de Panthéon, les héros & les Dieux, les inventeurs des arts utiles & les bienfaiteurs du monde.

Les Romains, imitateurs jaloux de la Grece, en tous les genres, eurent aussi leurs Panthéons. Celui qui subsiste encore à Rome est un chef-d'œuvre d'architecture. On admire sur-tout le portique & ses superbes colonnes d'un seul bloc de granit. Ce temple, qui, à cause de sa forme circulaire, a été nommé par les Italiens la *Rotonda*, renferme une chapelle entretenue & décorée par la société fraternelle des Virtuoses. Dans cette chapelle sont déposées les cendres de plusieurs hommes célebres: on y voit le tombeau de Raphaël d'Urbin, le premier peintre d'Italie.

C'est, sans doute, le meilleur usage qu'on puisse faire de ces somptueux édifices que la superstition a trop multipliés parmi nous. Honorer les vertus & les talens, c'est rendre hommage à l'auteur de la Nature qui est la source & le dispensateur des talens & des vertus.

La France, devenue libre, s'est hâtée de consacrer ces sentimens dans plusieurs Décrets:

elle a institué un Panthéon, non pour le dédier aux Divinités fabuleuses, ni à cette foule d'êtres chimériques qui avoient remplacé les Dieux du paganisme, mais pour y conserver, sous les auspices du Créateur, quelques signes de souvenir & de reconnoissance envers tous les hommes qui auront bien mérité de leur Patrie & de l'humanité en général.

L'Assemblée Nationale a consacré à cette destination le temple célebre par son élégance, bâti dans ces derniers temps à Paris sur la montagne dite Geneviéve. Sur le fronton du péristile on a gravé ces mots en lettres d'or:

Aux Grands Hommes,
la Patrie reconnoissante.

Dans l'intérieur de ce temple, on recueille précieusement les urnes cinéraires de ceux qui chaque jour versent leur sang pour la défense de la Liberté : on y réunit les monumens épars que l'admiration a élevés à ces hommes extraordinaires qui ont illustré la France par des ouvrages de génie. Le génie est impatient du joug. Si, dans une atmosphere oppressive il a jeté de temps à autre des étincelles dans notre Patrie, quels traits de lumiere ne produira-t-il point, lorsqu'il ne respirera que l'air pur de la Liberté! Enfin sous ces portiques dédiés à toutes les vertus, nous tracerons sur le marbre les noms des plus célebres Républicains, anciens & modernes, qui se sont distingués par leur courage à soutenir les droits sacrés du genre humain; car tous ceux qui ont combattu pour cette cause divine, sont nos amis, nos freres, nos compatriotes. (1) Généreux martyrs de la Révolution Française, qui avez payé votre tribut à la Patrie! jeune Barra, Duchemin, Dampierre! & toi brave Agobert, qui, le premier des Généraux Français, eus la gloire de mourir sur le territoire Espagnol que tu venois de conquérir! & toi, honneur de la marine Française, intrépide Tartu, qui n'as pas eu assez d'imitateurs! vous toutes, ombres

---

(1) Sidney, Price, Priestley, Dewit & Barnevelt, ces intrépides défenseurs de la liberté des Nations, nous appartiennent aujourd'hui de plus près qu'à l'Angleterre & à la Hollande; ces Peuples, avilis par le despotisme, outragent continuellement la mémoire de ces grands hommes, que le hasard fit naître parmi eux.

chéries ! que ne puis-je vous nommer ici l'une après l'autre !... Mais vos noms & vos titres de gloire se pressent en foule autour de ma plume ! Un jour viendra, & ce jour n'est pas éloigné, que les Français, libres & heureux par vos faits héroïques, verseront des pleurs d'attendrissement sur ces listes fameuses des vainqueurs de la tyrannie, & gémiront de n'avoir point partagé votre gloire.

Rue Mably.

Gabriel Bonnot Mably, né à Grenoble, le 14 mars 1709, occupe une place distinguée parmi les philosophes & les grands écrivains qui ont illustré notre siecle, & préparé l'heureuse révolution qui le rendra fameux dans les annales du monde.

Digne émule de Montesquieu dans la vaste carriere de la politique & de la législation, il balançoit avec hardiesse les intérêts des Nations, & consignoit dans ses écrits les droits sacrés des Peuples, lorsque de toutes parts on ne songeoit qu'à favoriser la cause odieuse des Rois.

Ses connoiffances profondes dans le droit public, lui acquirent bientôt une grande réputation dans l'Europe; fes principaux ouvrages furent traduits dans toutes les langues, & enfeignés dans les écoles les plus célebres; & la Pologne, la Hollande, & les États Unis de l'Amérique, voulurent s'aider de fes lumieres pour réformer les bafes de leur Gouvernement.

Vertueux fans fafte & grand fans prétention, les détails de fa vie privée font prefque ignorés; mais dans fes écrits on peut affez connoître ce qu'il fut. On y retrouve à chaque page, l'énergie de fon ame, les qualités de fon cœur, l'auftérité de fes principes, la pureté de fa morale & fon ardent amour pour la Liberté. On ne peut donner une plus jufte idée de cet homme célebre, qu'en citant quelques-unes des maximes qu'il a publiées fous l'empire même du defpotifme.

» La raifon, la juftice, l'humanité, cette
» lumiere qui éclaire la voix du jufte & ré-
» veille les remords dans l'ame du méchant,
» voilà les premiers fouverains du monde.

» L'hiftoire de l'univers eft celle des crimes.

» & des défastres du genre humain ; qu'elle
» soit l'histoire du regne de la raison, & les
» fastes du monde ne présenteront que des
» monumens de reconnoissance.

» Les souverains ont donné des ordres,
» la raison seule a donné des Loix ; ceux
» qui ont gouverné n'ont été puissans que
» lorsqu'ils ont été raisonnables.

» La raison seule a appris aux hommes
» qu'ils tiennent de Dieu même la Liberté,
» la propriété, & tous les avantages natu-
» rels pour lesquels ils furent formés.

» L'art de la législation n'a souvent con-
» sisté qu'à faire concourir une infinité d'hom-
» mes au bonheur d'un petit nombre, à tenir
» pour cet effet la multitude dans l'oppref-
» sion, & à violer envers elle tous les droits
» de l'humanité ; cependant le vrai esprit
» législatif ne devroit s'occuper que du bon-
» heur général.

» L'homme n'est fait ni pour opprimer, ni
» pour être opprimé. On ne peut gouverner
» un Peuple libre que par la raison & la
» justice ; & par-tout où il n'y a pas de li-
» berté, il n'y a pas de gouvernement.

Une anecdote achevera de peindre ce grand homme, & le régime sous lequel il vivoit. Le bruit se répandit qu'on devoit lui confier l'éducation de l'héritier d'un grand empire; il dit hautement qu'il chercheroit à inculquer fortement dans l'esprit de son éleve que les rois sont faits pour les Peuples, & non les Peuples pour les rois.... Il ne fut pas nommé.

Il poussa sa carriere jusqu'à la soixante seizieme année de son age, & mourut le 24 avril 1785.

Rue Cynégire.

Cynégire étoit d'Athenes. Une grande bravoure, jointe à une force de corps extraordinaire, a fait transmettre jusqu'à nous le nom de ce nouvel Hercule. Ce fut à la fameuse bataille de Marathon, où commandoit Miltiade, qu'il donna de l'une & de l'autre des preuves presqu'incroyables. Battus de toutes parts, les ennemis cherchent leur salut dans la fuite. Pour se souftraire à une mort inévitable, les vils satellites de Darius se précipitent en désordre dans leurs vaisseaux. Cynégire les poursuit. D'une main vigoureuse, il saisit l'un de ces navires, & le retient au bord du rivage, tandis que de l'autre main portant aux ennemis des coups redoutables, il leur fait sentir la pesanteur de son bras. Un coup de hache abat cette main qui retenoit le navire. L'autre à l'instant lui succede ; elle est également abattue. Alors Cynégire, furieux de voir échapper les ennemis, saisit, dit on, le navire avec les dents. Tant est grand, ô Liberté, le courage que tu donnes à tes défenseurs ! tant sont surprenans les efforts que leur commande ton amour ! Cynégire ! tu étois digne de combattre pour elle. Gravé sur le marbre, ton nom rappellera tes vertus à la postérité ; & ta valeur fera éclore jusques chez nos derniers neveux de nouveaux prodiges !

Rue Régulus.

C'est par la vertu que les anciennes Républiques parvinrent à un si haut degré de force & de puissance ; & Rome ne s'éleva au-dessus de toutes les autres que parce que, pendant les premiers siecles de sa fondation, les citoyens & les premiers hommes de la

République furent vertueux. « Cette vertu, dit un auteur célebre, étoit une chofe très-» fimple; c'étoit un fentiment, & non une » fuite de connoiffances; c'étoit l'amour de » la République. » Le Peuple, les Magiftrats, les Généraux fe difputoient à l'envi la gloire de maintenir la République, de la défendre, de mourir pour elle. Régulus nous offre un exemple touchant de ce généreux devouement. Il vivoit à l'époque où l'orgueilleufe ville de Carthage, fous un prétexte mercantile, vint ravager les côtes d'Italie. Régulus, Conful pour la feconde fois, battit les Carthaginois fur mer; puis, ayant fait une defcente en Afrique, fon armée trop peu nombreufe fut battue par des forces fupérieures, & lui-même tomba entre les mains des ennemis. Ceux-ci envoyerent des ambaffadeurs à Rome, pour demander l'échange des prifonniers, & faire des propofitions de paix; ils voulurent que Régulus les accompagnât, efpérant que la préfence de leur général captif détermineroit plus facilement les Romains à entrer en accommodement. Ils lui firent promettre de retourner à Carthage, fi les offres de paix n'étoient pas acceptées. Arrivés au sénat, les envoyés de Carthage firent leurs propositions : Régulus gardoit le silence ; il ne pensoit pas que le prisonnier des Carthaginois eût le droit de parler dans cette auguste assemblée. Enfin, pressé par le peuple Romain de dire son avis : » Puisque vous l'exigez, répondit ce grand » homme, mon avis est que Rome ne doit » consentir à aucune proposition de paix, ni » à l'échange des prisonniers ; (il parloit » contre son intérêt) vous avez entre les » mains la fleur de la jeunesse Carthaginoise, » & plusieurs de leurs plus habiles généraux ; » les ennemis se flattent que vous les remettrez » pour délivrer des fers un Consul & les restes » d'une armée qui s'est déshonorée en prenant » la fuite devant des éléphans & des chevaux » Numides ; oubliez ces lâches & laissez-moi » retourner à Carthage : je n'ignore point » qu'une mort affreuse m'y attend, mais un » vieux Consul qui n'a pas su vaincre, doit » au moins savoir mourir pour le salut de » la République. » Il partit, en recommandant au Sénat sa femme & ses enfans ; car ce vertueux citoyen étoit pauvre ; tout son bien consistoit en sept arpens de terre labourable; un domestique infidele venoit de lui enlever les deux seuls bœufs qui lui aidoient à cultiver ce petit héritage (1). De retour chez les Carthaginois, ces féroces Africains, outrés de l'obstacle qu'ils avoient trouvé en lui, incapables d'apprécier une vertu si sublime, le firent périr dans des tourmens affreux, dont le récit inspire l'horreur.

Ce qu'il y a de plus admirable dans la conduite de Régulus, ce n'est pas la fidélité avec laquelle il observa le serment qu'il avoit fait de retourner à Carthage, quoique bien sûr d'y être mis à mort: ce n'étoit pas alors une vertu d'observer son serment, c'étoit un devoir sacré même envers les ennemis; mais ce qui étonnoit les anciens eux-mêmes, si bon juges en ce genre, c'est le courage magnanime de Régulus qui lui fait sacrifier sa vie à l'utilité de la République, en s'opposant avec force

---

(1) Le Peuple Romain ordonna que les bœufs seroient remplacés dans le patrimoine de Régulus; il se chargea de l'éducation de ses enfans, & accorda une pension alimentaire à sa femme.

à l'échange des prisonniers & aux propositions de paix d'une nation cruelle, avaricieuse & perfide, dont la *mauvaise foi* passa même en proverbe chez les Peuples de l'antiquité. Puisse ce généreux dévouement ne pas étonner nos Républicains Français !

Galerie des Signaux.

« Les Signaux, terme de marine, sont des
» instructions qu'on donne sur mer par quel-
» ques marques distinctives. Il y en a de gé-
» néraux & de particuliers. Les premiers
» concernent les ordres de bataille, de mar-
» che, de mouillage; les seconds, les volontés
» du Commandant pour tous les Capitaines
» des vaisseaux. On se sert pour cela, le jour
» de pavillons de diverses couleurs, de flam-
» mes (1) & de *gaillardets* ; & la nuit, de
» canons, de pierriers, de fusées & de fanaux
» ou feux. Dans un temps de brume, on
» fait usage de trompettes & de la mousque-

---

(1) Sorte de pavillons.

» terie. On emploie ces signaux selon qu'on
» en est convenu réciproquement. »

Les anciens ne connoissoient guere que les signaux par le feu, qu'ils employoient sur terre. Des amas de matieres combustibles, disposés à différens intervalles sur des endroits élevés, étoient allumés successivement & se répondoient avec précision. La fumée pendant le jour, & la flamme pendant la nuit, montant en gros tourbillons, annoncoient avec rapidité les événemens importans qui intéressoient tout un peuple, & souvent plusieurs peuples à la fois. Ces signaux sont de la plus haute antiquité. Les signaux actuels sont beaucoup plus modernes : ceux qui consistent dans la combinaison des flammes ou des différentes couleurs des pavillons ne remontent que vers le commen- de ce siecle. Il est à remarquer qu'on en doit la premiere idée à un tyran. Le Duc d'Yorck (depuis Jacques second, chassé du trône par les Anglais, qui alors paroissoient vouloir être libres) en imagina l'usage. On les a beaucoup perfectionnés depuis, & ils forment la partie la plus essentielle de la tactique navale. C'est de la manœuvre & de l'intelligence des signaux que dépend souvent, sur mer, le succès des combats.

Le génie Français vient de faire connoître, récemment encore, un moyen aussi simple qu'efficace de répandre avec la rapidité de l'éclair & par toute l'étendue de notre immense territoire, les nouvelles éclatantes de nos triomphes sur les tyrans coalisés. L'invention du *Télégraphe* devoit nous appartenir, puisque la rapidité des couriers ne pouvoit suffire à celle de nos succès. Cette machine ingénieuse communique dans un instant, d'un bout à l'autre de la République, au moyen de *signes* convenus, les avis les plus importans, & si bien énoncés qu'il est impossible de s'y méprendre.

Ce n'est pas sans raison, qu'on a donné le nom de *Galerie des Signaux* à cette belle terrasse élevée sur le port de la Rochelle ; puisque c'est sur les murs ou sur ses tours qui l'avoisinent, que sont placés les pavillons ou flammes, destinés à signaler les bâtimens qui viennent mouiller dans sa rade. Quel contraste frappant présente à l'observateur attentif cette position intéressante ! De dessus ces mêmes murs, d'où l'on voyoit naguere le féroce Anglais menacer nos rivages, le Républicain Rochelais contemple aujourd'hui & fait admirer à ses enfans le pavillon tricolor défiant avec une juste fierté le pavillon Britanique. Il voit celui-ci se baisser humblement devant le signe auguste de la Liberté qui, ramenant en triomphe les vaisseaux ennemis, vient enrichir un Peuple libre des trésors des tyrans, & de la dépouille de leurs esclaves.

Rue de l'Horloge.

L'Horloge à rouages, par sa structure ingénieuse, fait beaucoup d'honneur à l'esprit humain. La plus grossiere, la plus antique, fût-elle encore à balancier, ne cesse du haut du beffroi qui la porte, d'adresser la parole à tout un peuple, & de réitérer, dans des espaces égaux, les avis qu'on en attend. Elle se fait entendre pendant le jour entier; elle veille & parle pendant la nuit à chaque citoyen dans les intervalles de son sommeil; c'est elle qui donne le premier signal de l'activité, qui fait ouvrir les portes des Communes, qui convoque les assemblées & annonce tous les travaux à mesure qu'ils se succedent : elle est la regle de la Société.

L'art de mesurer le temps, cette connoissance si nécessaire pour disposer des momens de la vie, a été l'objet de la recherche des hommes dans les siecles les plus reculés. Les premiers moyens & les plus naturels qu'ils employerent, furent les révolutions journalieres du soleil. De là vient l'origine des cadrans solaires, dont le premier, qui parut à Rome l'an 489, servit à décorer le triomphe de Valérius qui étoit alors Consul. A l'invention de ces cadrans succéda, l'an 613 de Rome, celle de la machine hydraulique de Crésibius : cette machine qu'on mettoit en action, & qui marquoit les différentes heures du jour & de la nuit, n'étoit autre chose qu'un vase avec une espece de tuyau étroit par où découloit goutte à goutte l'eau qu'on y avoit versée. C'est là cette Clepsydre (1) fameuse à laquelle les

---

(1) En 790, parut en France une de ces horloges que l'eau fait mouvoir, & qui mériteroit peut-être encore parmi nous l'approbation des curieux. Douze

Historiens

historiens font si souvent allusion par tant d'expressions allégoriques. On mesuroit par ces sortes d'horloges d'eau le temps des discours des plus habiles orateurs ; de là vient cette phrase, qu'un fréquent usage fit passer

petites portes composoient le cadran & formoient la division des heures ; chacune de ces portes s'ouvroit à l'heure qu'elle indiquoit, & donnoit passage à des boules qui tomboient successivement sur un timbre d'airain, & frappoient l'heure. Chaque porte restoit ouverte ; & à la douzieme heure, douze petits cavaliers sortoient ensemble, faisoient le tour du cadran & refermoient toutes les portes.

Une autre Clepsydre, fort en usage dans la marine, est l'Ampoulette, ou horloge de sable. Cette petite machine est composée de deux especes de bouteilles de verre jointes ensemble, dont l'une est remplie de sable très-fin qui emploie une demi-heure à passer d'une bouteille dans l'autre ; c'est de là que les matelots appellent une demi-heure une *horloge*, divisant les vingt-quatre heures en quarante-huit *horloges* Ainsi le quart, qui est la faction que chaque homme fait pour le service d'un vaisseau, est composé de six *horloges*, qui valent trois heures. Il y a des sabliers d'une demi-minute qui servent à estimer le chemin que fait le vaisseau ; d'autres d'une heure pour l'usage commun.

L

en proverbe : *qu'il parle dans mon eau*, *c'est-à-dire, pendant le temps qui m'est destiné.*

Quelque temps après on trouva le secret de faire des horloges à rouages : cette invention néanmoins ne se perfectionna point ; car pendant plus de sept siecles il n'est parlé d'aucune horloge remarquable ; nous ne connoissons de nom que celles de Boëce & de Cassiodore. On sait que Cassiodore avoit lui-même du goût pour la méchanique. L'histoire rapporte que s'étant retiré sur ses vieux jours dans la Calabre, il s'y amusoit à faire des horloges à rouages, des cadrans & des lampes perpétuelles.

Mais la barbarie enveloppa si bien tous les arts dans l'oubli, que lorsque deux cents ans après on vit paroître en France une horloge à rouages, cette machine passa pour une chose unique dans le monde, encore n'étoit-ce pas une horloge sonnante ; il n'y en eut que vers le milieu du quatorzieme siecle (1). De là vient l'ancienne coutume, qui se conserve

---

(1) Les Chinois furent si surpris des horloges qu'on leur porta, qu'ils mirent des gardes auprès pour épier si quelqu'un ne venoit point les faire sonner.

en Allemagne, en Hollande & en Suisse, d'entretenir des hommes qui avertissent de l'heure pendant la nuit.

En 1325 parut en Italie Jacques Dondis, lequel fit un grand instrument appellé alors sphere, ou horloge du mouvement du ciel. Cette horloge merveilleuse qui, outre les heures, marquoit le cours annuel du soleil suivant les lignes du zodiaque, avec le cours des planetes, & qui fut placée sur la tour de Padoue en 1344, valut à son auteur & à tous ses descendans, le surnom de *Horlogius*, qui dans la suite prit la place du nom même.

Vers le déclin du quinzieme siecle, il falloit qu'il y eût des horloges portatives à sonnerie; car l'histoire rapporte qu'un homme qui s'étoit ruiné au jeu, étant entré dans la chambre d'un Français favorisé de la fortune, prit son horloge & la mit dans sa manche où elle sonna. Ce Français, dit du Verdier, non-seulement lui pardonna le vol, mais lui donna généreusement l'horloge. Carovagius, à la même époque, fit un réveil pour André Alciat, lequel réveil sonnoit l'heure marquée,

& du même coup battoit le fusil & allumoit une bougie.

Au milieu du seizieme siecle la méchanique des grosses horloges s'étendit & se perfectionna par-tout ; celles de Strasbourg & de Lyon, la premiere, achevée en 1573, & la seconde, en 1598, soutiennent encore aujourd'hui leur réputation, & passent pour ce qu'il y a de plus beau en ce genre. En un mot, on ne peut douter qu'il n'y ait dans diverses villes de l'Europe, beaucoup d'horloges de ces derniers siecles, d'une structure très-curieuse [1], & dès que Huyghens

---

(1) Toutes les horloges de la ville de Basle en Suisse sont constamment avancées d'une heure, c'est-à-dire, que, lorsqu'il est onze heures du matin, elles sonnent midi, & ainsi de suite dans tout le tour du cadran. On prétend que s'étant formé anciennement contre cette ville une conspiration par laquelle les conjurés devoient s'en rendre maîtres à une certaine heure, un Bourguemestre qui en fut averti, s'avisa de faire avancer les horloges, de maniere que l'heure marquée parut être passée, & que l'ennemi crut s'être trompé. Basle fut délivré par cette erreur, & l'usage conservé par reconnoissance. De là vient l'origine d'un monument très-remarquable, placé à la tête du pont

eut imaginé ou perfectionné la maniere de substituer le pendule au balancier, on la vit dans peu de temps parvenir au degré de justesse qu'on n'auroit osé espérer sans cette heureuse découverte.

Nous ignorons la date de la construction de l'horloge de la Rochelle, dont la rue qui fait le sujet de cet article, porte le nom. Barbot seulement nous apprend : « qu'en 1478, » fut faite la chapuce ou lanterne du gros » horloge, qui étoit l'une des plus belles & » artificielles pointes qui se pût voir, cou- » verte de plomb & bien enrichie. Le maire, » Jehan-Rochelle, fit racoustrer en 1594, » le clocher du gros horloge, tellement en-

qui réunit le grand & le petit Basle. Au haut de la tour de l'horloge, on voit, à côté du cadran, une tête d'homme, qui passe par un trou, & tire à chaque seconde une langue d'un pied de long, qui lui donne l'air goguenard. Si l'on en croit le bruit populaire, le même citoyen qui, en changeant l'heure de cette horloge, déconcerta les conjurés, est auteur de cette plaisanterie. En effet, la renommée publie que cette tête est censée narguer les conspirateurs trompés & obligés de se retirer.

» dommagé en son massif de pierre par
» caducité, qu'on n'attendoit à toute heure
» que sa chûte entiere, & fut entiérement
» faite une des tours qui sert d'arc-boutant
» audit horloge. »

« En 1672, dit Beauval, a été entrepris
» & exécuté un ouvrage, le plus hardi, le
» plus nécessaire & le plus beau qui ait été
» fait en ladite ville. Le gros horloge avoit
» deux portes, l'une grande pour passer les
» charrois, l'autre petite pour le passage des
» hommes, lesquelles étoient séparées par
» un gros & massif pilier qui supportoit la
» pesanteur d'un si puissant édifice, si bien
» qu'on ne pouvoit aller librement & com-
» modément de la ville sur le port. L'on a
» trouvé moyen, contre la créance de presque
» tout le monde, d'y joindre les deux portes
» en une, & d'élever en leur place une ar-
» cade magnifique, large & fort haute. »

En 1746, l'on a abattu la lanterne ou chapuce de la grosse horloge; & l'on a élevé
sur le massif de la tour, un quarré en pierres
de taille, décoré d'un ordre d'architecture,
& terminé par un dôme.

Nous finirons cet article par faire connoître en peu de mots, le nouveau fyftéme horaire qui, en facilitant avec plus de célérité & de précifion, les calculs d'aftronomie, de marine & de géographie, fe lie effentiellement avec la nouvelle ère républicaine.

Par ce moyen, le jour, de minuit à minuit, fe trouve divifé en dix parties ou heures, au lieu de vingt-quatre; l'heure en cent parties ou minutes, au lieu de foixante; ainfi de fuite, jufqu'à la plus petite partie du temps; de maniere que 144 minutes anciennes, ou 2 heures 24 minutes, font l'heure décimale (1). Les horloges, montres & pendules anciennes peuvent fervir à la nouvelle divifion, en y faifant quelques changemens (2).

---

(1) Voyez à la fin de ce volume, le tableau de concordance des heures anciennes & nouvelles.

(2) Ce travail a été exécuté à la Rochelle depuis plufieurs mois. Une horloge décimale eft placée au-deffus du grand efcalier de la maifon-commune, avec l'infcription fuivante:

L'HEURE DU RÉVEIL DES PEUPLES EST LA DERNIERE DES OPPRESSEURS DU MONDE.

Le mouvement de cette horloge communique à

ou en supprimant seulement la minuterie ; alors il ne faudra qu'un nouveau cadran divisé en cinq parties, pour obtenir le même résultat.

Rue de la République.

Ce mot, dont la définition la plus complette se trouve dans sa propre étymologie, puisqu'il signifie *chose publique*, *res publica* ; ce mot reveille dans le cœur d'un Français le sentiment de sa dignité & de son bonheur. Si les Romains nous l'ont transmis, c'est nous seuls qui lui avons donné son énergie. La République est comme un fruit que la nature a long-temps répandu sur quelques parties de la terre, sans en élaborer les sucs, & qui ne devoit obtenir sa maturité que sous le ciel de la France. Puissent les nations apprendre de nous l'art de l'aclimater chez elles !

---

un cadran placé dans la grande salle de cette maison, & donne l'action à une méchanique qui fait marquer, par plusieurs aiguilles, les heures & minutes nouvelles, les heures anciennes, le quantieme du mois & les jours de décade, à mesure qu'ils se succedent.

L'antiquité a eu ses Républiques; quelques Peuples modernes ont aussi adopté cette forme de Gouvernement, mais des imperfections ou des vices en ont par-tout corrompu la nature. La seule République Française, basée sur l'Égalité & la Liberté, & ayant pour caractere unique & distinctif la représentation de ses membres, dans un Sénat auguste mais temporaire, choisi par le Peuple Souverain, offre au monde étonné le modele le plus parfait d'un Gouvernement institué pour le bonheur de tous. C'est là que la *chose publique* a tous les citoyens pour défenseurs, parce qu'elle est le patrimoine commun de la grande famille des Français. O 21 Septembre! jour à jamais révéré, où le génie de la République, descendant du ciel, nous choisit entre les Nations, pour être ses adorateurs! puisses-tu commencer le véritable *an de grace* de l'Univers!

Rue de la Commune.

OBTENIR au douzieme siecle le droit de *Commune*, c'étoit passer de l'état humiliant & cruel de *serfs* à une ombre de liberté;

c'étoit relever un peu la tête abattue par l'abjection, & entrevoir la foible aurore du jour heureux qui ne devoit éclairer la France, qu'après une longue suite de siecles.

Eléonor d'Aquitaine conféra, en 1199, le droit de Commune à la Rochelle. La politique, son intérêt personnel lui en firent une nécessité.

C'est de cette époque que date l'établissement des Officiers Municipaux à la Rochelle.

Le choix de ces officiers fut, presque toujours, l'occasion d'une lutte entre le despotisme & la fiscalité d'une part, & l'amour de la liberté de l'autre ; car enfin, nommer les Magistrats du Peuple étoit, pour les Citoyens, une apparence de Liberté, & les Rochelais, toujours passionnés pour elle, chérissoient jusqu'à son ombre. La plupart des officiers municipaux se montrerent dignes de leur place ; plusieurs déployerent cette énergie Républicaine qui, plus d'une fois, fit pâlir les tyrans. Il ne manqua à Guiton (voyez son article), que des secours proportionnés aux forces des oppresseurs pour faire triompher la cause de la Liberté. Louis XIII & son infâme ministre ne se crurent certains de jouir en paix du fruit de leur victoire qu'en supprimant le corps de ville, & s'il fut retabli sous le regne suivant, ce fut avec des entraves qui le réduisoient à une nullité presque absolue.

Ce n'étoit que d'une révolution entière que le Peuple Français pouvoit attendre le rétablissement d'un de ses droits les plus chers. Il a enfin pu remettre un gouvernement paternel dans des mains qu'il a jugées dignes de ce dépôt sacré. Mais, digne lui-même de la Liberté qu'il a conquise, il a su faire, généreusement, le sacrifice momentané de son droit d'élection, dès-que la voix de la Patrie a fait entendre la nécessité de cette mesure révolutionnaire.

Le lieu où les magistrats municipaux se sont assemblés, à la Rochelle, a tantôt été appellé *Mairie* tantôt *Maison* ou *Hôtel-de-Ville*. Le nom de *Maison Commune*, ou pour abréger, le nom de *la Commune* a dû par sa simplicité, sa popularité & la justesse de sa dénomination, être préféré à des noms fastueux.

La construction de la maison-commune a été commencée vers la fin du 15e siecle. Cette propriété de la ville fut confisquée en 1628, comme tout ce qui appartenoit à la commune; le corps municipal fut supprimé. La maison servit à loger les gouverneurs & commandans, conservant cependant le nom d'*hôtel-de-ville*. Le Corps de ville ayant été rétabli en 1694, ne rentra point en possession de ce domaine, dont l'entretien demeura toujours à sa charge. Les séances du Corps de ville tinrent dans une maison située rue *de la Révolution*, appellée alors *de l'Enfernaut* ou *des Augustins*. Enfin, en 1748, la ville obtint la restitution de l'édifice qui avoit été bâti à ses frais & pour son usage.

RUE GUITON.

A ce nom s'est toujours réveillé le sentiment de la Liberté, dans un temps où l'exprimer passoit pour un crime. Il échauffe aujourd'hui nos cœurs d'un saint enthousiasme, & si le poignard que ce Maire intrépide déposa à la maison-commune, en invitant tout citoyen à l'en frapper lui-même, s'il avoit la lâcheté de transiger avec la tyrannie, si ce poignard n'existe plus, l'amour brûlant de la Liberté qui dicta le discours de Guiton, embrâsa toujours les cœurs Rochelais, & il ne rougiroit pas de ses freres.

Jean Guiton, Maire de la Rochelle pendant le siege de 1628, opposa la plus courageuse résistance aux efforts inouis de ce ministre dont le despotisme subjuguoit tout, jusqu'au foible Prince qu'il vouloit bien appeller son maître. Guiton ne céda que lorsque le Peuple, vaincu par les horreurs de la famine, fut hors d'état de le seconder : il céda lorsque la lâche trahison des Anglais abandonna la Rochelle au pouvoir tyrannique.

Le nom du Maire de la Rochelle n'est prononcé qu'avec respect. Quel Rochelais a voyagé, & n'a pas été mille fois interrogé sur les actions de ce glorieux défenseur de la Liberté, sur sa vie privée, sur les descendans que l'on suppose qu'il a laissés ? A l'aide de la ressemblance du nom, une multitude de familles ont voulu descendre de lui. Un Romancier (1) a cru ajouter de l'intérêt à sa fable, en y *plaçant un fils* de Guiton.

---

(1) V. le roman de Cléveland, t. 1.

Rue de l'Adoption.

Celui qui aime les enfans que la nature lui a donnés, & sacrifie à leur bonheur ses soins & sa fortune, n'est que pere & ne fait en cela que suivre la pente irrésistible de ses affections, l'instinct invariable de son cœur; aimer, protéger, défendre, sont pour lui des loix sacrées desquelles il ne peut pas plus s'écarter, en quelque sorte, que de celles qui l'obligent à conserver sa propre existence: mais celui-là est tout à la fois pere & vertueux qui, n'ayant point d'enfans de la nature, les reçoit des mains de la patrie, les adopte & les élève avec tendresse, car c'est à l'amour du bien général & de l'humanité, c'est au desir de rétablir le grand ordre de la propagation des êtres troublé en sa personne, & non pas au seul instinct, qu'il est redevable des sentimens généreux qui le dirigent. Oh! combien, en s'y livrant, il acquiert de droits à l'estime & à l'admiration des hommes justes! mais sur-tout quels plaisirs délicieux il se prépare dans l'avenir, lorsque la jeune ame confiée à ses soins sera en état d'en apprécier tout le défintéreffement, toute la délicateffe.

L'Adoption (1) eft en quelque forte d'invention Républicaine, ce n'eft auffi que dans les Républiques qu'elle conferva fa pureté & fes avantages primitifs ; elle dégénéra fous le defpotifme, & ne produifit plus, dans fes imitations forcées, que des fruits de corruption, d'orgueil & d'intérêt perfonnel. C'eft ainfi que l'adrogation, qui étoit chez les Romains l'efpece d'adoption la plus folemnelle & la plus conforme à la nature, puifque c'étoit au fein du peuple que l'acte généreux fe confommoit, changea toute fa deftination auffitôt la ruine de la République. Elle ne fervit plus, fous les Empereurs, qu'à favorifer les paffions & l'intrigue, en ménageant aux ambitieux le moyen de fe procurer beaucoup de cliens dans les perfonnes des enfans adoptifs. Enfin, c'eft ainfi que, chez les Grecs, l'on fe vit obligé de fe mettre en garde contre les abus auxquels elle donnoit lieu en l'inter-

---

(1) On entend par adoption *l'acte par lequel on choifit quelqu'un d'une famille étrangere pour en faire fon propre enfant.*

disant aux magistrats qui n'avoient pas rendu leurs comptes, ou qui étoient encore en charge: tant il est vrai que les institutions les plus conformes au bonheur social peuvent devenir des sources d'injustice & de miseres, lorsqu'elles cessent d'être dirigées par la vertu. Cette fatale époque est toujours celle où la Liberté fait place à l'esclavage.

Rue de la Vertu.

Le dernier tyran des Français n'existoit plus, & la chûte de la royauté avoit précédé la sienne: l'empire de la superstition étoit détruit, l'hydre du fédéralisme terrassé, l'attitude imposante de nos armées nous promettoit les plus rapides conquêtes, & la marche victorieuse de nos phalanges passoit toutes les espérances; tout sembloit assurer le triomphe de la Liberté & l'affermissement de la République. Mais ces nombreux succès étoient encore insuffisans; pour atteindre le but de leurs glorieux travaux, les Français avoient à remporter des victoires d'un autre genre. La Convention Nationale a mis la

Vertu

Vertu & la justice à l'ordre du jour, & ce décret sublime a plus fait pour la cause de la Liberté que le gain de vingt batailles ; car les plus fermes colonnes d'une République, ce sont les mœurs & la Vertu. La lutte qui existe maintenant entre le Patriote & l'aristocrate, le royaliste & le Républicain, est un combat à mort entre la Vertu & le vice ; & le triomphe de la Vertu doit assurer le maintien de la République, comme les progrès du vice & de l'intrigue en eussent bientôt opéré l'anéantissement.

Qu'est-ce en effet qu'un Républicain ? Le Républicain est celui qu'on connoît austere dans ses mœurs, sévere dans ses principes, juste dans ses actions, rigide dans l'observation des Loix, plus rigide encore lorsqu'elles blessent son intérêt particulier. Il est doux, humain, bienfaisant ; au récit d'une bonne action, son ame se dilate & s'épanouit ; l'idée du vice, la vue d'une injustice au contraire, excitent en lui un mouvement d'indignation & d'horreur. Le Républicain en un mot est un homme vertueux.

Une République ne peut exister que par

M·

le concours des Vertus; les Vertus conftituent fon effence. Dans une monarchie, le feul reffort du gouvernement, c'eft la force; dans une République, c'eft l'opinion. Dans la monarchie, quelqu'inique, quelque révoltante que foit la volonté arbitraire de celui qui commande, s'il a la force en main pour faire exécuter, la Nation gémit, mais pour cela la marche du Gouvernement n'en eft pas arrêtée. Dans une République au contraire, où la force armée eft la Nation elle-même & n'en peut être féparée, fi l'opinion qui agit fur elle eft verfatile ou mal dirigée, fi la Vertu n'eft pas le point de ralliement commun de tous les efprits comme elle doit être le principe & le mobile de toutes les opérations, le Gouvernement fans nerf & fans vigueur eft expofé à des déchiremens fucceffifs qui finiffent bientôt par le divifer & le détruire.

Un defpote peut contenir par la crainte; l'opinion feule peut contenir dans une République. La force de l'opinion eft le frein falutaire qui prévient les mauvaifes actions, c'eft elle qui pénetre chaque citoyen de fon devoir, qui attache les fonctionnaires à leurs postes, les soldats à leurs drapeaux. Si l'opinion obtient un tel empire dans une République, combien n'est-il pas important qu'elle se compose des élémens les plus purs, qu'elle soit dirigée par les sentimens les plus élevés, par les principes les plus sublimes ! Eh ! qui pourra mieux remplir un objet aussi essentiel que le culte & la pratique de toutes les vertus publiques & privées.

Ce n'est donc pas assez pour un Peuple qui veut être Républicain, d'avoir anéanti la tyrannie ; il faut encore qu'il déclare la guerre au vice & qu'il le poursuive sans ménagement par-tout où il se trouve. Certes, il ne suffit pas d'avoir opéré une révolution dans la politique, il faut l'opérer encore dans la maniere de penser & d'être ; il faut épurer l'esprit public, le diriger vers ce qui est bon, utile & juste, & que le tribunal redoutable de l'opinion proscrive sans pitié toute action répréhensible, & qui blesse les principes de la délicatesse & de la vertu. Il faut qu'elle s'éleve avec force contre toute espece d'immoralité, que le mépris public s'attache sur celui que la Loi ne pourroit pas atteindre. Il faut, en un mot, que tout retrace, que tout respire la vertu, & que le méchant même soit forcé d'en reconnoître l'empire.

Si l'intérêt public commande aussi impérieusement la vertu, un second motif, non moins pressant, en fait un rigoureux devoir. La Vertu est le seul culte qui convienne à la Divinité, qui soit réellement digne d'elle. Tout système religieux ne doit avoir pour objet que la pratique des vertus. Porter ses idées au delà, c'est laisser la réalité pour s'attacher à de vains phantômes; c'est vouloir passer les limites bornées de l'intelligence humaine, & courir le risque certain de s'égarer. Qu'est-il besoin de s'occuper d'expliquer les qualités, les perfections de l'Etre Suprême ? Notre foible esprit ne sauroit y atteindre. A quoi bon se livrer à l'examen des jouissances ou des tourmens d'une autre vie, que nous ne pouvons expliquer ni comprendre ? En s'attachant à cultiver la vertu, on peut espérer tout & ne rien craindre. La plus entiere sécurité doit toujours accompagner l'honnête homme ; la terreur, enfant du crime, ne doit être connue que du méchant.

Une troisieme considération doit contribuer encore à affermir le regne de la Vertu; c'est qu'elle est la source de la vraie félicité, la route la plus sûre qui conduise au bonheur. Les plaisirs les plus vifs sont toujours suivis de quelque amertume; ils entraînent nécessairement après eux, ou des remords ou des regrets. Mais le plaisir qui naît d'une bonne action, aussi pur dans ses effets qu'il l'est dans son principe, se perpétue dans toute son activité; & dans tous les instans de notre vie, il nous ménage les plus heureux souvenirs.

O vous! qui, constamment livrés à la recherche du bonheur sans l'avoir pu saisir, êtes tentés de ne plus y croire, aimez le bien, faites des heureux. Vous verrez que son existence n'est point une chimere; & sur-tout, tenez pour maxime bien sûre, qu'il n'est point de bonheur sans la Vertu.

Rue de l'Amitié.

On doit entendre par le mot Amitié, ce commerce de soins, d'égards & de sentimens qui s'établit entre deux ames honnêtes qui se conviennent; commerce plein de charmes, dont le propre est de mettre en commun tous les plaisirs comme toutes les peines, de confondre les plus chers intérêts pour n'en faire qu'un seul, & d'admettre ainsi toutes les affections généreuses, toutes les passions désintéressées. On voit, par cette définition, que le nom d'Amitié ne peut convenir à toutes especes de liaisons ou d'habitudes, dont la base ne seroit pas la vertu; & en effet, comment supposer l'existence de l'Amitié, entre des êtres dont les passions opposées contrarieroient à chaque instant cette identité de sentimens, cette unité de desirs, ces sacrifices continuels & si doux des intérêts personnels, ces épanchemens du cœur qui n'admettent aucune restriction, aucune réserve? Comment allier les idées de constance & d'invariabilité qui caractérisent particuliérement l'Amitié, avec ces mouvemens brusques & inégaux auxquels l'ame du méchant est naturellement en proie? Comment enfin l'Amitié, ce sentiment si paisible, si naturellement lié à la gaieté ingénue & aux plaisirs purs d'une conscience sans reproche, pourroit-elle naître au milieu des remords & des inquiétudes qui suivent par-tout l'homme vicieux ou criminel ? L'Amitié suppose donc toujours la vertu ; elle suppose aussi la sensibilité, car loin de s'affoiblir sous les traits de l'infortune, il est au contraire de son essence d'en recevoir de nouvelles forces & de briller ensuite d'une énergie plus touchante. Il semble même que le malheur l'attire par un charme particulier, que ne lui offrent point les autres circonstances de la vie ; c'est alors seulement que, venant à se mêler aux mouvemens de la justice & de la pitié, on la voit soulever à la fois toutes les grandes facultés du cœur, & produire ces actes de dévouement, d'abnégation & d'héroïsme, qui ont rendu à jamais célebres les Epaminondas & & les Pélopidas, les Pylade & les Oreste, les Pythias & les Damon.

Honnêteté, sensibilité, vertu, tels sont les principaux caracteres qui distinguent la véritable Amitié, & qui doivent, par conséquent, nous guider dans le choix de nos amis ; choix aussi important qu'il est difficile & délicat. S'il est mal fait, si, dupes d'un dehors séduisant, nous avons le malheur de prendre quelques émotions passageres pour le bonheur durable, le vice insinuant & flatteur pour la vertu modeste & prévenante, bientôt, enchaînés aux passions corruptrices d'un faux ami, les meilleures dispositions de notre ame en seront infectées. En vain aurons-nous été doués d'un caractere heureux, d'un cœur droit & sensible, nous demeurerons perdus pour la vertu & pour l'amitié; si, guidés au contraire par la raison & par la prudence, nous tenant en garde contre les premieres impressions, que l'on confond trop souvent avec les mouvemens de la sympathie, nous voyons agir long-temps devant nous ceux que nous sommes disposés à aimer; si nous écoutons plus d'une fois vibrer leurs ames avec la nôtre avant de prononcer qu'elles sont d'accord, nous assurerons, tout-à-la-fois, le repos & le bonheur de notre vie. A la vérité, cette épreuve pourra détruire des illusions flatteuses: nous ne verrons pas, sans quelque chagrin, un visage aimable, orné des graces apparentes de la vertu, se dépouiller peu à peu de son masque séduisant, & ne plus offrir que les traits hideux du vice ; mais qu'importe, si nous évitons à ce prix des regrets tardifs, des méprises cruelles, & sur-tout le malheur affreux d'avoir aimé un ingrat. Trop heureux & trop payés de nos pénibles recherches, si, pour résultat, elles nous donnent un seul ami fidelle !

Mais comment exprimer tout ce que renferme un pareil trésor ? Comment peindre dignement les avantages & les charmes qui naissent de l'Amitié ? O sentiment ineffable, Amitié sacrée ! c'est toi qui commences & qui finis nos plaisirs. Par toi le jeune homme, au cœur naïf & brûlant, double son existence, son énergie & ses vertus ; par toi, le vieillard, doucement appuyé sur le sein d'un compagnon fidelle, se réchauffe au feu pur que tu y fis naître, & ne s'apperçoit pas des glaces de son âge ; mais que dis-je ? par toi, l'homme convertit en jouissances tous les instans de sa vie, il n'en est aucun qui échappe à ta douce influence. Envain des passions furieuses s'accumulent en orages sur ce point brillant qui partage sa carriere ; envain l'ambition insatiable, la basse jalousie & le vil intérêt menacent de t'anéantir ; envain une passion plus puissante encore, parce qu'elle est avouée de la nature, envain l'amour paroît devoir t'absorber dans ses feux ; forte de tes principes, toujours vertueuse & désintéressée, tu écartes généreusement les unes, & tu prêtes à l'autre des traits si touchans que, loin de chercher à t'exclure, elle est souvent forcée de recourir à toi pour se soutenir & s'alimenter.

Il est donc vrai que l'amitié peut remplir & charmer notre existence entiere ; & si l'on en pouvoit douter encore, nous ajouterions cette réflexion frappante, c'est que, parmi les divers sentimens qui occupent le cœur humain, il n'en est point qui ait avec lui une analogie plus marquée que n'a l'amitié. On peut dire même que l'amitié est un besoin pour l'homme, & sur-tout pour l'homme infortuné. Il semble que la nature l'ait créée pour servir de contre poids aux miseres dont la vie est semée. Qui peut entendre sans attendrissement le mot de ce pauvre que l'on pressoit de faire tuer son chien, qu'il avoit de la peine à nourrir : *Hélas ! sans lui, qui aurois-je dans le monde pour m'aimer ?*

Un sentiment qui fait le bonheur de l'homme vertueux ne sauroit être étranger au bonheur de la société entiere; mais si l'on convient qu'il aggrandit & éleve nos ames, au point de les rendre capables des plus étonnans efforts, des sacrifices les plus généreux, nous pourrons le regarder comme un ressort infiniment puissant, dont la sage politique ne doit point négliger l'emploi. C'est sur-tout chez un peuple dont le gouvernement est fondé sur l'égalité, sans laquelle il n'y eut jamais d'amitié, qu'on peut espérer de voir la plus aimable des vertus produire tous les grands effets dont elle a été si souvent la source, & renouveller ainsi ces actes de dévouement & d'héroïsme que nous transmet l'histoire des peuples libres. O plaines de Chéronée, teintes du sang de quatre cens amis, tous morts dans la même journée pour la Patrie! c'est à vous de garantir & de faire valoir ces dernieres réflexions.

Rue de l'Humanité.

L'amour de l'Humanité, gravé dans tous les cœurs & recommandé par la philosophie, prend une énergie nouvelle fous le regne de la Liberté. Le fentiment de leurs peines communes peut bien rapprocher les hommes fous le defpotifme, mais celui de leur bonheur les lie davantage dans un Gouvernement libre : ils fentent que la félicité privée n'eft que le fruit de la profpérité générale, & l'intérêt particulier fe joint encore à l'obligation morale de s'aimer mutuellement. Mais en parlant d'Humanité à un Républicain, à un Français, pourquoi réclamer l'intérêt particulier ? Il n'en a pas befoin. Pour donner un afyle à un défenfeur de la Patrie, pour panfer fes bleffures, il dira: il a combattu pour moi, je lui dois ma reconnoiffance & mes foins. Pour foulager le malheureux, pour nourrir l'orphelin abandonné: il dira : c'eft mon frere qui fouffre, je dois lui prouver par mes fecours que je fuis aufli de la famille.

O ! vous fur-tout chez qui la douce fenfibilité devroit fe retrouver encore, fi elle pouvoit ceffer d'être parmi nous un fentiment univerfel ! meres, filles, époufes Républicaines ! ne perdez jamais de vue l'honorable mission qui vous est réservée dans la Société, celle de donner l'exemple des vertus paisibles & privées. Laissez - nous l'exercice brillant, mais laborieux, des vertus publiques ; ne sortez point de votre sexe ; n'en flétrissez point l'aimable candeur par des actions ou des sentimens exagérés ; & ne craignez jamais de n'avoir rien à faire pour la Patrie : tant qu'il y aura un malheureux à consoler, un malade à secourir, une larme enfin à essuyer, votre tâche ne sera pas finie. Pénétrez dans ces hospices où l'humanité languit; découvrez la retraite où gémit le pauvre, & portez-y la consolation & les soins dont votre sexe a le précieux secret. Après avoir rempli ces devoirs, vous rentrerez dans vos ménages avec la sérénité d'une ame contente d'elle-même, parce que vous n'en serez sorties que pour faire du bien. Lorsque les Vestales Romaines rencontroient un criminel marchant au supplice, leur seule présence lui valoit sa grace ; vous envieriez toutes, j'en suis sûr, cette belle prérogative ; mais du moins vous pouvez faire pour le malheureux ce qu'elles faisoient pour le coupable ; le malheur peut, en quelque sorte, disparoître à votre aspect, & quant au crime, il ne doit jamais souiller vos regards.

Rue de la Probité.

Le nom de cette Rue invite à la réflexion & provoque un retour utile de l'ame sur elle-même. Le Républicain, pénétré de l'amour des principes, ne le lira point sans se rappeller que la Probité doit être la regle de ses devoirs & le mobile de ses actions. Il se demandera intérieurement : suis-je probe ?... Digne Français qui te proposes cette importante question! Veux-tu savoir si tu l'es réellement? Descends pour un instant au fond de ton cœur, & dis-moi quels sont les rapports qu'il te fait. Tu aimes la justice, n'est-ce pas? Tu es sensible à un acte d'humanité, de désintéressement & de bienfaisance ; toi-même es capable de l'exécuter ; & je te vois embrâsé d'un généreux enthousiasme au seul récit d'un trait de dévouement & d'héroïsme? Eh bien! apprends que tu n'as encore que des vertus sans être probe. Tu es probe, si ton aversion pour le mal égale au moins ton amour pour le bien ; tu es probe, si la tendance que tu as vers le juste & l'honnête, loin d'être le fruit d'une affection paffagere, est au contraire l'état habituel de ton ame, & que tu ne puiffes pas plus t'ifoler de ces deux grands principes que de l'air qui te fait vivre ; tu es probe enfin si, par des applications réitérées de ces mêmes principes, tu es parvenu à en faire tellement la regle de tes actions & de tes defirs, que jamais tu ne balances à reconnoître & à rejeter ce qui leur est contraire. C'est principalement dans cette délicateffe du fens moral que confifte la probité. Si ta franchife ne te permet pas encore de te reconnoître à ces différens traits, tu peux au moins, en les méditant, travailler à te les rendre propres. Tu verras d'abord fans peine qu'il n'y a que l'habitude du jufte & de l'honnête qui puiffe procurer à l'ame cette rectitude d'intentions, cette conftance, cette uniformité d'affections, & fur-tout cette invariable fûreté de tact, qui caractérifent la Probité. Tu verras également que l'habitude du jufte & de l'honnête peut feule fonder les bafes immuables de cette excellente qualité de l'ame au milieu des orages continuels des passions, ou, pour parler plus exactement, qu'à elle seule appartient de développer le germe de cette conscience admirable, que tout homme reçoit avec la vie, & dont le principal caractere est de le rappeller sans cesse vers la nature. Oh! heureux celui qui, cédant de bonne heure à cette douce impulsion, trouve encore, dans son éducation & dans les loix de son pays, tout ce qui est nécessaire pour la fortifier & la convertir en un penchant irrésistible! Il a bientôt acquis cette assurance imperturbable qui distingue si éminemment l'homme probe dans les pas glissans & difficiles de la vie; loin d'avoir quelque chose à redouter des passions, si souvent funestes à l'humanité, il sait les convertir en une source pure & féconde où il puise sans cesse les vertus énergiques, les sentimens généreux, les affections sublimes. Familiarisé avec les grands principes de la nature, rien ne peut lui faire prendre le change sur le mérite d'une action. Le mal a beau se parer du vernis de la vertu; sa conscience, exercée par l'habitude du bon & de l'honnête, est une pierre de touche qui

ne

ne manque jamais de féparer l'alliage de l'or pur.

Républicain Français, qui veux bien m'entendre, & qui afpires au grand caractere d'homme probe; je t'en ai fans doute affez dit, pour que tu puiffes déduire de ce qui précede toutes les conféquences, tous les raifonnemens propres à te conduire à ton but, & à y conduire les autres. Si, par exemple, tu as le bonheur d'être pere, tu te rappelleras que l'éducation eft un des principaux moyens, & fans contredit le plus efficace, pour former les hommes à la probité. Tu opéreras fouvent le bien devant tes enfans, afin qu'ils contractent de bonne heure la douce habitude de l'opérer eux-mêmes; c'eft ainfi que tu feras germer dans leurs jeunes ames cette qualité précieufe qui fait l'honnête homme; & lorfqu'un jour ils fortiront de tes mains, tu n'auras point à craindre pour eux la contagion du vice & de l'immoralité; ils pafferont dans le fein d'un Peuple vertueux où les Loix, l'opinion & les mœurs acheveront de développer les heureufes difpofitions qu'ils y auront apportées ; c'eſt alors que s'ouvrira pour eux la plus intéreſſante carriere. Que ne puis-je me fouſtraire aux bornes étroites d'une fimple notice, pour te parler un inſtant des grands & merveilleux effets de la probité, lorſqu'elle eſt alimentée par l'opinion, encouragée par l'eſtime ! Que ne puis-je te la repréſenter indépendante des paſſions, mais ne les excluant pas & les dirigeant toujours, devenant ainſi le partage commun de tous les hommes, depuis le Laboureur fimple juſqu'au Philoſophe tranſcendant, & faiſant le bonheur de tous ! Mais ces développemens me meneroient trop loin ; je laiſſe à tes réflexions le ſoin de les produire.

Rue du Serment civique.

Nous avons effacé autour de nous, avec raiſon, des noms gothiques, abſurdes ou inſignifians, & nous les avons remplacés par une nouvelle nomenclature qui doit plaire à des yeux Républicains. Cependant, il eſt quelques-uns de ces vieux noms qui malgré nous reſteront long temps gravés dans notre mémoire ; les uns par la ſeule force de l'habitude, les autres à caufe de l'intérêt naturel qu'ils infpirent. Par exemple, la rue dont il s'agit ici s'appelloit la *Rue des Bonnes Femmes*. Ce rapprochement, qui fans doute eft l'effet du hafard, nous rappelle un des plus touchans fpectacles dont nous ayions été témoins depuis la Révolution. En effet, qui de nous peut avoir oublié cette fête civique, au milieu de laquelle, par un mouvement fubit de patriotifme, nos généreufes Rochelaifes prirent la réfolution de faire le *Serment civique* & de mourir plutôt que de laiffer envahir notre territoire par les forces ennemies de la France ? Quel concours enchanteur fuccéda pendant plufieurs jours ! On voyoit des meres, des époufes, des jeunes filles fe précipiter en foule à l'autel de la Patrie, & jurer de lui être fidelles jufqu'à la mort. Il nous fouvient même d'y avoir vu, les yeux baignés de pleurs, de vénérables grand'meres y conduire d'un pas chancelant, mais avec courage, leurs petites filles, & figner avec elles l'engagement facré.

Si jamais nous avons regretté de ne favoir pas manier les pinceaux de Raphaël ou de

Lebrun, c'est en ce moment délicieux où l'amour de la patrie & l'émotion du ferment enbelliffoient toutes nos femmes. Nous euffions fait un tableau digne, au moins par fon intérêt, de fervir de *pendant* au fameux *Serment des Horaces* que l'on voit au Mufæum Français.

Depuis ce généreux devouement de la plus belle moitié de nous-mêmes, l'autre moitié eft devenue invincible, (car ce que nos femmes & nos filles ont juré, nous le maintiendrons jufqu'à la mort.) Oui, nous avons tous juré de mourir plutôt que de laiffer envahir la moindre portion de notre territoire par les brigands couronnés qui ont conjuré notre ruine. Le fol de la liberté eft nettoyé, & nous tenons notre ferment. Le fol des efclaves eft couvert par nos braves freres d'armes. Chaque jour, une poignée d'hommes libres met en fuite des milliers d'automates, renverfe des troupeaux d'efclaves qui marchent contre nous fans favoir pourquoi, & qui finiront fans doute, dans leur fureur ftupide, par égorger les fcélérats qui les menent ainfi à une mort inévitable.

En attendant cette crife falutaire qui doit

purger le genre le genre humain de fes nombreux oppreffeurs, continuons fans relâche à faire une guerre à mort aux tyrans, tandis que nos braves émules, les Polonais répetent notre redoutable ferment aux extrémités de l'Europe, & combattent fans relâche le monftre à trois têtes qui les tenoit depuis long-temps fous un joug odieux. O faint enthoufiafme de la Liberté! acheve ton ouvrage, & rends la paix & & le bonheur au monde entier!

RUE DE LA COCARDE.

LES fignes de ralliement furent en ufage chez tous les Peuples. La *Cocarde* femble défigner, dans un fens plus particulier que le *bonnet*, la caufe de la Révolution. L'ufage de ce dernier, plus arbitraire & moins général, n'a pas été, comme celui de la *Cocarde*, l'objet d'une loi de police. La Cocarde *aux trois couleurs* orna le berceau de la Révolution; & depuis on n'a pu fouffrir que fon abfence indiquât un parti criminel, ou tout au moins une indifférence coupable. Il a fallu qu'au moins en apparence, les ennemis du peuple rendiffent un hommage à fa fouveraineté. On a dû leur ôter les moyens de lever un front infolent au milieu de fa maffe impofante. En attendant que leurs projets liberticides foient fucceffivement dévoilés, le cachet de la République fufpend fur leur tête la vengeance Nationale; & s'ils étoient fufceptibles de quelque retour, s'ils pouvoient fe laffer du rôle odieux de confpirateurs, ils fe fentiroient à chaque pas entraînés dans la pouffiere qui doit tôt ou tard les enfevelir. Le *bleu*, le *blanc* & le *rouge*, fymboles, dans leur mêlange, de la conftance du Citoyen, de la pureté du Patriote, de l'ardeur dont eft rempli le Défenfeur de la République, nous tracent la carriere de ces vertus glorieufes. Ils font devenus les *couleurs de la Patrie*. Qu'ils tremblent, ceux auxquels eft encore étranger le triple caractere que défignent ces couleurs!... Le temps de la juftice eft venu; leur arrêt, irrévocablement prononcé, reçoit tous les jours fon exécution..

Rue Voltaire.

» Pourquoi voyons-nous ici le nom de

» ce Poëte, qui a tant flatté les Grands, &
» qui prodigua les louanges les plus exagé-
» rées à cette Czarienne du Nord, à cette
» femme parricide, dont la vie entiere est
» un long tissu d'attentats contre la liberté
» des Peuples ? »

C'est à-peu-près en ces termes que s'exprimoit un chaud Républicain, en regardant d'un œil chagrin la nouvelle inscription d'une de nos rues que nous avons dédiée à *Voltaire*.

Nous lui répondîmes : Citoyen, ce Poëte, dont le nom fait ombrage à ton patriotisme, est un des beaux génies que la France ait produits ; il fut toute sa vie un zélé défenseur des droits de l'humanité, un des plus redoutables adversaires de la tyrannie & de la superstition.

Assez de plumes éloquentes ont loué les talens littéraires de cet homme célebre : nous nous bornerons, dans cette notice, à dire qu'il a mérité l'hommage que la France régénérée a rendu à sa mémoire.

Si quelquefois VOLTAIRE a flatté ceux que nous nommions alors Grands, & auxquels nous étions nous-mêmes obligés de rendre les hommages les plus humilians, perſonne ne leur a parlé avec plus de franchiſe & ne leur a dit autant de vérités utiles ; il en uſoit à leur égard comme un médecin habile avec des enfans gâtés ; s'ils n'ont pas été guéris par lui, c'eſt qu'ils étoient incurables.

Ils accouroient en foule de toutes les parties de l'Europe pour le voir & l'entendre, aux bords de ce lac fameux, près duquel il s'étoit fait une retraite délicieuſe. Les têtes couronnées elles-mêmes y venoient dépoſer leur orgueil, & reconnoître combien l'autorité du génie eſt ſupérieure à cette vaine puiſſance qu'ils tenoient de notre foibleſſe & de nos gothiques inſtitutions. Ferney étoit le rendez-vous de ces prétendus demi-Dieux de la terre, mais il étoit en même temps l'aſyle de l'infortune & de l'innocence opprimée. J'en atteſte votre témoignage, familles infortunées de Calas & de Sirven ! Vous ne vous laſſez point de raconter avec quelle bonté il vous recueillit chez lui ; avec quel courage intrépide, avec quelle chaleur de ſentiment il vous défendit contre ces préjugés, contre ces paſſions plus barbares encore dont vous étiez les tristes victimes, & qui, dans tous les temps, ont fait de nos Tribunaux criminels des *guets-à-pens* juridiques.

Voltaire déclara une guerre à mort à tous les genres de tyrannie, à l'ignorance & à la fainéantise monacale, à la morgue des gens de robe, à la rapacité des financiers, au despotisme sacerdotal. Il employa pour les combattre, toutes les ressources de l'éloquence, & principalement le ridicule, cette arme redoutable, dont les coups sont presque toujours certains, & que nul autre ne sut manier comme lui. Son *épître à Uranie* fut le signal du combat, & le premier chant de victoire de la philosophie contre la superstition & le mensonge.

Jamais il n'attaqua un préjugé, il ne détruisit une erreur, sans les remplacer par des idées saines & des vérités consolantes. Son poëme sur la *Religion naturelle*, suivit de près l'*épître à Uranie*. Dans tous ses écrits, dans ses vers inimitables, dans sa prose remplie de charmes, il publie à haute voix l'existence de Dieu, les douces jouissances de la vertu, la nécessité des peines & des récompenses d'une autre vie. N'oublions pas de dire qu'il fut le premier de nos poëtes qui purgea le Théâtre de cet amour languissant & parasite dont le grand Corneille lui-même n'avoit pas osé s'affranchir, & qu'il y fit souvent entendre le langage de la plus sublime philosophie. Ajoutons enfin que, par l'admiration générale que ce génie extraordinaire excita dans toute l'Europe par ses productions variées à l'infini, il imprima un mouvement universel aux esprits, fit naître le desir de s'instruire, & prépara ainsi cette heureuse Révolution qui devoit bientôt changer nos idées sociales & la forme de notre Gouvernement. — Disons un mot de sa naissance & de sa mort.

Voltaire naquit à Paris en 1694. A peine sorti de l'enfance, il se distingua dans la poësie & dans presque tous les genres de littérature; il parut vouloir remplacer à lui seul la plupart des hommes célebres qui avoient illustré le siecle précédent, & dont le plus grand nombre étoit déja descendu au tombeau : il égala les principaux, il surpassa presque tous les autres. Son ame brûlante & sensible à l'excès, éprouva constamment le besoin de faire des heureux : avec de telles dispositions il dut aussi faire des ingrats ; & pour son malheur, il en trouva parmi des hommes qui déshonoroient les lettres en les cultivant. Voltaire s'en consola, en fondant autour de sa solitude une colonie d'hommes rustiques & laborieux qui furent reconnoissans & qui bénissent tous les jours sa mémoire. — Favori des Muses & de la fortune, il se livra tout entier à son goût pour l'étude & pour la bienfaisance. Il est du petit nombre des hommes de lettres qui ont joui de leur gloire pendant leur vie : on peut ajouter qu'il mourut au milieu de son apothéose. — Tout le monde se souvient qu'après 30 années d'absence, ses amis l'attirerent à Paris, & qu'il y reçut des hommages dont le fanatisme sacerdotal s'effaroucha. — On fut obligé de cacher ses cendres dans un désert, jusqu'au moment où la premiere Assemblée Nationale leur a décerné les honneurs du Panthéon.

RUE ZÉNON.

ELÉE, ville maritime de l'Eolide, fut le lieu de la naissance de Zénon, célebre philosophe qui vivoit environ cinq cens ans avant l'ère qui a précédé notre ère Républicaine. On lui attribue l'invention de la *dialectique* ou de *l'art de raisonner*, art dont l'abus ne s'est que trop fait sentir, mais qui, renfermé dans ses justes principes, honore l'esprit humain en soumettant son jugement à des regles puisées à l'école de la vérité. Ce n'est cependant pas sous ce rapport que la mémoire de Zénon d'Elée doit être principalement recommandée à l'hommage des Républicains. Son ardent amour pour la Liberté sera son premier titre auprès d'eux.

Zénon forma contre le tyran Néarque, qui vouloit asservir son pays, l'une de ces conjurations auxquelles applaudit l'humanité, puisqu'elles ont pour motif le sentiment des droits de l'homme, & pour but le maintien de ces droits sacrés. Menacé de tourmens affreux, dont l'objet étoit d'arracher de lui la dénonciation des compagnons de sa gloire, que le tyran nommoit *ses complices*, il craignit de succomber aux tortures ; & par un effort dont nous nous félicitons d'avoir à proclamer l'énergie, il se coupa la langue avec les dents, & la lança vers Néarque qui vouloit lui-même entendre ſes aveux. Il ſe mit par là dans la glorieuſe impoſſibilité de trahir des ſecrets qui devoient reſter dans ſon cœur.

Cette défiance de la foibleſſe humaine qui en dicte le préſervatif, eſt un des plus ſublimes effets que l'Antiquité nous offre, de la noble paſſion qui anime aujourd'hui les Français. Ce trait ſemble leur appartenir; & fiers d'imiter le modele qu'il leur préſente, ils ſauront préférer les plus douloureux ſacrifices à la lâcheté que les tyrans voudroient leur inſpirer, mais que ſavent leur défendre avec plus de fruit les intérêts & le ſalut de la Patrie.

RUE DES SANS-CULOTTES.

LE premier effet de notre étonnante Révolution eſt de placer à leur rang les objets vraiment dignes de notre eſtime, & qu'un mépris outrageant avoit juſqu'alors marqués en quelque ſorte du ſceau de la réprobation. Lorſque l'odieux & ridicule ſyſtéme de l'émigration s'établit en France, lorſque des enfans ingrats oſerent s'aſſocier aux tyrans étrangers pour déchirer le ſein de leur mere, ils puiserent dans leur coupable haine du Peuple cette confiance sacrilege qui les a séduits & perdus. Chargés d'or & de vices, ils affecterent un insultant dédain pour cette respectable portion de la Société, à laquelle la Révolution venoit de rendre des droits trop méconnus, & qui avoit si long-temps gémi sous le poids de leur orgueil. Comme tout leur mérite étoit dans leur fortune & dans leurs absurdes privileges, ils crurent avilir les vertus populaires, en donnant à la classe qui les possédoit une qualification qui présentât l'image de la pauvreté. Ils inventerent cette expression de *Sans-Culottes* qui, consacrée par la Liberté puisqu'elle désigne ceux qui l'ont conquise, est devenue l'immortelle & glorieuse dénomination dont s'honoreront toujours les *Républicains Français*. Les mœurs simples & pures, les vertus guerrieres, l'horreur de la tyrannie, voilà ce qui caractérise les vrais *Sans - Culottes*. Malheur au Citoyen qui, sous ces rapports, ne feroit pas tout pour justifier cette dénomination s'il la porté, & pour la mériter, s'il a pu jusqu'ici n'en pas ambitionner l'honneur !... Vivent les SANS - CULOTTES !

Rue des 5 et 6 Octobre.

EN se retraçant les époques successives de la Révolution, on sent le caractere National se former & s'aggrandir à mesure que la carriere se prolonge. Le mouvement sublime du quatorze Juillet n'avoit encore fait que préparer les ames à des élans plus hardis ; mais il n'en falloit pas davantage pour exciter les craintes & provoquer les complots des ennemis de la Liberté naissante. C'étoit dans le sein d'une Cour corrompue qu'ils devoient espérer naturellement se rallier & combiner leurs moyens perfides. Ces scélérats y forment le plan d'une guerre civile ; ils projettent de tourner contre le Peuple jusqu'à la confiance qui l'abusoit encore sur le dernier de ses tyrans. Ils affectent de vouloir sauver Louis XVI d'un danger chimérique que leur rage enfante à loisir. Le signe prophétique de la Souveraineté Populaire, la Cocarde Nationale brilloit déjà de toutes parts. Ils la désignent comme le présage du crime qu'eux seuls étoient capables de concevoir. Elle est foulée aux pieds dans de criminelles orgies.

Des privileges odieux venoient d'être abolis par l'Assemblée des États-Généraux : la faction Aristocratique veut opposer au Peuple, que le sentiment de sa dignité presse & ranime, l'égarement trop facile de ceux qui composent la *Garde royale*.

Le Peuple est en alarmes sur ses subsistances qu'interceptent de perfides manœuvres : il croit qu'en arrachant du séjour héréditaire de la tyrannie celui qu'une longue & trompeuse habitude lui fait encore regarder comme son maître légitime, il se rapprochera des moyens du bonheur. Rien ne l'arrête.... Versailles est assailli. Les Parisiens s'y rendent en armes, conduits par *Lafayette* qu'une conduite faussement populaire investit de leur confiance. Ils éprouvent d'abord une résistance coupable; mais le Génie National va nous présager par un triomphe éclatant tous les succès qu'il nous prépare. Capet & sa famille sont conduits à Paris au milieu du Peuple fier de sa conquête. Une escorte innombrable de Citoyens les entoure. Les femmes ont oublié la foiblesse de leur sexe ; elles ont les premieres tracé la route & dirigé les mouvemens de la force publique. Le

Le séjour du monarque dont la perfidie n'est pas encore soupçonnée, sera désormais fixé dans l'immense cité qui doit devenir le théâtre de ses trahisons, de sa honte, de sa chûte & de son supplice. C'est ainsi que la progression des événemens disposoit tout pour notre gloire.... C'est ainsi que le Peuple, attiré par son heureuse destinée près du foyer de lumiere qui devoit enfin l'éclairer, s'élançoit déja vers la République qu'il n'osoit encore entrevoir.

Les 5 & 6 Octobre 1789, furent les jours consacrés par les événemens qui viennent d'être rapportés. Ces jours répondent, dans la nouvelle division du temps, aux 14 & 15 vendémiaire, *premier mois de l'année Républicaine.*

RUE ÇA IRA.

LE Peuple Français a su, dans sa régénération politique, conserver de son ancien génie tout ce qui pouvoit recevoir l'empreinte révolutionnaire. Son aimable franchise, sa gaieté naturelle ne l'ont point abandonné; mais ces heureuses dispositions se sont dirigées vers un

O

but utile, & concourent à sa grandeur tandis qu'elles ne servoient qu'à charmer ses maux en le berçant d'illusions. Jusqu'à ses chansons, jusqu'à ses refrains, soutiennent aujourd'hui son grand caractere & le pénétrent de sa dignité. Lorsque toute la France fut appellée à venir célébrer dans Paris le premier anniversaire du 14 juillet 1789, tous les bras se disputoient l'avantage de préparer dans *le champ de Mars* cette heureuse réunion. Un cirque immense y étoit creusé par tous les citoyens ; & le monstre, auquel le Peuple encore abusé donnoit encore le nom de *roi*, crut devoir y porter la bêche. Le mot *ça ira* sortit de sa bouche hypocrite ; la confiance & la joie le répéterent. Il devint par-tout la douce expression de l'espérance ; & consacré par les succès progressifs de la Révolution, il semble aujourd'hui prononcer l'arrêt de tous les despotes de la terre, comme il renfermoit celui du tyran qui lui donna la naissance. L'air qui le rappelle embellira sans cesse nos Fêtes Nationales, animera toujours le courage de nos défenseurs. Il ne peignoit dans son origine que l'espoir de la félicité publique;

il est maintenant le chant de nos triomphes & le garant de nos éternels succès. Il n'est point de cœur qui ne tressaille aux premiers sons qui l'annoncent. Terreur de nos ennemis, talisman de notre gloire, ce refrain chéri ne mourra jamais dans le sein de la République, puisqu'il nous l'a prédite, alors même que nos espérances n'osoient s'étendre jusqu'à elle.

RUE DES BALLONS.

Dans un siecle où les sciences & les arts brillent de l'éclat le plus vif, pourroient-ils avoir besoin d'apologistes ? Oui sans doute ; & puisque l'égarement a été près d'en opérer la destruction totale, leurs amis doivent réunir leurs efforts pour conserver ce depôt sacré. Si l'œil vicié de l'Albinos (1) ne peut soutenir l'éclat du jour, en devons-nous moins admirer le bel astre qui répand sur nous la lumiere & la vie ?

Il nous est permis de concevoir d'heureuses espérances. Nos Législateurs reconnoissent que

---

(1) Negre - Blanc habitant l'isthme de Panama, dont la vue foible ne peut soutenir les rayons du soleil.

si notre glorieuse Révolution est due aux lumieres plus genéralement répandues, la transmission de ces mêmes lumieres peut seule la maintenir. L'ignorance ne peut que river les fers forgés par le despotisme. Un rapport (*de Grégoire*) consacré par la Convention Nationale, en livrant le Vandalisme à un opprobre trop mérité, nous a sauvés de ses fureurs.

Notre reconnoissance ne doit point se lasser de rappeller la mémoire des sublimes découvertes dont nous avons été les heureux témoins. Au défaut du marbre & du bronze, qu'une inscription, que le nom de l'inventeur ou celui de la chose inventée, présenté journellement à tous les yeux, acquitte notre dette. Franklin a su éteindre la foudre dans les cieux, & son nom décore notre cité. Mais si l'homme peut s'enorgueillir de maîtriser le tonnerre, est-il moins grand lorsque s'élevant lui-même au-dessus des nues, il domine le laboratoire de la nature; lorsqu'il voit se former sous ses pieds, non-seulement le tonnerre déjà soumis à son empire, mais la neige, la grêle & les autres météores qu'il a appris à imiter & dont il saura, sans doute, bientôt arrêter les ravages?

La découverte des *ballons aëroſtatiques* appartient tout entiere à la France. Les freres Montgolfier firent voir, les premiers, (le 5 Juin 1783) un ballon s'élevant dans les airs par la raréfaction de l'air qu'il contenoit. De la paille, brûlant avec un peu de laine hachée, fut le moyen ſimple que ces Phyſiciens employerent. Bientôt le gaz inflammable, tiré le plus ordinairement des métaux mêlangés avec les acides vitrioliques, remplaça avec avantage l'air dilaté. Ce gaz fut renfermé dans d'immenſes ballons ; leur mince enveloppe enduite d'une diſſolution de gomme élaſtique ſuffit pour arrêter la déperdition du gaz que ſon extrême légéreté fait toujours tendre à s'échapper. Des hommes, enlevés dans un bateau ſuſpendu au ballon, furent portés à la région la plus élevée des nuages : pouſſés par les vents, ils franchirent rapidement de vaſtes eſpaces. Il leur reſtoit à traverſer les mers : l'infortuné Pilâtre de Rozier, digne d'un meilleur ſort, nous fit répandre des larmes, lorſque le deſpotiſme, qui croyoit auſſi pouvoir commander aux élémens, le força de tenter le trajet du Pas de Calais avec un ballon détérioré par un hiver orageux. Un navigateur aërien plus heureux, fit voir à l'Angleterre étonnée que rien n'est impossible au courage des Français. Les voyages aëriens se multiplièrent, mais l'impulsion des vents déterminoit la route malgré le navigateur; & les tentatives pour se diriger à volonté ne donnerent que des espérances. Enfin de plus grands intérêts détournerent les idées de tout ce qui ne paroissoit pas avoir un rapport direct avec eux. Bientôt l'ignorance conjura la perte des arts. Cependant, l'utilité des machines aërostatiques pour les opérations militaires ne pouvoit être long-temps méconnue. Des observateurs, élevés dans un ballon, découvrent l'armée ennemie campée dans *les champs de Fleurus*; ils jugent ses mouvemens, & leur rapport prépare la victoire. Ainsi les sciences, les arts servent la République qui saura les protéger, malgré leurs détracteurs.

Rue du Jeu de Paume.

A l'époque que nous allons retracer, se firent entrevoir les premieres lueurs qui annoncerent l'aurore de la Révolution Française. Les *États-*

Généraux venoient d'être convoqués à *Verſailles* ; mais la *nobleſſe* & le *clergé* cherchoient à s'iſoler orgueilleuſement de cette portion repréſentative qui devoit proclamer les droits du Peuple, & qui, ſous la dénomination biſarre de *Tiers-État*, étoit l'objet du mépris non moins aveugle qu'inſolent des deux autres ordres. Les Députés du *Tiers*, forts du pouvoir ſacré dont ils tenoient leur exiſtence, ſe conſtituerent *Aſſemblée des Communes*, & ſe déclarerent *délibérans* par eux-mêmes, au nom de la claſſe nombreuſe & reſpectable qui les avoit revêtus de leur caractere. L'autorité, circonvenue par leurs ennemis, les chaſſa, ſous de vrais prétextes, du local qu'ils occupoient. Ils ſe rendirent, le 20 Juin 1789, dans un *Jeu de Paume*, qui fut ſur le champ conſacré par le ferment ſublime qu'ils y prononcerent, *de ſe raſſembler par-tout où les circonſtances l'exigeroient* pour la défenſe des intérêts précieux qui leur étoient confiés. Ce ferment fut leur réponſe à l'annonce qui leur fut faite, de la *ſéance royale*, provoquée par les intrigues des *prêtres* & des *nobles*. Ils tinrent parole.

Bientôt réunis dans un autre local, ils y prirent le titre auguste d'Assemblée Nationale. La séance royale eut lieu le 23 juin. Une distinction outrageante y accompagna leur admission, mais rien ne rebuta leur courage. Ils demeurerent dans la salle après, que la noblesse & le clergé se furent retirés, & repousserent glorieusement l'ordre qui leur fut donné d'interrompre leurs délibérations en s'écriant *que la Nation assemblée n'avoit point d'ordres à recevoir.*

Cette honorable résistance leur attira, quelques instans après, des injonctions plus formelles & plus pressantes ; leur nouvelle réponse n'en fut que plus énergique : *Allez dire à ceux qui vous envoient que nous sommes ici par la volonté du Peuple, & que nous n'en sortirons que par la force des bayonnettes.*

Bailli, *Mirabeau*, furent leurs organes dans cette circonstance mémorable. Ces deux noms, couverts dans la *Révolution* d'une gloire passagere, & flétris depuis par la honte du crime, ne doivent pas être oubliés, puisqu'ils offriront sans cesse la leçon la plus frappante & la plus philofophique au Peuple, qui, jaloux de devenir vraiment libre, fentira que les hommes qui paroiffent même fe dévouer le plus exclufivement à fa caufe, ne deviennent jamais, fans le plus grand danger, les objets de fon idolâtrie ; que c'eft toujours en lui-même qu'il puife fa véritable grandeur ; & que les individus qui le fervent ne doivent dans aucun cas être confidérés que comme des inftrumens de fa force fouveraine, qu'il peut honorer de fa reconnoiffance, mais que fa vengeance majeftueufe pourfuivra jufqu'au-delà du tombeau, fi la violation de fes droits fouille un feul inftant leur carriere.

Rue de l'Encyclopédie.

Ce mot, tiré du Grec, fignifie *enchaînement de connoiffances.* » En effet, difent eux-mêmes les auteurs du grand dictionnaire qui porte ce nom, le but d'une Encyclopédie » eft de raffembler les connoiffances éparfes » fur la furface de la terre ; d'en expofer » le fyftême général aux hommes avec qui » nous vivons, & de le tranfmettre aux

» hommes qui viendront après nous, afin
« que les travaux des fiecles paffés n'aient
» pas été des travaux inutiles pour les fiecles
» qui fuccéderont ; que nos neveux deve-
» nant plus inftruits, deviennent en même
» temps plus vertueux & plus heureux, &
» que nous ne mourions pas fans avoir bien
» mérité du genre humain. »

Les vœux de cette Société laborieufe & favante ont été accomplis: l'Encyclopédie, dont le premier volume parut il y a environ cinquante ans, a fait une révolution dans nos idées, dans nos fciences, dans nos mœurs, & fema, pour ainfi dire, à cette époque la révolution politique dont le germe a été trop long-temps à fe développer, parce que le defpotifme s'efforça de l'étouffer à fa naif-fance. Il faut ici graver dans la mémoire des hommes le crime le plus abfurde de la ty-rannie: les auteurs de l'Encyclopédie furent perfécutés; & les premiers volumes de cet immortel ouvrage furent renfermés dans les tours de la Baftille, comme fi le defpote eût cru pouvoir emprifonner pour jamais la Vertu & le Génie, en mettant fous des verroux un papier dépositaire de leurs travaux. Ce fut en vain. Le soleil de la raison vainquit enfin les nuages qui cherchoient à l'obscurcir ; & l'Encyclopédie devint à la fois le Panthéon des connoissances humaines , & le tribunal suprême où furent cités les préjugés de tous les genres. Philosophes, Magistrats, Artistes, Artisans, hommes de tous les états ! fréquentez ces dépôts publics qui vont s'ouvrir par toute la France ; & cherchez dans ce livre le régulateur de vos études, l'esprit de vos fonctions , le secret de votre art , & jusqu'aux procédés les plus simples de votre métier. L'instruction, dans la République, est à *l'ordre du jour* comme la vertu.

Il reste cependant une réflexion à faire : c'est qu'on regrette quelquefois, en lisant ce livre, qu'il n'ait pas été écrit tout entier sous la dictée de la Liberté : mais un lecteur patriote n'a pas besoin d'être averti ; il reconnoîtra d'abord la page où les regards du despotisme auront glacé la main de l'Écrivain, comme, dans un grand édifice, on découvre aisément les sacrifices inévitables que les vices du local ont imposés à l'Architecte.

Rue Calas.

Les Tribunaux, la France, l'Europe entiere ont retenti des cris d'une famille désolée : un jugement dicté par le fanatisme a fait expirer son chef sous la main des bourreaux. Elle n'a dû elle-même qu'à des réflexions tardives, qu'à l'évidence qui ne peut être long-temps méconnue, si elle n'a pas pas partagé son supplice. Retracerons-nous cette funeste tragédie ? A qui pourrons-nous apprendre qu'un fils de l'infortuné Calas est trouvé mort dans la maison paternelle par un de ses freres & un de ses amis ? Il étoit suspendu à un billot supporté par les deux battans de la porte entr'ouverte. On détache le corps, on lui prodigue des secours inutiles ; on avertit le Magistrat. Les gémissemens de la famille avoient attiré une foule toujours avide d'événemens, de spectacles. Deux Capitouls arrivent, l'un sage & modéré, l'autre se livrant sans mesure à la fougue de son caractere. Du milieu de la foule, une voix se fait entendre : elle accuse *Calas* d'avoir sacrifié son fils en haine de ce qu'il devoit abjurer la Religion protestante.

Quoi ! un pere !.... Mais une idée atroce devoit être faisie par le Capitoul David; il l'accueille avec avidité; il ne paroît plus douter que *Calas* ne foit le meurtrier de fon fils; il dédaigne de s'affujettir à ces formalités judiciaires, impérieufement prefcrites par toutes les Loix, parce qu'elles le font par la raifon & l'humanité. Malgré l'oppofition de fon collegue, il plonge dans les cachots *Calas*, fa malheureufe époufe, leur jeune fils; & par cet acte de violence, il accrédite l'erreur. Bientôt le jeune Laveyffe, cet ami qui avoit vu l'un des premiers le cadavre, & une fille, ancienne & feule domeftique de la maifon, font compris dans l'accufation & chargés de fers.

Cependant une procédure eft inftruite à l'Hôtel-de-ville de Touloufe; procédure informe & conduite par la partialité la plus marquée. Le fanatifme, qui avoit égaré les efprits dès les premiers momens, prend de nouvelles forces. Le jour folemnel où l'on célebre chaque année à Touloufe une fête en mémoire d'un maffacre de Proteftans eft arrivé: c'eft l'année féculaire. Les fureurs de l'enthoufiafme redoublent dans cette grande circonf- tance. D'un autre côté, les Capitouls, préjugeant l'intention d'*abjurer* dans le cœur de Marc-Antoine Calas, le font inhumer avec pompe dans l'Église Cathédrale ; les Pénitens blancs lui font un service faftueux, ou plutôt le préfentent comme un martyr de la foi. Sa repréfentation fe voit fur le catafalque ; il tient d'une main la palme du triomphe, & de l'autre la plume avec laquelle il devoit figner fon abjuration. Malgré tous ces moyens de féduction, le délire & l'atrocité ne peuvent fournir contre les accufés des preuves dont la prévention même puiffe fe contenter. Les Juges obtiennent d'un Vicaire - Général un monitoire conçu de telle maniere, que l'on doive révéler tout ce qui peut fervir à la conviction des prévenus, & que tout ce qui tendroit à leur décharge doive être rejeté comme étranger à la procédure ; & cependant, aucun des faits préfentés dans cette piece mouftrueufe n'eft articulé par aucun témoin ; aucun indice n'annonce même que Marc-Antoine eût deffein d'abandonner la religion de fon pere. Les premiers Juges, ne trouvant aucune preuve satisfaisante, sont réduits à ordonner la question. Ils ont recours à ce moyen odieux, contre lequel s'étoit toujours élevé le petit nombre des hommes sages & humains. L'exécution de ce jugement est arrêtée par un appel : *la Tournelle* refait une partie de la procédure infectée des nullités les plus palpables. Ensuite cette Chambre, par une erreur inconcevable, sépare la cause de Calas de celle de ses co-accusés, & le condamne à la mort la plus cruelle, que l'on fait précéder des horreurs de la torture pour avoir révélation de ses complices.

L'infortuné vieillard souffre & meurt sans se plaindre ; il ne cesse de protester de son innocence & de celle de ses prétendus complices. Ceux-ci, par un nouveau jugement, sont mis *hors de cour*, c'est-à-dire que l'on ne trouva pas de preuves contr'eux, & que les Juges n'adoptent cette maniere de prononcer, que pour sauver, s'il se peut, leur honneur.

L'innocence des Calas n'a été méconnue, dès les premiers momens, que par quelques fanatiques. N'est-ce pas, en effet, le comble de l'aveuglement que de croire que *Calas*, après avoir vu tranquillement le changement de religion de l'un de ſes fils, après avoir gardé dans ſa maiſon une ſervante catholique qui avoit opéré ce changement, pouvoit-on croire que ce même homme arrachât la vie à un autre de ſes enfans, pour le ſeul projet de ſuivre l'exemple de ſon frere ? Pouvoit-on croire qu'un pareil crime eût été commis dans la maiſon qu'habitoit cette ſervante ? A-t-on pu l'en croire complice ? A-t-on pu croire qu'une mere, qu'un frere, un jeune ami, arrivé le jour même de voyage, euſſent partagé les fureurs du pere ? Dans ce cas, pourquoi n'ont-ils pas partagé ſon ſupplice ? Si au contraire ils ſont innocens, ſi *Calas* pere eſt ſeul coupable, il faut admettre qu'un ſeptuagénaire a pu dompter un homme de 28 ans, connu par ſa vigueur & ſon adreſſe ; qu'il a pu l'enlever, le ſuſpendre, & cela avec une telle ſupériorité de forces, que les vêtemens, les cheveux ne ſoient pas dérangés, que le corps n'ait aucune meurtriſſure, ce que n'auroit pu effectuer la réunion des perſonnes qui ſe trouvoient dans la maiſon, à moins que l'on l'on ne préfère de croire que, victime obéissante, le fils n'aura opposé aucune résistance, qu'il se sera même prêté à la rage de son bourreau. De pareilles idées révoltent tout homme raisonnable; mais s'il s'en trouvoit un, assez aveugle ou assez pervers pour croire Calas coupable, pour ne pas voir que le jeune Calas n'a eu d'autre assassin que lui-même, nous admettrions, pour un instant, avec lui que le fanatisme des juges & du Peuple n'a pas dicté un jugement inique; mais, par une conséquence nécessaire, le fanatisme du père auroit immolé son propre fils : l'une ou l'autre de ces suppositions inspire également l'horreur du fanatisme, & doit nous mettre en garde contre son influence sanguinaire.

L'histoire, en retraçant à la postérité cette sanglante tragédie, lui apprendra que la voix de la justice, de la raison & de l'humanité ne tarda pas à se faire entendre, qu'elle triompha du fanatisme, que la mémoire de Calas fut réhabilitée, que sa vertueuse famille devint l'objet de la vénération publique.

Mais le cri de l'humanité outragée se faisoit encore entendre : il appartenoit à la Convention de venger, d'une maniere plus éclatante, la mémoire de Calas. Un décret porte qu'il fera élevé, aux frais de la République, fur la place où le fanatifme a fait périr Calas, une colonne en marbre, avec cette infcription :

La Convention Nationale

a la Nature,

a l'amour Paternel,

a Calas, victime du Fanatisme.

Rue de la Prudence.

Avant que d'en venir à une définition de la Prudence, il eft effentiel de fe faire une idée nette de cette grande qualité de l'ame, que les plus célebres Philofophes de l'antiquité n'ont point héfité de regarder comme la feule vertu, ou du moins comme la bafe de toutes les autres.

On ne fauroit nier que la Prudence ne fe trouve principalement dans la conduite de la vie, & qu'ayant pour objet la confervation & le bonheur des hommes, elle ne tienne à un principe invariable, duquel ils ne ne peuvent s'écarter sans manquer leur véritable but. Cependant, si nous les observons dans leurs actions & dans leurs jugemens, nous serons frappés du peu d'accord qu'ils y mettent. Mille envisageront le même objet sous mille faces différentes, le jugeront sous mille rapports divers; & leur conduite sera réglée sur cette infinie variété de sentimens & d'opinions. Ce qui sera injuste & malhonnête pour l'un, deviendra licite & convenable aux yeux de l'autre; ce qui sera péril imminent pour celui-ci, n'altérera pas même la sécurité de celui-là; nous verrons un avare sécher sur son trésor qu'il tremble d'altérer d'une seule obole, & à côté de lui un prodigue dissipant tout sans inquiétude pour l'avenir. Ici, ce sera un sage farouche qui n'ose jouir; là un jeune insensé qui, craignant de laisser échapper le plaisir, en tarit précipitamment la source, & déshérite ainsi ses vieux jours. L'ambitieux, le vindicatif, le glorieux, paroîtront à leur tour, & nous verrons celui-ci s'arrêter précisément où celui-là s'avance & où tel autre recule. Nous ne nous demanderons pas s'il y a autant de sortes de

Prudence qu'il y a d'individus; bien convaincus du contraire, & nous rappellant qu'il existe une loi universelle d'où découlent également pour tous les mêmes conséquences & les mêmes résultats, nous rechercherons la cause malheureuse de cette instabilité, de cette variation morale, & nous ne tarderons pas à la reconnoître dans les erreurs, les préjugés, & sur-tout les passions de l'intérêt personnel, dont les voiles épais obscurcissent & changent tout à nos yeux. Nous conclurons de là que le moyen de bien voir ou d'être véritablement prudent, c'est de nous dégager, autant qu'il est possible, des ombres du mensonge, des prestiges de l'erreur, & sur-tout de régler tellement nos passions, qu'elles soient toujours soumises à la raison, qui n'est que le développement de ce principe universel que la nature a mis en nous pour nous diriger vers le bonheur véritable; c'est alors que prenant de la Prudence une idée juste & convenable, nous reconnoîtrons, avec le sublime Platon, qu'elle n'est autre chose que *l'exécution du grand précepte: connois-toi toi-même.*

Nous avons donc au-dedans de nous-mêmes le moyen infaillible d'acquérir la Prudence; il ne s'agit que de descendre souvent dans notre cœur, & d'y porter le flambeau de la vérité. C'est ainsi que nous y surprendrons le vice dans son germe, & que nous l'expulserons avant qu'il ait eu le temps de se développer & de nous nuire ; c'est ainsi que nous appercevant des vuides qui interceptent une partie essentielle de notre bonheur, nous les remplirons par des vertus ou par des qualités dont nous aurons reconnu l'avantage. Habitués à voir l'homme tel qu'il doit être, quelles ressources n'aurons-nous pas pour juger sainement de tous ceux qui nous approchent, en leur appliquant la regle du juste & de l'honnête ! Plus nous nous observerons nous-mêmes, plus nous assurerons nos jugemens sur les autres, parce qu'à chaque instant nous découvrirons de nouveaux rapports qui nous étoient échappés. Armés de l'œil de la raison & de l'expérience, nous pénétrerons bientôt dans le fond de toutes les ames, & nous y lirons aussi facilement que dans la nôtre. Nous saurons nous défier tour-à-tour & de l'ennemi adroit qui médite notre ruine & de l'ami faux que l'intérêt seul dirige ; nous verrons tous les pieges tendus par la méchanceté, la malveillance, la haine ou la jalousie. Nous éluderons tous les perfides appels du traître ; les nuances même les plus imperceptibles du vice n'échapperont pas au tact délicat & sûr de notre ame attentive.

Ce discernement admirable, fruit de l'observation, ne s'étendra pas seulement à bien juger les personnes, il nous gouvernera encore dans le plus sage emploi des choses. *La Prudence*, dit Plutarque dans le langage du bon Amiot, *n'est point or ni argent, ni gloire ni richesse, ni force ni beauté ; qu'est-ce donc ? C'est ce qui fait bien user & se servir de tout cela, & par qui chacune de ces choses est plaisante, honorable & profitable, & au contraire, sans elle, déplaisante, nuisible & dommageable, détruisant & déshonorant celui qui les possede.*

Terminons cet article par quelques réflexions sur l'utilité générale de la Prudence, considérée comme vertu politique, & disons que sans elle il ne peut y avoir d'association heureufe & durable ; difons que fi les qualités privées ont befoin de fon concours pour valoir tout leur prix, il eft également vrai que fans elle on verroit les vertus politiques des plus brillantes fe réduire à un vain fon, & manquer leur objet: Qu'importe le génie, avec fes plans hardis & féduifans, fi la Prudence, qui calcule tous les rapports, tous les effets, n'affure leur exécution, & ne juftifie leur impofante théorie par une pratique aifée ? Qu'importe l'audace, le courage, fi la Prudence ne leur ménage pas les reffources & les fecours dont ils ne peuvent fe paffer, mais auxquels ils ne peuvent & ne doivent pas fonger ? Qu'importe enfin un grand pouvoir, un grand caractere, fi celui qui les poffede les déploie fans égard pour le bonheur des hommes ? Mais ceffons des fuppofitions affligeantes, que repouffe le régime de la Liberté ; ce n'eft point dans un gouvernement, fondé fur les loix de la nature, qu'il faut chercher les inconvéniens malheureux de l'imprudence. Ce n'eft point à un Peuple, déjà exercé à la plus vigoureufe des luttes, qu'il faut recommander la défiance &

l'attention. Cinq années de dangers & d'orages, sans cesse renaissans mais toujours repoussés, attestent suffisamment qu'il connoît les avantages de la Prudence, & consacrent, mieux que ne le pourroient faire les plus savans traités, l'utilité de cette grande vertu.

Rue de l'Indivisibilité.

L'Indivisibilité est le second caractere distinctif de la République Française, dont l'Unité est le premier. Tandis que celle-ci indique l'uniformité & l'ensemble dans le gouvernement, dans les intérêts & les rapports des citoyens, l'Indivisibilité garantit la conservation intégrale du territoire Français. Dès que l'arbre de la liberté y a jeté ses racines, dès qu'il l'a couvert de ses rameaux, le sol en est devenu sacré. C'est un temple dont nous sommes tous les ministres ; le profane étranger ne peut en franchir le parvis avant que tout notre sang en ait arrosé les marches, ou plutôt la mort sera le prix de son audace sacrilege. Rochelais ! vous avez juré, avec toute la France, de défendre jusqu'au dernier soupir la terre natale de la Liberté ; votre serment ne sera pas vain, & la République demeurera indivisible.

Rue du 31 Mai.

Les ennemis de la Révolution, voyant échouer tous leurs complots, sentoient bien qu'il ne leur restoit d'autre moyen de perdre la Liberté que de diviser le Peuple. Il s'agissoit, pour y parvenir, de rompre l'unité de la République, le centre d'action du Gouvernement, d'opposer le Nord au Midi, le Levant au Couchant, le centre aux extrémités : tel étoit l'objet du *fédéralisme*. Rien ne fut négligé dans cette fin pour égarer l'opinion publique & la corrompre ; & la réussite étoit d'autant plus facile, que parmi les conspirateurs se trouvoient des monstres que le Peuple avoit comptés parmi ses plus zélés défenseurs.

Déjà une scission funeste s'opéroit dans le Midi. A Marseille, une commission, se disant populaire, s'étoit arrogé le droit de vie & de mort sur des citoyens qui appartenoient à toute la République. L'étendart de la rebellion flottoit dans les murs de Lyon ; Bordeaux étoit sur le point de s'ébranler, & dans le Calvados, Buzot organisoit l'insurrection & la révolte. Toutes les denrées étoient accaparées, les assignats discrédités, la Représentation Nationale avilie ; & au milieu de cette crise terrible, la Convention ne rendoit que d'impuissans Décrets.

Cependant un certain nombre de Députés, placés dans cette partie de la salle, qu'on appelloit *Montagne*, faisoient tous leurs efforts pour déjouer les trames liberticides qu'ils voyoient ourdir de toutes parts. Profondément affectés du pressant danger de la Patrie, ils se livroient aux violens transports de leur indignation ; les conjurés crioient à l'injure, à la calomnie, & provoquant un désordre qui servoit leurs perfides desseins, ils donnoient le spectacle des plus scandaleux débats.

Déjà l'hydre du Fédéralisme levoit hautement sa tête hideuse, & toute la France embrâsée n'alloit plus offrir dans tous ses points que le spectacle horrible d'une guerre civile. De toutes parts, le sang des Français alloit couler fous le couteau des Français, toute la République alloit devenir une Vendée, & de fes ruines fumantes devoit bientôt renaître l'affreufe royauté.

Telle étoit l'extrême pofition où fe trouvoit la France à l'époque mémorable du 31 *Mai* 1793. Les patriotes de Paris, plus près du foyer des événemens, en pouvoient mieux calculer les fuites terribles ; les efprits s'échauffent, fermentent & s'électrifent ; l'amour de la Liberté, le falut de la Patrie les anime & les enflamme ; des groupes nombreux fe forment, de fauffes patrouilles font reconnues & arrêtées ; le canon d'alarme tonne au milieu de la nuit ; la générale bat dans tous les quartiers, le bruit du tocfin s'y mêle ; tout Paris s'ébranle & court aux armes ; les citoyens fe preffent par toutes les iffues, & bientôt une maffe immenfe entoure le lieu des féances de la Convention. Envain les malveillans cherchent à femer le défordre & la confufion ; envain ils voudroient donner le fignal d'une guerre civile, en faifant marcher les divers bataillons les uns contre les autres, fous prétexte qu'ils avoient proclamé la royauté.

Le Parisien, fort de sa masse, veut connoître ses ennemis avant de les combattre, & partout il ne trouve que des freres, également ardens pour la cause de la Liberté.

Ce mauvais succès déconcerte le crime; les conspirateurs sont démasqués; leur nom se répand de bouche en bouche; des cris tumultueux s'élevent, les traîtres palissent & croient toucher à leurs derniers momens. La Convention Nationale sort de son enceinte pour haranguer le Peuple; la voix de plusieurs Députés se fait entendre; des cris multipliés de *Vive la Liberté! Vive la République!* s'élevent jusqu'aux nues. Bientôt le calme se rétablit. » Nous ne voulons, disent les Parisiens,
» ni le carnage, ni le meurtre; cette ressource
» n'appartient qu'à nos vils ennemis. Nous
» ne voulons que la Liberté, l'Égalité & des
» Loix fondées sur elles. Nous demandons
» la punition des traîtres; mais nous voulons
» que leur tête ne tombe que sous le glaive
» de la Loi. »

La Convention reprend le cours de ses délibérations; les fédéralistes sont désignés, on les arrête successivement, & une garde eſt établie dans leur domicile. Trois journées furent néceſſaires pour cette grande meſure. Pendant trois journées, les Pariſiens conſerverent cette attitude impoſante & fiere, qui a déjoué l'intrigue & la malveillance ; ils demeurerent conſtamment ſous les armes, & obſervant ſcrupuleuſement ce reſpect pour les perſonnes & les propriétés, qui caractériſe les vrais Patriotes, ils ſurent maintenir cet ordre & cette diſcipline qui firent le ſuccès de ces grandes journées.

Cet événement mémorable atterra le fédéraliſme, ſauva la Liberté menacée, délivra la Patrie du danger le plus imminent & aſſura *l'Unité & l'Indiviſibilité de la République.*

RUE SOPHOCLE.

LA République d'Athenes ne s'eſt élevée au point de grandeur & de célébrité, qui lui concilia les éloges mérités des anciens & des modernes, que par la protection qu'elle accorda, dans les jours de ſa gloire, aux ſciences & aux beaux arts. La liberté de penſer & d'écrire, les encouragemens donnés aux talens de tous genres, préparoient depuis long-temps les productions étonnantes du génie poëtique, & le Gouvernement recueillit enfin le fruit de ses sages mesures : Sophocle parut.

Si Eschines fut le premier des Poëtes dramatiques, Sophocle fut le plus grand ; car avant & depuis lui, personne ne l'avoit égalé, personne ne le surpassa. Il employa les ressources de son génie à l'instruction & aux plaisirs de ses concitoyens. Le théâtre d'Athenes devint par lui une école de mœurs pour le peuple & une leçon terrible pour la tyrannie. Fier de la liberté dont il jouissoit, les caracteres qu'il peignoit dans ses scenes sublimes annonçoient la force de sa conception; & les charmes de sa poësie adoucissoient, sans les effacer, les impressions de terreur gravées dans l'esprit de ses auditeurs étonnés.

Ce fameux tragique, couvert de gloire & la tête ornée de vingt-trois couronnes acquises par ses travaux dramatiques, termina sa carriere à l'âge de 85 ans, & composa dans la derniere année de sa vie, *Œdipe à Colonne*, qui est son chef-d'œuvre.

Rue de l'Unité.

(*Voyez Section de* l'Unité.)

Rue Flaminius.

La réunion des qualités solides & brillantes qui forment le magistrat, le guerrier, le négociateur, distingue, aux yeux de l'équitable postérité, Titus Quintius Flaminius, consul Romain, l'an 566 de cette cité fameuse qui donna long-temps des loix à l'Univers. La vertu des grands cœurs, la noble générosité, le caractérisa plus glorieusement encore. Il combattit Annibal avec succès. Son mérite rare le porta au consulat avant l'âge de trente ans. Il soutint dans une guerre engagée contre Philippe, roi de Macédoine, la grande réputation qu'il s'étoit acquise, & remporta principalement sur les troupes de ce monarque, une victoire éclatante dans les montagnes de l'Epire, près du fleuve Aoüs. Démétrius, fils de Philippe, Nabis, fille du tyran de Lacédémone, qui lui avoient été donnés en ôtage, furent forcés d'admirer les vertus de leur ennemi. Au milieu des jeux Néméens, il fit proclamer par un héraut la liberté des Grecs qu'il avoit vaincus. Il fut nommé Cenfeur, l'an de Rome 564, & fe comporta avec tant de prudence & d'habileté près de Prufias, roi de Bythinie, chez lequel Annibal s'étoit réfugié, que ce dernier, fur le point d'être livré aux Romains, fut forcé de fe donner la mort. C'eft ainfi que Flaminius délivra fon pays de ce redoutable adverfaire.

Les Républicains Français n'envieront pas à l'ancienne Rome fes héros & fes vertus; mais un Peuple libre compte au rang de fes devoirs l'hommage que réclament fes prédéceffeurs dans la carriere qui lui fut ouverte; & le nom de Flaminius doit revivre parmi nous, puifqu'il eft au rang de ceux que la gloire a confacrés.

Rue de Gemmapes.

A ce nom, le cœur d'un Français doit treffaillir : malheur à celui qui le prononceroit froidement ! Ce fut le 6 novembre 1792 que la fortune, forcée enfin de couronner le courage & la juftice, proclama elle-même
dans

dans les champs de Gemmapes, près Mons, la République Françaife. Les Autrichiens occupoient des bois & des hauteurs où étoient établies plus de quarante redoutes hériffées de canons de gros calibre ; Clairfait étoit à leur tête ; *ils avoient* encore Dumouriez à la tête des Français, & les Français vainquirent. La victoire fut fi complette que les ennemis, dans leur fuite, traverferent le ville de Mons, fans ofer s'y arrêter. Toutes les redoutes avoient été emportées la bayonnette au bout du fufil ; le carnage fut effroyable ; le butin fut immenfe ; la conquête de la Belgique fut le prix de la victoire. O vous qui pérîtes dans cette fanglante journée, généreux Républicains ! Les palmes de la gloire ont du moins couvert votre tombe, & les larmes de la France les ont arrofées. Vous êtes bien vengés. Tandis que l'infâme Dumouriez traîne chez l'étranger l'opprobre attaché à la perfidie, la République triomphe : Français ! féchons nos pleurs ; il eft beau d'être mort pour elle.

Q

Rue de l'Inoculation.

C'est le nom de l'opération par laquelle on communique artificiellement la petite vérole, dans la vue de prévenir le danger & les ravages de cette maladie contractée naturellement. L'Europe doit à une mere de famille auſſi tendre qu'éclairée la connoiſſance de cette précieuſe méthode: Lady Vortley-Montagne, Ambaſſadrice d'Angleterre à la Porte Ottomane, oſa la premiere en 1721, faire inoculer ſa fille à Londres: elle avoit déja fait, en 1717, inoculer ſon fils unique à Conſtantinople, où cette opération étoit connue depuis long-temps. On prétend qu'elle vient originairement de la Circaſſie: il étoit naturel en effet qu'une méthode auſſi favorable à la beauté fut inventée près du berceau des plus belles femmes de l'univers. D'abſurdes préjugés, d'autant plus forts qu'ils ſe lioient aux ſentimens les plus reſpectables de la nature, s'oppoſerent long-temps en France aux progrès de cet art conſervateur de la vie. Des meres encore plus foibles que tendres, repouſſoient cet ineſtimable préſent qu'une mere leur avoit apporté, & n'ofoien. arracher leurs malheureux enfans aux dangers prefque certains d'une maladie cruelle. Ces préjugés s'affoibliffent tous les jours devant l'expérience, mais ils ne font pas entiérement détruits. Seront-ils long-temps les feuls en France, qui demeureront debout fur le tombeau de tous les autres préjugés ?.. Meres républicaines ! confultez cette claffe d'hommes eftimables qui fe font dévoués au foulagement des maux de l'humanité, & dont les lumieres méritent toute notre confiance : ils vous diront que la petite vérole eft un tribut effrayant que prefque tous les hommes doivent payer; que, d'après des calculs conftatés de la maniere la plus authentique, il meurt, de la petite vérole naturelle, au moins un malade fur fept, & que ceux qui échappent ne portent que trop fouvent les empreintes hideufes du mal. Ils vous diront, d'après les mêmes calculs, que la petite vérole inoculée compte à peine une victime douteufe fur deux cens individus, qu'elle ne laiffe prefque jamais de traces, & que, s'il eft vrai qu'on puiffe avoir plufieurs fois la petite vérole naturelle, il n'existe pas un exemple d'un inoculé qui ait été attaqué une seconde fois. Des raisonnemens sans réplique, des expériences journalieres viendront à l'appui de leur opinion. En voilà assez pour ébranler vos doutes & émouvoir votre sensibilité. La voix de la Patrie se joint ici à celle de la nature en faveur de vos enfans; sauvez la vie à des défenseurs de la République, & préservez en même-temps des plus cruels ravages les traits touchans de leurs compagnes.

Rue des Horaces.

Parmi les traits de courage & d'héroïsme que nous présente l'histoire ancienne, on distingue le combat que nous allons décrire.

Rome dès sa naissance excita la jalousie des peuples voisins. Albe se déclara la rivale de Rome. Nous devons dire ici que ces villes avoient alors chacune un roi, afin que l'on s'étonne moins du sujet de rupture entre deux peuples qui avoient tant de motifs d'être amis, ayant la même origine & étant unis par les liens du sang. Un prétexte de [...] importance parut suffisant à leurs rois, pour mettre aux prises les Romains & les Albains. Ces derniers furent les aggresseurs & firent une irruption sur les terres de Rome. On se disposoit à les repousser, lorsque le Général qui étoit à leur tête témoigna desirer une conférence avec le roi des Romains. Il est admis; il propose à Tullus de faire terminer cette guerre par un combat singulier, soit qu'il voulût épargner l'effusion du sang, soit qu'il espérât peu de succès de la bataille, mais sur-tout dans la crainte des Étrusques qui ne pouvoient manquer, disoit-il, de profiter de l'épuisement où la bataille réduiroit les vainqueurs & les vaincus, & d'attaquer également les uns & les autres. La proposition est acceptée, & le hasard semble de lui-même offrir les moyens de l'exécuter.

Dans chacune des deux armées, il se trouvoit trois freres jumeaux, tous de même âge & de force égale. Les trois Horaces étoient dans l'armée Romaine; les trois Curiaces étoient du côté des Albains. Ces six guerriers vont décider du sort d'Albe & de Rome; & la nation vaincue subira le joug du vainqueur. Le jour du combat est indiqué, les deux armées sont en présence ; les combattans s'avancent dans l'enceinte ; tous les regards sont fixés sur eux ; la trompette sonne ; nos jeunes héros s'élancent avec impétuosité ; chacun d'eux a choisi son adversaire ; leurs armes éblouissent par leur éclat ; le cliquetis des épées fait frisonner ; les spectateurs semblent immobiles... Bientôt ce silence d'inquiétude est rompu ; on apperçoit des blessures, le sang coule ; deux Horaces ont mordu la poussiere ; Albe pousse un cri de joie, & Rome n'a plus qu'un défenseur. Seul il ose continuer le combat ; Rome espere encore, mais son espérance s'évanouit, dès qu'elle le voit prendre la fuite. C'en est fait, Albe va l'emporter, lorsque tout-à-coup le champ de bataille présente une nouvelle scène. Horace fuit : les Curiaces, pour consommer leur triomphe par la mort d'un ennemi que sa lâcheté semble leur livrer, se mettent à le poursuivre ; mais les blessures qu'ils ont reçues dans le combat retardent plus ou moins leur course & mettent des distances entr'eux. Horace s'arrête ; sa fuite n'est qu'une feinte. Il revient sur ses pas, il voit tout près de lui le premier des Curiaces, il le terrasse, & vole à une seconde victoire. Sans blessures & plein de vigueur, il ne lui reste plus à vaincre qu'un troisieme ennemi. La victoire a quitté l'armée des Albains; Rome fait éclater des transports, & le jeune vainqueur, marchant vers le troisieme Curiace qu'ont affoibli la course & l'effusion de son sang, fait entendre ces paroles : *J'ai sacrifié les deux premiers aux mânes de mes freres ; j'immolerai le troisieme à ma Patrie, afin que Rome devienne la maîtresse d'Albe & lui donne la loi.* Horace joint ce dernier ennemi, & l'égorge comme une victime.

Ce dévouement de ces six jeunes héros pour la Patrie, le courage qu'ils font voir, cette intrépidité qui étonne, enfin la victoire au dernier des Horaces, méritoient d'occuper une place dans un ouvrage que font sur-tout appellés à lire nos jeunes Républicains. Quel est celui de nos défenseurs de la Patrie qui n'envieroit la gloire de ce Romain, si les vainqueurs de Gemmapes avoient quelque chose à envier aux légions Romaines !

Ce trait d'histoire est devenu le sujet d'une

…ce de théâtre aſſez connue pour que nous nous diſpenſions d'en parler fort au long ; mais nous dirons que le génie de Corneille a donné à cette piece un intérêt ſublime en introduiſant ſur la ſcène le pere des Horaces. On lui annonce la mort de ſes deux fils : moins touché de cette perte que du déshonneur de Rome, il s'informe de ce qu'eſt devenu le troiſieme. Inſtruit qu'il a pris la fuite, il ſe livre à l'indignation ; il s'écrie :

Pleurez le déshonneur de toute notre race,
Et l'opprobre éternel qu'il laiſſe au nom d'Horace.

JULIE.
Que vouliez-vous qu'il fît contre trois ?
LE VIEIL HORACE.
Qu'il mourût.

RUE BUFFON.

Historien éloquent des œuvres de la création ! confident & peintre ſublime de la Nature ! BUFFON ! reçois l'hommage d'une Cité placée aux bords de l'Océan, laquelle, en ſe livrant au Commerce & à la Navigation, n'a jamais ceſſé d'aimer les beaux arts & les ſciences. La Rochelle s'honore d'avoir donné

naiſſance à Réaumur, ton confrere &
émule ; cet obſervateur exact & laborieux,
dont les expériences & les découvertes in-
téreſſantes ont porté la lumiere ſur pluſieurs points de la carriere immenſe que tu
as parcourue en homme de génie (1).

---

[1] Le ſpectacle varié des productions de la mer, excite de bonne heure dans l'ame de nos jeunes gens un goût vif pour l'obſervation & pour l'étude. Pendant ce ſiege fameux que les Rochelais ſoutinrent contre la toute-puiſſance de Richelieu, *Mervault*, quoique chargé du ſoin de l'artillerie, trouvoit encore le temps de rédiger un journal intéreſſant qui s'eſt conſervé.

Il y avoit alors dans notre ville une bibliotheque publique qui fut confiſquée au profit du cardinal, & transférée à Paris.

Indépendamment du célebre *Réaumur*, la Rochelle a produit pluſieurs hommes diſtingués dans les ſciences. Nous citerons un *Déſaguliers* qui porta en Angleterre ſes heureux talens pour la phyſique expérimentale, & qui, le premier, démontra publiquement le ſyſtême de Newton ſur l'air & ſur la lumiere.

Le ſavant *Nicolas Venette*, médecin & chymiſte, auteur d'un traité du ſcorbut, d'obſervations intéreſ-ſantes ſur les eaux minérales de la rouillaſſe, & d'un traité des pierres qui s'engendrent dans les terres & dans les animaux, &c.

Tant que le goût des connoissances utiles se conservera sur la terre, tant que l'esprit humain sera sensible aux charmes de l'éloquence & la Philosophie, on recherchera avec empressement tes ouvrages ; ils seront

---

Nous nommerons encore les *Richard*, les *Cochon-Dupuy*, pere & fils ; tous trois grands médecins & bons observateurs.

Les *Seignette*, famille ancienne & nombreuse, en qui l'art d'observer & de guérir a été héréditaire depuis près de deux siecles.

Lafaille, savant naturaliste, à qui nous devons une des plus belles collections d'histoire naturelle qu'il y ait dans les départemens.

Obligés de nous réduire, qu'il nous soit permis de citer encore deux autres Rochelais qui ont cultivé avec succès les lettres. *Martin - Chassiron* fut un des premiers en France qui oserent critiquer publiquement ce genre monstrueux, appellé *comique larmoyant*, qui s'étoit glissé sur le théâtre.

Jean-Baptiste Gastumeau, homme de lettres & bon négociant : il plaida avec autant d'éloquence que de zele, la cause du commerce & des Colonies, lâchement livrés à l'Angleterre par le traité honteux de 1763. Qu'auroit-il dit s'il avoit vu, quelques années après, la belle Colonie de la Louisiane plus lâchement encore livrée au perfide Espagnol ?

immortels comme les grands objets que tu traites. L'étranger le plus favant, en lifant tes heureufes productions, ne peut fe défendre d'un faint enthoufiafme ; il ne prononce ton nom qu'avec refpect, comme celui de la Divinité bienfaifante dont tu fus le digne interprete.

Ce nom, déformais inféparable de celui de la Nature, ce nom fi glorieux & fi envié à la France, nous venons de le graver parmi ceux de ces écrivains célebres de tous les fiecles & de toutes les Nations, qui ont bien mérité de l'humanité, les J. J. Rouffeau, les Franklin, les Platon, les Voltaire, & parmi les noms chéris des martyrs de la Liberté.

Par cette ingénieufe idée, la Rochelle eft devenue un Panthéon ouvert & d'une forme nouvelle ; fon enceinte eft formée par nos redoutables remparts ; fa voûte eft le ciel même : là, mieux que dans un temple, le jeune Républicain, l'amant paffionné des arts, le commerçant, l'intrépide matelot, trouvent à chaque pas de beaux modeles de vertu, de grands exemples de dévouement & de courage à imiter.

On dit que le nom d'Achille, souvent répété devant le jeune Alexandre, lui faisoit verser des pleurs d'émulation. Qui sait si de pareilles circonstances n'aiderent point à développer dans l'ame de Buffon ce penchant irrésistible qui l'entraîna, comme malgré lui, à la contemplation de la Nature ?

Quoiqu'il en soit, ses premiers essais en ce genre étonnerent l'Europe savante. Il est nommé pour faire la description de ce riche cabinet dont il étoit dépositaire, avec son compatriote & son confrere, le savant Daubenton; il prend la plume, & d'une main hardie & sûre, il trace ce beau discours préliminaire, dans lequel la philosophie & l'éloquence brillent tour-à-tour d'un éclat auquel on étoit alors peu accoutumé en semblables matieres. Sa théorie sur la formation du globe, & ses discours sur l'Homme & sur la nature des animaux suivirent de près, & lui attirerent une foule de critiques qui se bornerent à en dire beaucoup de mal sans rien proposer de meilleur. Les prêtres se mirent sur les rangs & trouverent mauvais que la physique de notre philosophe ne fût pas conforme à celle de Moïse. Buffon les laissa crier à l'impiété, & continua à peindre les chefs-d'œuvre de la création avec des couleurs que l'auteur de la Nature lui-même sembloit fournir.

Il se délassoit quelquefois de ses sublimes méditations par des expériences de chymie, de physique & d'optique. Un de ses plus heureux succès fut la composition de son miroir ardent. L'histoire raconte que le célebre Archimede brûla, par des moyens à-peu-près semblables, les vaisseaux des Romains qui assiégeoient Syracuse. Descartes lui-même avoit traité cette invention de fabuleuse ; Buffon ne se laissa point entraîner à l'autorité d'un si grand maître. Avec une ardeur incroyable, & sans se rebuter des difficultés sans nombre qu'il rencontra, ce nouvel Archimede parvint à faire des miroirs ardens plus parfaits que les anciens, & dont les effets pourroient être terribles, si on les appliquoit à l'art destructeur de la guerre. Les hommes de génie qui ont su tirer parti des *aërostats* & du *télégraphe* pour faire triompher la Liberté, trouveront sans doute les moyens d'employer également à la même cause les miroirs mobiles du Naturaliste Français. Si les bornes d'une simple notice nous permettoient d'entrer dans quelque détail, nous citerions encore les belles expériences de ce grand homme sur la fonte du fer, sur la nécessité de perfectionner le coulage des canons; nous retracerions ses idées toujours saines, toujours grandes, relativement aux moyens de repeupler nos forêts qui se détruisent journellement, & de donner à nos bois de charpente la force & la solidité dont ils sont susceptibles. Nous pourrions dire que c'est lui qui a excité, par la chaleur de ses écrits & par des encouragemens personnels, les Navigateurs & les Savans à entreprendre ces voyages si longs & si périlleux, en vue d'étendre la sphere de nos connoissances & de faire des découvertes utiles aux sciences.

Voyons-le dans ce beau jardin des plantes, auquel il présidoit. Quand il y entra, ce jardin étoit petit & mesquin; un vaste emplacement, occupé par des magasins de bois & de vin, le resserroit presque de tous côtés. Buffon invoque l'autorité; & bientôt ce terrain est déblayé, comblé, nivelé & magnifiquement prolongé jusqu'à la riviere; de nouvelles serres chaudes sont élevées pour recevoir les nombreuses productions du regne végétal qui arrivent de toutes parts & des extrêmités de la terre ; c'est là que nous avons vu fructifier & mûrir sous la main bienfaisante du confident de la Nature, & la batate d'Amérique, & le café de l'Arabie, & le précieux arbre-pain des isles d'Otaïti.

Il étoit occupé à faire aggrandir le magnifique local dans lequel est déposée la collection d'histoire naturelle, lorsque le retour d'un mal affreux, dont il ressentoit depuis quelques années les atteintes cruelles, vint terminer sa glorieuse existence, en 1788. Ainsi que Newton, il mourut de la pierre.

Ce philosophe étoit né à Dijon, ville célebre par la multitude d'hommes de lettres qu'elle a produits : ce seroit un beau sujet de recherches, d'examiner par quelle influence du ciel, par quel concours de circonstances morales & physiques, le germe du talent se développe si puissamment dans certaines contrées.

Observons, en finissant, que l'ancien régime avoit mis à la place de ce grand homme, un de ces êtres méprisables qui se sont fait justice eux-mêmes en fuyant le sol de la Liberté, & que la Révolution lui a donné enfin un digne successeur, dans la personne d'un éleve de Jean-Jacques (1).

Rue d'Épaminondas.

Épaminondas fut un de ces hommes dont on ne prononça jamais le nom, sans se sentir pénétré tout-à-la-fois d'admiration & de respect. Né pauvre, ses talens & ses vertus le conduisirent au comble de la gloire. Dire qu'il excella dans tous les exercices du corps qui étoient si estimés chez les Grecs, c'est ne le présenter que sous les traits les moins frappans, les moins propres à le faire connoître. Simple & modeste autant que réfléchi, Épaminondas sut joindre à tout ce qu'eurent de plus austere les vertus républicaines, ces graces qui en tempérerent toujours si heureusement la fierté. Grand sous tous les rapports, héros accompli en tout

[1] Le vertueux Bernardin de Saint-Pierre, auteur des Études de la Nature, & de la charmante histoire de Paul & Virginie.

genre

genre, les Historiens nous le représentent comme doué de toutes les vertus. Il fut chaste, sobre, libéral, humain & bienfaisant. Il passoit pour un des hommes les plus éloquens de son siecle. Les Lacédémoniens sur-tout éprouverent combien il étoit redoutable en ce point; & la fameuse bataille de Leuctres où ils furent battus complettement, ne fut pas plus funeste à leur injuste domination, que ne l'avoit été cette fameuse harangue qu'il avoit dirigée contr'elle.

Épaminondas, après avoir parcouru la carriere la plus glorieuse, eut le bonheur de la voir terminée par le sacrifice de sa vie pour la liberté. Ce fut à la bataille de Mantinée que la fortune lui accorda cette faveur. Au milieu du combat, un trait vient frapper le général Thébain. La blessure étoit mortelle : on n'en pouvoit arracher le fer sans faire périr à l'instant Épaminondas. Il ne l'ignoroit pas; mais toujours grand, toujours semblable à lui-même, il ne voulut jamais qu'on le lui arrachât avant que d'avoir appris que les Thébains étoient vainqueurs. A cette nouvelle, » J'ai assez vécu,

R,

» dit-il, puisque j'emporte avec moi les tro-
» phées de la victoire. » A l'instant, il arrache le fer ; des flots de sang coulent de sa bleſſure, Épaminondas n'est plus.....!

Il n'avoit jamais connu les liens du mariage.

Quelques inſtans avant qu'il rendît le dernier ſoupir, comme un de ſes amis lui témoignoit ſes regrets de ce qu'il ne laiſſoit après lui perſonne qui héritât de ce courage & de ces vertus qui avoient fait l'admiration de toute la Grece. » Tu te trompes, lui
» dit ce grand homme ; je laiſſe après moi
» deux filles, la victoire de Leuctres & celle
» de Mantinée, qui perpétueront à jamais ma
» mémoire. »

Rue de la Sévérité.

Le mot Sévérité a été ſi indignement proſtitué dans les derniers ſiecles, toutes les fois que la tyrannie & ſur-tout le fanatiſme religieux vouloient déguiſer l'injuſtice, la dureté & même la barbarie, qu'il étoit preſqu'impoſſible, dans ces temps malheureux, de l'entendre prononcer ſans lui donner une acception fausse & défavorable. L'imagination étoit alors nécessairement assaillie par des tableaux qui peignoient, chacun en particulier, un ou plusieurs des vices que nous venons de nommer. L'on croyoit voir un innocent agriculteur, indignement condamné à la rame pour avoir osé défendre son champ contre les invasions d'un animal dévastateur que les plaisirs exclusifs de quelques tyrans rendoient sacré ; l'on croyoit entendre les gémissemens d'un infortuné périssant sous le poids des chaînes, pour avoir essayé de soustraire un peu de sel à l'avide inquisition d'un traitant sans pitié. D'un autre côté, l'on appercevoit les ministres farouches d'un Dieu bienfaisant, prêchant une morale de sang, & jetant ainsi l'épouvante & le découragement dans tous les cœurs timides ; on se rappelloit les échafauds & les bûchers où ils avoient tant de fois sacrifié tout ce qui ne plioit pas sous leurs principes ; principes qu'ils appelloient divins, que la terreur osoit à peine nommer *séveres*, & que la nature repoussoit secrettement avec horreur. Graces à une Révolution à jamais mémorable, ces ustes images se sont dissipées pour toujours, & n'obséderont plus des ames rendues à la Liberté & à l'énergie: dorénavant le mot Sévérité reprenant son acception vraie, le Français ne l'admettra plus que pour caractériser des actes de justice & d'inflexibilité généreuse, dont la source sera constamment la vertu & l'amour de la Patrie. Il se représentera Brutus immolant ses enfans au salut de l'Etat, le stoïque Caton déchirant ses entrailles pour ne pas voir le visage d'un tyran, ou bien encore, Régulus, que ni les larmes de sa femme & de ses enfans, ni les prieres de ses amis ne peuvent engager à manquer au serment qu'il a fait d'aller reprendre ses chaînes dans une ville ennemie où il sait que la mort l'attend.

Il passera de ces exemples fameux à d'autres non moins touchans, qui acheveront de lui peindre la Sévérité Républicaine, en la lui présentant sous un rapport nouveau, celui des mœurs. Ce sera alors un Fabricius déployant au sein de la plus extrême pauvreté, les talens & les vertus les plus remarquables, sourd aux offres brillantes de

Pyrrhus qui vouloit le féduire, & laiſſant en mourant à ſes concitoyens le ſoin de payer ſes funérailles & de doter ſa fille. Ce ſera une Cornélie, qui faifant confifter fon luxe & ſes richeſſes dans une famille qu'elle a élevée dans l'amour de la Patrie, oppoſe fiérement ſes enfans aux bijoux que lui étaloit une faſtueuſe dame de Capoue.

En contemplant ces ſublimes tableaux, en les voyant ſe preſſer dans le peu de beaux jours que dura la République, & difparoître auſſi-tôt que les richeſſes de l'Aſie eurent été introduites à Rome, il ſentira vivement combien eſt eſſentielle au maintien de la liberté la Sévérité des mœurs, à laquelle eſt intimement liée celle des principes. Ces réflexions le conduiront naturellement à un généreux mépris de l'or. La médiocrité, la pauvreté même, lui paroîtront préférables, dès qu'il ſe ſera convaincu qu'elles ſont un moyen de conſerver ſon ame vertueuſe & forte.

Il eſt une troiſieme eſpece de Sévérité qu'on peut appeller politique. Celle-là ne doit être employée qu'avec une extrême prudence, & ſeulement dans les occaſions où il faut nécessairement prévenir de grands maux par une peine qui en impose. Mais quelles que soient les circonstances où l'on en fait usage chez un Peuple libre, elle ne doit jamais blesser les principes de la justice & de l'humanité, sans quoi elle devient cruauté, abat les ames fieres & généreuses, les dispose à recevoir le joug de la tyrannie & ne fait que multiplier les inconvéniens qu'on vouloit prévenir.

Rue de l'Hymne des Français.

. . . .

Tremblez, tyrans, & vous perfides,
Opprobre de tous les partis !
Tremblez ; vos projets parricides
Vont enfin recevoir leur prix.
Tout est soldat pour vous combattre :
S'ils tombent, nos jeunes héros,
La terre en produit de nouveaux
Contre vous tout prêts à se battre.
Aux armes, Citoyens ! formez vos bataillons.
Marchons : qu'un sang impur abreuve nos sillons.

. . . .

Amour sacré de la Patrie !
Conduis, soutiens nos bras vengeurs !
Liberté ! Liberté chérie !
Combats avec tes défenseurs.

Sous nos drapeaux, que la Victoire
Accoure à tes mâles accens;
Dans tes ennemis expirans
Vois ton triomphe & notre gloire.
Aux armes, Citoyens ! formez vos bataillons.
Marchons : qu'un sang impur abreuve nos sillons.

Ces deux strophes de *l'Hymne National*, renferment l'arrêt irrévocable du despotisme, la prophétie des triomphes éternels de la Liberté, l'expression des sentimens qui nous animent pour elle, & le garant des succès que son amour nous assure. Depuis que les rois se sont armés contre nous, ce chant guide nos soldats contre leur coalition sacrilege : il devient dans l'intérieur, le signal de nos transports & l'embellissement de nos fêtes. Il entretient dans nos cœurs ce saint enthousiasme qui nous fait braver & surmonter tous les obstacles.... Son titre ne pouvoit donc être oublié parmi les nouveaux noms destinés à offrir à nos concitoyens une école de républicanisme.

Tous les Peuples libres ont eu leurs chants guerriers ; & telle est notre destinée, que nos cris de guerre déviennent l'accent du triomphe & de la gloire. *L'Hymne des*

Français ne peut donc perdre son usage au milieu d'eux. Lorsque la paix & le bonheur de l'univers seront devenus leur glorieux ouvrage, il leur rappellera sans cesse, dans les travaux qui auront préparé cette jouissance, le prix qu'ils y devront attacher. Rien ne doit être perdu pour nos enfans. Nous leur devons le compte des efforts communs qui concourent à leur félicité ; & les monumens qui leur en transmettront le souvenir sont autant de leçons pour eux.

Le despotisme a fait les malheurs du monde: tous les crimes furent son appanage ; le sceau d'une réprobation éternelle doit le flétrir, les races futures lui doivent leur exécration. Par-tout où la Liberté sera comprimée ou menacée, elle doit trouver ses amans & ses soldats dans tous les hommes vraiment pénétrés de la dignité de leur être. Puisse, sous ce rapport, le chant glorieux que nous venons de rappeller, cesser d'être exclusivement *l'Hymne des Français*, & devenir le cantique de tous les Peuples de la terre !

Rue Guillaume Tell.

L'homme est né pour la Liberté : ce sentiment inné peut quelquefois paroître engourdi, mais son explosion est toujours inopinée & terrible. C'est un ressort vigoureux qui réagit en raison de la force qui le comprime. Grisler, gouverneur pour l'Empereur Albert, ayant épuisé sur les malheureux peuples tous les genres de vexation, se fait un cruel plaisir d'y joindre l'humiliation & l'opprobre. Il fait planter une pique sur la place d'Altorf : cette pique est surmontée d'un bonnet, & il exige que chaque habitant salue ce symbole de la Liberté, dont son ignorance cruelle & stupide faisoit le symbole de l'esclavage. *Guillaume Tell* refuse. Le tyran travaille pour inventer un supplice. Il oblige Tell à abattre d'un coup de fleche une pomme placée sur la tête de son fils. L'amour paternel dirige le coup ; la pomme est abattue & l'enfant n'est point blessé. Une autre fleche se découvre sous l'habit de Tell ; forcé de s'expliquer, il ne craint pas d'avouer qu'il la destinoit au Gouverneur, si sa main eût erré. Le ciel lui devoit une juſte vengeance : une occaſion favorable ſe préſenta bientôt ; une fleche tirée de la main de Tell purgea la terre de ce monſtre, & commença la Révolution qui, briſant le joug impoſé aux Suiſſes par la maiſon d'Autriche, rendit à ces heureux Montagnards la Liberté dont ils ſe ſont montrés ſi dignes par leur courage, par leur ſageſſe & leurs vertus.

Rue Virton.

Le 24 Octobre 1792, les Français enleverent, à la bayonnette, le poſte important de *Virton*, ſitué dans la Flandre Autrichienne, à trois lieues de Montmédi, & défendu par 1500 Autrichiens. L'ennemi perdit près de 200 hommes, tant tués que priſonniers ; le reſte prit la fuite devant les Républicains. Cette action, conſacrée dans les annales de la Patrie, doit ſur-tout être recommandée au ſouvenir des habitans *de la Charente Inférieure* : le premier Bataillon de ce Département, où ſervoient pluſieurs Rochelais, étoit à l'affaire, & enleva à l'ennemi un drapeau qui, tranſporté à la Rochelle, y fut, dans le mois de Décembre, l'occasion d'une fête triomphale, à laquelle assisterent toutes les Autorités constituées. Les parens de nos concitoyens défenseurs de la Patrie, des branches de laurier à la main, & notre jeunesse sous les armes, entouroient ce drapeau qui, promené dans les différens quartiers de la Cité, étoit pour les premiers une récompense de leurs sacrifices & pour les autres le digne objet de leur émulation & le présage de la gloire.

RUE RENÉ DESCARTES.

NÉ dans un siecle (1), où l'autorité enchaînoit la raison, où la science n'étoit qu'un chaos, la philosophie un jargon absurde, DESCARTES, presqu'au sortir du berceau, se sentit destiné par la nature à délivrer la vérité de ses entraves, à débrouiller le chaos des sciences, & à créer, pour ainsi dire, la lumiere qui devoit éclairer les hommes. Immoler ses propres préjugés & les erreurs de quinze siecles,

---

(1) Il naquit à la Haie en Touraine, le 30 Mars 1596.

élever fur leurs débris l'édifice inébranlable de la vraie philofophie, telle eft la double tâche qui lui eft impofée. Pour ofer l'entreprendre, pour l'exécuter, il falloit ce qu'avoit reçu Defcartes, l'audace & la toute-puiffance du génie. Nouvel Hercule, il commence par terraffer les monftres qui s'oppofoient au regne de la vérité. Il détruit tout-d'un-coup tous les préjugés, en pofant pour premier principe cette maxime fondamentale : *on ne doit admettre comme certain que ce qui porte l'empreinte de l'évidence.* Tel eft le fameux doute philofophique de Defcartes ; doute qui, loin de nuire à la vérité, n'a fervi qu'à accélérer fon triomphe, en recréant, pour ainfi dire, l'entendement humain fur un nouveau modele. C'eft avec cette arme fimple mais fûre, qu'il marche à la conquête de la vérité. Guidé par cette nouvelle lumiere, il pénetre dans le fanctuaire obfcur de la métaphyfique ; fon doute même devient le premier motif de la certitude de fon exiftence ; il interroge fon ame ; il en examine, il en développe les facultés, il en analyfe les paffions ; il fépare enfin l'être penfant de l'être matériel.

Livré par un goût dominant à la science des mathématiques, il en recule les bornes à une distance immense. Ici je le vois élever le monument le plus solide de sa gloire ; c'est l'application de l'algebre à la géométrie : méthode sublime, qui centupla d'un seul coup les forces de l'esprit humain, & l'a fait avancer à pas de géant dans la carriere des découvertes.

Armé de tant de moyens puissans, il s'élance dans l'immensité de l'univers physique. Son ame s'aggrandit avec l'idée de la nature ; déja le génie de la création semble l'inspirer, & dans son enthousiasme, il s'écrie : *qu'on me donne de la matiere & du mouvement, & je vais créer un monde.* Ce qu'il dit, il l'exécuta. A l'aide de ces deux principes, il s'établit, pour ainsi dire, le créateur de l'univers ; il forme, il crée un système nouveau ; & s'il ne prouve pas comment le monde a été fait, il dit comment il auroit pu se faire.

D'autres, peut-être, ont pris des routes plus sûres, ont pénétré plus avant dans le domaine de la nature. Mais Descartes aura toujours la gloire d'y avoir abordé le premier ;

c'est aux pieds de sa statue qu'ils doivent déposer leurs couronnes ; & son système, malgré ses erreurs, portera toujours l'empreinte d'un puissant génie, & aura droit à l'étonnement des siecles.

Descartes eut le sort de tous les grands hommes, amis de la vérité ; il fut négligé, persécuté dans sa patrie. Il ne faut pas s'en étonner, la France étoit alors sous le joug du despotisme. La Liberté venoit de se refugier dans les marais de la Hollande. Descartes y cherche un asyle ; mais le fanatisme s'étoit assis à côté de la Liberté. L'infortuné Barnevelt venoit d'en être la victime. Descartes fut sur le point d'éprouver le même sort. La calomnie, cette arme favorite du fanatisme, est dirigée contre lui. On accuse d'athéisme celui qui, pénétré toute sa vie du plus profond respect pour la Divinité, venoit d'ajouter de nouvelles preuves à la démonstration de son existence. Il est poursuivi, proscrit ; déja son bûcher s'allume ; Descartes ne peut s'y soustraire que par la fuite ; & pour comble de malheur, il est forcé de se refugier à la cour de Suede. Une cour ne pouvoit être l'élément de cette ame fiere & indépendante. Une cour, pour un ami de la vérité, pour un homme libre !... Mais banni, pour ainſi dire, de l'Univers, où trouver un aſyle ? Il lui en reſtoit un, la mort. La mort, en l'enlevant à ſon fiecle, qui n'étoit pas digne de ſa grande ame, ſe hâta de l'arracher en même temps à l'envie, au fanatiſme, & à l'apparence même de la ſervitude. Il termina ſa carriere dans un âge peu avancé.

Cependant ſon nom retentiſſoit avec éclat dans toute l'Europe. La France, qui l'avoit négligé pendant ſa vie, ſe ſouvint alors qu'elle avoit été le berceau de ce grand homme. Elle voulut revendiquer une partie de ſa gloire; & la vanité fit enfin ce que la juſtice ſeule auroit dû faire. Seize ans après ſa mort, on tranſporte à Paris les cendres de Deſcartes; mais la cour défendit de prononcer ſon éloge funebre. Elle craignoit ſans doute, dit un célebre écrivain, de donner à la Nation l'exemple dangereux d'honorer un homme qui n'avoit eu que le mérite & la diſtinction du génie. Cet éloge ſolemnel fut prononcé cent ans après. Mais il étoit réſervé à la

Révolution Française de faire rendre à la mémoire de cet homme immortel des honneurs dignes de lui. Descartes aima la vérité & la liberté : il devoit trouver place dans le Panthéon d'un peuple libre & ami de la philosophie.

Rue Beauvais.

Le Représentant du Peuple Beauvais, Député à la Convention Nationale par le Département de Paris, étoit en mission à Toulon, lorsque la trahison livra cette place importante à la rapacité Anglaise. Les soldats d'Albion, toujours féroces & cruels, semblerent s'étudier alors à donner à la France de nouvelles preuves de leur barbarie, en violant le droit sacré des Nations. Toujours amis du crime, ils chargerent *Beauvais* de fers, & le jeterent dans un cachot. Bientôt la bravoure Républicaine prouva à la Cour de Londres que la gloire usurpée par le crime n'est que mensongere, & qu'elle s'éclipse avec la rapidité de l'éclair. Les Français s'approchent.... Les satellites de Georges, nagueres

nagueres orgueilleux & vains, mais aujourd'hui lâches & timides, se précipitent sur la Méditéranée ; & déjà sur les murs de Toulon, flottent les drapeaux de la République. Au milieu de leurs triomphes & de leurs chants d'allégresse, les soldats de la Patrie eurent bientôt à verser des larmes. Les prisons sont ouvertes..... ô spectacle d'horreur ! Beauvais accablé sous le poids énorme de ses chaînes, au milieu des tourmens, est environné des ténèbres de la mort. Tyrans ! frémissez. Beauvais que vous assassinez, présente à nos soldats, à l'univers entier, le tableau de vos crimes, & le mâle courage d'un homme libre.— La vue des Français ranime ses forces, & rappelle en lui les restes d'une vie presqu'éteinte. Il se fit transporter dans une autre cité, où peu de temps après, il mourut par suite des maux affreux qu'il avoit éprouvés dans les cachots de Toulon. Son dernier soupir fut encore pour la Liberté, & le Panthéon s'ouvre pour recevoir ses cendres. Peuple, regrette un frere, un ami, un zélé défenseur ; plante près de sa tombe le chêne &

S

le laurier. Amis de la Patrie ! la mort de Beauvais vous laisse un exemple à suivre, & les droits des Peuples à venger.

RUE TIMOLÉON.

Un sacrifice peut-être plus grand encore que celui de la vie même, c'est celui que fait se commander une ame forte, lorsque dans le combat qui s'éleve entre la nature & le devoir, elle refuse constamment de céder aux doux transports de l'une, pour n'obéir qu'à la voix impérieuse de l'autre. Tel fut en particulier l'acte vraiment héroïque que fit, pour rompre les fers de ses concitoyens, l'immortel Timoléon. Né à Corinthe, cette ville célebre put se vanter, en lui donnant le jour, d'être devenue le berceau de la Liberté. Timoléon avoit un frere qu'il aimoit tendrement. L'amour ardent dont il brûloit pour sa Patrie, l'emportoit seul sur l'attachement singulier qu'il avoit pour ce frere ; attachement dont il lui avoit, en plusieurs occasions, donné des preuves certaines. Plusieurs fois, combattant à ses côtés, il lui avoit fait un rempart de son corps, & s'étoit estimé heureux de lui avoir sauvé la vie aux dépens de la sienne. Cet attachement fut mal récompensé ; & Timoléon éprouva combien il en coûte pour rompre des liens que la nature & le sentiment ont concouru à resserrer. Timophane, c'étoit le nom de ce frere chéri, étoit dévoré par l'ambition. Tourmenté du desir de régner, il conçut le dessein d'asservir sa Patrie, & de s'ériger un trône. Timophane mit tout en usage pour parvenir à ce but. Intrigues, bassesse, prodigalité, intrépidité même, il n'omit rien. Le Peuple se laissa séduire. Il confia le commandement à Timophane, mit à sa disposition toutes les forces, réunit en lui tous les pouvoirs ; & lorsqu'il croyoit n'avoir qu'à s'applaudir de son choix, quelles furent sa surprise & sa douleur de ne voir en lui qu'un tyran ! Plusieurs citoyens des plus recommandables payerent de leurs têtes cette téméraire confiance. Leur mort fut le premier essai qu'il fit de sa puissance ; & le sang qu'ils verserent ne servit qu'à cimenter son trône. Timoléon avoit l'ame républicaine. Ennemi implacable de la tyrannie, il ne put confentir à voir fes concitoyens dans les fers, il réfolut de les venger. D'abord, il fut trouver fon frere, lui reprocha fes forfaits, & l'engagea par les motifs les plus preffans à brifer lui-même le joug qu'il avoit fi honteufement impofé à fa Patrie. Tout fut inutile. Timophane ne daigna pas même écouter fon frere; il rejeta avec mépris les plus fages remontrances. Timoléon fe retira accablé de douleur; & perfuadé qu'en cette circonftance les droits de la nature devoient céder à ceux de la Patrie, il jura la perte du tyran. Deux de fes amis les plus affidés furent admis à la gloire de l'en délivrer promptement; & après avoir pris toutes les mefures qui pouvoient affurer l'exécution du projet, il revint avec eux chez Timophane. Il fit encore auprès de lui les dernieres inftances; il pria, conjura, mais toujours inutilement. Le tyran d'abord fe rit de fa fimplicité, puis bientôt entrant en fureur, il le repouffa avec indignation. Alors Timoléon s'éloigna de quelques pas & fe couvrit le vifage, fondant en larmes. Dans ce moment les deux amis, felon qu'ils en étoient convenus, fe jeterent fur Timophane, & lui arrachant tout à la fois le sceptre avec la vie, rendirent à Corinthe fa liberté.

Rue de l'Industrie.

Ce mot avoit, en quelque forte, été flétri fous l'ancien régime. Par un étrange renverfement d'idées, il fignifioit, dans trois acceptions différentes, *impôt*, *aviliffement* ou *immoralité*. 1.° Sous le nom d'*induftrie*, fe percevoit une taxe injufte & impolitique dans fon application, puifqu'elle portoit particulièrement fur une claffe laborieufe du peuple, qui étoit impofée à raifon de fes travaux & de fes fuccès, ce qui étoit le plus fûr moyen d'éteindre l'induftrie. Nos Légiflateurs l'ont fi bien fenti, qu'ils viennent de fupprimer une efpece de contribution établie par l'Affemblée Conftituante (le *droit de patente*) & qui, fans avoir le nom d'induftrie, reffembloit cependant à l'ancien impôt. 2.° Tous les états fujets à l'impôt de l'induftrie étoient, pour ainfi dire, avilis par l'opinion; il étoit ignoble de les exercer; le gentilhomme fe fût dégradé en prenant un état utile à la fociété & à lui-même; il étoit bien plus *noble* de ne rien faire. 3.° Enfin, la corruption des mœurs, l'oisiveté, la débauche avoient répandu dans la société une espece d'êtres vicieux, qui, dédaignant les moyens honnêtes d'exister, vivoient avec éclat aux dépens des dupes qu'ils faisoient. Ces personnages étoient connus sous le nom de *chevaliers d'industrie*, dénomination outrageante pour l'industrieux artisan. Ces *chevaliers*-là sont, comme les autres, bannis de la République.

L'Industrie est aujourd'hui rétablie dans sa dignité & dans sa liberté naturelle. Tous les moyens de subsister & d'élever sa famille sont honnêtes, permis & encouragés, dès qu'ils sont utiles à la société ; & c'est sur leur utilité que les rangs sont réglés entre les différens états. Artisans ! Artistes Français ! que le génie de la Liberté vous enflamme. Tandis que les tyrans sont vaincus par nos armes, rendez les peuples tributaires de votre industrie : qu'ils viennent en foule payer le prix de vos travaux, & qu'à la perfection de vos ouvrages, ils reconnoissent l'empreinte d'une main libre. Et vous, Commerçans, allez transmettre au-delà des mers, par des spéculations à la fois vastes, prudentes & honnêtes, les sentimens de respect, de confiance & d'amour que doit inspirer le nom Français.

Rue Décadaire.

Cet article ne sera probablement utile qu'à un très-petit nombre de lecteurs ; mais ceux qui ont besoin d'instruction & qui la cherchent ont droit de nous intéresser.

Le jour *Décadaire* est celui qui termine la *Décade*, & ces deux noms viennent du mot latin *decem*, qui signifie *dix*. Ainsi une *Décade* est une *dixaine*. Ce nom ne se donne pas uniquement à une période de dix jours ; on dit les *Décades* de Tite-Live, parce qu'on a divisé par dixaines les livres de cet historien.

On appelloit *semaine* la période de sept jours ; ce mot, un peu défiguré, vient du latin *septem*, qui veut dire *sept*.

La division des jours par Décades tient aux vues de bien public qui dirigent nos Législateurs. L'uniformité des poids & mesures facilitera le commerce, & la méthode de compter par nombres décimaux facilitera les calculs.

Trois Décades composent chaque mois. Ils sont par là tous égaux, & composés de 30 jours. Mais les 36 Décades ne formant que 360 jours & l'année solaire étant de 365 jours & quelques heures, on a placé à la fin de Fructidor, dernier mois de l'année, cinq jours appellés *Sans-culotides*, & qui n'appartiennent à aucun mois. Un jour, composé des heures qui excedent les cinq jours, sera intercalé suivant la méthode ordinaire qui donnoit les années bissextiles.

Il est nécessaire que l'homme interrompe quelquefois son travail, & que, par un jour de repos, il répare ses forces épuisées. L'animal qui nous soulage ressent le même besoin. Telle est la destination du jour *Décadaire*. Ce jour doit encore être employé à la réunion des citoyens, & à les instruire de leurs devoirs. La grande famille assemblée doit particuliérement témoigner, dans ces jours, sa reconnoissance à l'Etre Suprême; elle doit lui adresser des chants d'allégresse, célébrer des fêtes civiques, & par cette réunion resserrer les nœuds de la Fraternité.

Rue Thionville.

Le 10 Août 1792, le tyran révolté contre le peuple fut vaincu dans son palais; le même jour, les Autrichiens & les Prussiens, ses complices, commencerent le bombardement de Thionville. Ainsi dans ce jour mémorable, le signal du crime étoit donné de toutes parts. Le bombardement dura cinquante-un jours; rien ne put vaincre la vigoureuse résistance des habitans & de la garnison de Thionville, qui battirent l'ennemi dans plusieurs sorties. Sommés de se rendre, ils éleverent sur le rempart, en face de l'ennemi, un cheval de bois avec une botte de foin à la bouche: au-dessus on lisoit ces mots: *Quand le cheval aura mangé le foin, Thionville se rendra.* Ces braves Républicains conservoient ainsi, au milieu des horreurs d'un siege, le vrai caractere du Français, le courage & la gaieté. L'ennemi se retira le 30 septembre, après avoir perdu plus de 10,000 hommes & presque toutes ses munitions.

Rue du Contrat Social.

En naissant dans l'ordre social, l'homme y apporte des besoins à satisfaire & des passions à réprimer. De là naît la nécessité d'une convention générale qui lui assure des droits & qui lui prescrive des devoirs. Cette convention est nécessairement l'effet du vœu du plus grand nombre.

L'homme, en se reconnoissant membre du *corps politique*, fait en quelque sorte abstraction d'une partie des facultés qu'il reçoit de la nature, & subordonne l'usage de celles qui lui restent à la convention dont nous venons de parler, parce qu'il lui faut indispensablement acheter, par ce sacrifice, la même abnégation de la part des autres hommes avec lesquels il doit vivre. En échange de cette abnégation, il s'entoure des forces qui résultent de la convention générale, & voit assurer son existence & ses ressources par le rempart de l'intérêt commun dont la conservation devient alors son plus grand avantage. Tel est le *Contrat Social*.

Aussi-tôt que l'individu, membre du corps

politique, fort des bornes mifes à fes facultés par la convention générale, auffi-tôt que cet individu ceffe de trouver dans cette même convention qu'il a refpectée, la garantie des droits qu'elle a dû lui affurer, le *Contrat* eft violé de part ou d'autre.

Si des volontés particulieres s'élevent au-deffus de la volonté générale au point de comprimer le reffort de cette derniere, le corps politique eft en état d'oppreffion. Ses principes vitaux font affoiblis ; & ce n'eft que par une réaction fubite & vigoureufe que ces principes peuvent faire reprendre au corps qu'ils animoient, le jeu de fes organes & l'exercice de fes facultés.

De ces réflexions découle la néceffité d'une exacte obfervation du *Contrat*, obfervation que la force des loix & l'union des individus, peuvent feules maintenir. On fent aifément que ce n'eft que chez un peuple libre qu'un tel langage peut être entendu, puifque l'afferviffement des peuples eft, fous quelque forme qu'il fe préfente, l'anéantiffement abfolu du *Contrat Social*.

La nature & les claufes de ce *Contrat* ne

...rent jamais mieux développées que dans le fameux traité qui en porte le titre. Une analyse de ce célebre ouvrage ne se trouvera point ici. Il nous suffira de rappeller à nos lecteurs que si le nom du citoyen de Geneve (*Voyez* l'article *Rousseau*) occupe une des premieres places dans le temple de la Philosophie, la politique saine & profonde revendique une partie de la gloire qui y est attachée. D'où l'on peut conclure que la vraie philosophie, c'est à dire, l'amour de la sagesse, la théorie du beau moral, dictera toujours à l'homme les principes sur lesquels doit reposer son existence sociale, & que le bonheur ne peut découler pour lui que de la pratique des vertus dont la Philosophie fonde l'empire.

Rue Cornélie.

Cornélie, illustre Romaine, fille de Scipion l'Africain & femme du Consul Sempronius Gracchus, fut sur-tout mere des deux amis du Peuple, connus sous le nom des Gracques. C'étoit peu pour elle de leur avoir donné la vie : elle les éleva dans l'amour de la Liberté.

Fiere de ce digne ouvrage, elle dit un jour en montrant ses enfans à une femme qui lui étaloit des bijoux & des vêtemens superbes: *voilà ma parure & mes richesses.* L'événement justifia ce noble orgueil, devenu celui de nos Françaises. Quand les intérêts de la Patrie seront assurés par de pareils garans, quand le puissant ressort de l'éducation nationale soutiendra cette direction précieuse, ne craignons pas que le feu sacré de la Liberté s'éteigne jamais. Meres républicaines! c'est à vos mains que le premier aliment en est confié. Souvenez-vous de Cornélie; & ne songez qu'à vous préparer les trésors dont elle fit sa gloire.

Rue Phocion.

Phocion, général Athénien, joignit à ses talens militaires une éloquence qui souvent l'emportoit sur celle même de Démosthènes. Ce dernier disoit, lorsque Phocion se préparoit à parler après lui: *voilà la hache qui se leve sur mes discours.* Mais la mémoire de Phocion est sur-tout honorée par la probité sévère qu'il sut opposer à tous les assauts de la corruption, & par son amour des vertus simples & modestes. Il repoussa constamment les richesses par lesquelles Philippe de Macédoine essaya de le séduire. Il refusa même le témoignage de la reconnoissance d'Alexandre qu'il avoit détourné de faire la guerre aux Grecs, & répondit à ceux que ce conquérant avoit chargés de lui offrir ses présens : *Alexandre m'a connu homme de bien dans la médiocrité; qu'il me laisse donc dans la médiocrité.* L'histoire nous peint ce grand homme dans les détails de sa vie privée, secondant sa femme dans les soins du ménage, & toujours inaccessible au poison de la faveur. Il ne put écarter celui de la calomnie, & fut condamné à la mort, comme ayant favorisé la prise du Pirée, fameux port d'Athenes, par des intelligences secrettes avec les ennemis de l'état. Ses concitoyens reconnurent bientôt leur erreur, & érigerent une statue à sa mémoire, jaloux de devancer ainsi la postérité dans l'appréciation de ses vertus. Il appartenoit sur-tout aux Républicains Français d'en faire le plus digne éloge en les imitant. Ils ont adopté les principes qui foutinrent Phocion dans la carriere de la véritable gloire ; & ce ne fera pas fans doute dans une fpéculation ftérile qu'ils auront confacré fon exemple.

Rue Lucrece.

Lucrèce, fille de Lucretius & femme de Collatin, étoit une Romaine parfaitement belle, qui donna, l'an 245 de la fondation de Rome, un grand exemple d'attachement à la pudeur & à la gloire de fon fexe. Son époux avoit vanté fa beauté dans un grand repas, & s'empreffa même de montrer Lucrèce à ceux en préfence defquels il en avoit fait l'éloge. Sextus, l'un des fils de Tarquin *le fuperbe*, Roi de Rome, en devint éperduement amoureux, & voulut à tout prix fatiffaire fa paffion. Il réuffit à pénétrer auprès d'elle, & lui fit violence. On rapporte que pour parvenir à ce but criminel, il la menaça de la poignarder avec un efclave qu'elle avoit à fon fervice, & de dire enfuite n'avoir fait, en les immolant tous deux, que punir un coupable adultere. Lucrèce vaincue par la

..utalité. Sextus, & trouvant dans son malhe... honte qui sembleroit devoir n'être attachée qu'au crime, ne voulut pas survivre à cet outrage. Elle rassembla tous ses parens, les instruisit du traitement odieux qu'elle venoit d'éprouver, & tirant un couteau de dessous sa robe, se l'enfonça dans le cœur. Rome entiere frémit d'horreur au récit de cet événement tragique, y reconnut l'indigne abus d'un pouvoir qui s'appesantissoit de plus en plus sur elle, chassa les *rois*, & se constitua *République*. Ainsi les brigands couronnés ont toujours dû craindre l'indignation de la vertu.

Il se présente une réflexion non moins naturelle. Les grandes époques des Gouvernemens & des Empires ont presque toujours été marquées par l'influence des femmes sur le système politique. L'histoire de la République Romaine présente sur-tout cette vérité d'une maniere frappante.

Environ vingt ans après la mort de Lucrèce, Coriolan, à la tête d'un peuple ennemi, menaçoit Rome, parce qu'il y avoit essuyé le refus du Consulat. Il repoussa d'abord toutes les propositions de paix qui lui furent faites;

mais

mais on le vit céder aux larmes de sa mere & de son épouse. L'an 305 de sa fondation, Rome avoit à se plaindre de la tyrannie des Décemvirs, Magistrats auxquels étoient alors confiées les rênes du Gouvernement. Appius, l'un de ces magistrats, voulut exercer cette tyrannie contre une jeune Romaine que son pere poignarda sur la place publique, pour prévenir un tel déshonneur; & la mort de Virginie provoqua la chûte des Décemvirs & le rétablissement des Consuls. Ce fut quelque temps après à l'ascendant d'une femme sur l'esprit de son époux, que les Plébéiens durent le droit de partager les charges du Consulat, droit exclusivement possédé jusqueslà par les familles nobles ou Patriciennes. Vers la fin du sixieme siecle de la fondation de Rome, Cornélie, fille du grand Scipion, eut à se glorifier d'avoir formé dans l'exercice des vertus populaires les deux Gracchus dont le nom sera toujours fameux..... O vous sur lesquelles la République fonde un si précieux espoir ! meres, épouses, sœurs des Français régénérés ! songez à vos droits; & que toujours annoblis par leur usage, ils vous

T

méritent le prix le plus glorieux & l'estime la plus chere. Songez que ce n'est qu'en consacrant à la Patrie le touchant empire qui vous est confié par la Nature, que vous pouvez justifier nos hommages. C'est de votre gloire que dépendent nos succès, & en vous pénétrant de vos devoirs, vous proclamez notre triomphe.

Rue des Lillois.

La Rochelle qui, dans un siege mémorable, avoit repoussé pendant treize mois les efforts d'un tyran, étoit digne de consacrer, dans ses murs, la belle défense des *Lillois*. S'ils ont été plus heureux qu'elle, c'est que le jour de la justice & de la Liberté est enfin venu. Lille, assiégé par les Autrichiens, commença d'être bombardé le 29 Septembre 1792. Plus d'un quart de la ville fut réduit en cendres; & dans cette affreuse extrêmité, les *Lillois* donnerent l'exemple de ce dévouement absolu, de cette abnégation de soi-même, qui doivent caractériser le Républicain. La ruine de leurs propriétés particulieres n'étoit rien pour eux: leurs remparts & leurs canons, voilà ce qui appartenoit à tous, & ce qu'ils furent bien défendre. Plusieurs sorties signalerent leur résistance: le premier Octobre sur-tout, pendant la chaleur du bombardement, ils en firent une si vigoureuse que près de 7,000 assiégeans resterent sur la place. Les habitans des communes voisines, s'étant rassemblés au tocsin de la Liberté, se joignirent aux *Lillois*. Ce trait de patriotisme & de fraternité trouveroit sans doute, en pareil cas, des imitateurs parmi tous les Français ; la cause commune doit avoir tous les Républicains pour défenseurs. Le siege de Lille fut levé le 6 Octobre. Soixante mille bombes ou boulets rouges avoient été lancés dans la place ; & l'ennemi se retira couvert de honte, après avoir perdu plus de 20,000 hommes.

Rue de la Rochelle.

La fondation de la Ville dont on a conservé le nom à cette rue est enveloppée d'incertitudes. Les sentimens des historiens sont partagés à cet égard, & nous n'entreprendrons pas de les discuter. Il paroît que l'origine de la Rochelle ne remonte pas au-delà du 10e siecle. Des prétentions réelles ou chimériques à une plus haute antiquité, n'ajouteroient rien à l'intérêt que doivent inspirer à nos compatriotes les événemens que nous nous félicitons d'avoir à leur retracer par rapport à la cité qui nous vit naître.

La Rochelle, placée au fond d'un golfe qui lui sert d'avant-port, présente, dans une position très-avantageuse pour le commerce, l'avantage plus grand encore d'être un des boulevards maritimes de la République. Elle tire son nom du fond de *roche tendre* ou *banche* sur lequel elle est assise. La rue de *la Rochelle* doit particuliérement sa dénomination à cette circonstance locale.

Pourrions-nous être insensibles à la jouissance de rappeller que *la Rochelle* semble avoir anticipé, à différentes époques, sur cet amour de l'indépendance, de la liberté populaire, qui caractérise aujourd'hui tous les Français? L'orgueil des rois échoua plus d'une fois devant ses murailles; & la haine de la tyrannie n'y est pas un sentiment nouveau.

Vers la fin de 1572, la Rochelle frémit

d'horreur, à la nouvelle du massacre ordonné par le barbare Charles IX. Le Calvinisme y étoit établi ; l'assassinat d'une portion du peuple devoit s'y opérer. Une honorable résistance contre cet attentat *monarchique* y fut vigoureusement projetée. Un siege de plusieurs mois y fut soutenu contre le Duc d'Anjou qui commandoit l'armée *Royale*. Cette armée disparut presqu'entiere devant la noble fermeté des Rochelais ; & le traité qui fut conclu n'ôta rien à la gloire qui leur étoit réservée dans la postérité. Lorsque récemment, nous avons entendu nos *Républicaines* prononcer le serment de défendre elles-mêmes les murs de la Rochelle s'ils étoient jamais attaqués par des hordes d'esclaves, elles se montroient dignes descendantes des *Rochelaises de* 1573, qui donnerent plus d'une fois, sur les remparts assaillis, l'exemple d'un courage que la foiblesse de leur sexe sembloit leur interdire. Nous osons le répéter; l'instinct de l'indépendance avoit devancé, dans la Rochelle, l'empire de la Liberté sur la France triomphante & régénérée.

 L'écoulement d'un demi-siecle n'affoiblit

point l'horreur des Rochelais pour le defpotifme. En 1628, ils eurent encore à défendre
contre Louis XIII, contre le fanguinaire
Richelieu, miniftre du tyran dont il dominoit la foibleffe, des droits qu'il appartenoit
à leurs petits-fils d'apprécier comme ils le
firent eux-mêmes. Les principales circonftances du dernier fiege de la Rochelle, gravées dès-lors dans les faftes de la Liberté,
ont été rappellées dans un article précédent.
(*Voyez l'article Guiton.*)

L'hiftoire des vertus de nos ayeux eft pour
nous dans celle des crimes que leur imputa
la tyrannie; & nous nous honorerons toujours de ce qu'ils furent mériter le titre de
rebelles, lorfque le plus odieux des pouvoirs
leur prefcrivoit la foumiffion. Une infcription,
prétendue infâmante, a long-temps confacré
fur nos bords, la mémoire de leur magna-
nimité. Ils y étoient nommés, *rebelles à leurs
rois*, *infidelles à leur Patrie*. Comme fi les
idées de *Patrie* & de *roi* pouvoient jamais
fe concilier !... Comme fi l'horreur du fceptre
ne devoit pas néceffairement accompagner le
fentiment des *droits du peuple*, dont la Patrie
tient fon effence !....

Ombres de nos peres ! jouissez du sort qui nous étoit préparé. Vous planez sans doute sur la carriere brillante qui nous fut ouverte ; vous jetez sur les Républicains Français des regards d'admiration & d'amour. Il nous étoit réservé d'accomplir, dans toute son étendue, le *ferment de la Liberté*, proféré tant de fois dans les murs que nous habitons. Fiers de le répéter sans cesse & sûrs de ne l'oublier jamais, nous entendons toute la France retentir du même cri... Vive la Liberté ! Vive la République ! [1]

Rue du Jeune Barra.

La régénération d'un grand Peuple devoit offrir des vertus nouvelles avec des principes nouveaux. A peine les Français ont-ils connu la Liberté, qu'appréciant ses glorieux avantages, ils ont senti que la vie n'étoit plus un bienfait sans elle ; & dès lors, de quel dévouement pouvoient-ils n'être pas capa-

---

(1) La Rochelle fut le berceau de plusieurs hommes célebres. Leurs noms sont déja consignés dans ce Recueil. Voyez l'article *Buffon*.

bles ? Cette étincelle rapide, ce mouvement électrique ne se communiqua pas seulement parmi les hommes auxquels une raison mûrie par le temps & l'expérience ne permettoit pas de balancer. Tous les âges en ont été frappés; & l'enfance, oubliant sa foiblesse & sa timidité naturelle, semble s'être placée, par un développement subit & précoce, sur la ligne révolutionnaire & sur le chemin des héros. Plusieurs exemples nous en sont connus. Celui du jeune Barra, que nous avons vu mériter à treize ans les éloges de tous ses compatriotes & les honneurs du *Panthéon Français*, devoit trouver sa place dans ce Recueil.

JOSEPH BARRA suivoit en équipage de *Hussard*, une des armées dirigées contre les rebelles. Fils reconnoissant & tendre, il soutenoit de sa paie une mere dans l'indigence. La Nature & la Patrie recevoient à-la-fois ses hommages & ses services. Au milieu des dangers les plus imminens, il portoit un courage qui ne se démentit jamais. On le remarquoit chargeant toujours à la tête de la Cavalerie. Il fit prisonnier de sa foible main deux brigands qui eurent la lâcheté de l'attaquer. Gardien de deux chevaux d'un Général, affailli par une troupe d'ennemis barbares, fommé par eux de fe rendre, il eft fidelle au ferment des Français. Irrités par fa généreufe réfiftance, les monftres qui l'entouroient le percent de coups. Le rapport de l'action héroïque du jeune Barra fut bientôt fait à la Convention Nationale. Organe de la reconnoiffance du Peuple, la Convention lui décerna le Panthéon, & la Patrie adopta fa mere.

Efpoir chéri de la République! jeunes enfans qu'elle éleve pour fa défenfe!.. ne perdez pas de vue ce trait mémorable. En le confacrant par la digne récompenfe des héros, elle vous offrit la plus augufte des leçons. Ne vous bornez pas aux larmes touchantes que déjà votre fenfibilité verfe fur la tombe de Barra. Qu'une brûlante énergie rempliffe vos ames; & fi le fort vous appelle au même facrifice, fongez qu'une immortelle gloire en eft le prix. Et toi, mere commune! objet de notre ardent amour! ô Patrie!.. enflamme de ce fentiment précieux des cœurs innocens qui battent pour toi. Qu'émules du héros que tu proclames sous ces voûtes majestueuses qu'éleva ta reconnoissance, tous les compagnons de sa jeunesse se disputent l'honneur de l'imiter.... Mais déjà nos vœux sont exaucés : nos enfans, dignes de leur modele, répondent par-tout à ton langage; & le Français trouve à chaque pas le triomphe de sa cause & le gage de ses destinées.

Rue de la Vérité.

L'Homme est né pour la Vérité. A l'exception de quelques êtres dégradés, dont l'esprit est abruti par les sens, & à qui la Nature semble avoir oublié de donner une ame, tous sont avides de nouvelles connoissances. Delà cette ardeur de s'instruire, cette soif de connoître ; delà cette impatience naturelle de briser les fers où les retient l'ignorance, & d'arracher le voile importun qui leur dérobe la Vérité ; delà enfin, ce noble enthousiasme, ces heureux élans du génie qui reculent les limites des sciences, franchissent les barrieres qu'oppose à l'esprit humain sa propre foiblesse, & qui, dans chaque siecle, enfantent & renouvellent les prodiges.

La Vérité a tant de charmes par elle-même pour un esprit digne de la chérir, que la découverte la plus indifférente en apparence devient pour lui une source de délices. On se rappelle cet ancien Philosophe, qui entra dans un bain public, tout occupé de la solution d'un problême sur la pesanteur spécifique des métaux. Le balancement de son corps dans l'eau lui indique ce qu'il cherchoit. Frappé tout-à-coup de cette lumiere nouvelle, saisi d'un transport extraordinaire, il s'élance hors du bain, & oubliant de reprendre ses vêtemens, il court dans les rues en criant de toutes ses forces : *je l'ai trouvé ! je l'ai trouvé !*

Si la Vérité a des attraits si puissans, lors même qu'elle est relative à des objets qui n'ont aux yeux du vulgaire qu'un médiocre degré d'importance, quels hommages ne lui devons-nous pas, lorsqu'elle se présente dans tout l'éclat de sa puissance, environnée de tous les biens qu'elle prodigue aux hommes, amenant à sa suite la Liberté, l'Égalité, la Justice, dissipant par sa lumiere bienfaisante les ténebres de l'erreur & du mensonge, foudroyant la tyrannie & l'impofture, & développant aux yeux de l'Univers ces principes éternels & facrés qui font la bafe du bonheur des Peuples & la fauve-garde du Genre-Humain.

A ces traits on doit connoître qu'il n'y a qu'un Peuple libre qui ait droit d'élever un temple à la Vérité. Le regne de la tyrannie eft le regne de l'erreur. Le jour de la Vérité n'a commencé à luire qu'avec l'aurore de la Liberté.

Auffi ancienne que la Nature, elle eft cependant *la fille du Temps*. Il a fallu des fiecles pour préparer & affurer fon triomphe. Elle n'a femblé briller à différens intervalles & dans quelques coins de la terre, que pour fe reployer enfuite dans une longue & profonde obfcurité. Les erreurs, les préjugés la tenoient enchaînée pour régner à fa place.

Un ancien difoit que la Vérité étoit au fonds d'un puits. C'étoit bien pis dans les fiecles du defpotifme : elle étoit au fond des cachots. Perfécutée, profcrite dans la perfonne de tous les grands hommes qui fe font immolés pour elle, on la chargeoit de fers avec Galilée ; on lui faifoit boire la ciguë dans la perfonne de Socrate. C'étoit fouvent un malheur de la connoître ; c'étoit toujours un crime de la publier. C'eſt ce qui faifoit dire au célebre Fontenelle : *Si j'avois la main pleine de vérités , je me donnerois bien de garde de l'ouvrir.* Il n'auroit pas eu befoin de cette précaution aviliſſante pour l'humanité , s'il avoit eu le bonheur de prolonger fa carriere jufqu'aux beaux jours de la Révolution. Il auroit vu la Vérité délivrée de fes honteufes entraves , les odieux tyrans rentrés dans la pouſſiere , & fon trône immortel , élevé fur un fol libre , dominer toute la France & bientôt l'Univers.

La Vérité eſt l'aliment d'une ame républicaine. Un homme libre croiroit fe deshonorer en la trahiſſant dans les plus legeres occaſions ; femblable au vertueux Épaminondas, qui ne voulut jamais mentir , même en plaifantant. Le menfonge eſt le vice des efclaves ; la franchife , la bonne foi font les vertus des Républiques. Puiſſent - elles fixer leur féjour parmi nous ! Puiſſent la diſſimulation , la fauſſeté , l'hypocriſie , vices ordinaires des cours, rester à jamais ensevelies sous les débris du despotisme!

Rue de la Raison.

Tout le monde se pique d'en avoir, & en ceci chacun a droit ; mais tout le monde aussi se vante de la suivre, & en cela beaucoup de gens ont tort. Tâchons d'éclaircir ces deux points.

La raison est ce qui distingue l'homme de tous les êtres connus de la nature. Prise en elle-même & dans son principe, c'est cette lumiere naturelle que l'intelligence suprême fait luire à tous les esprits. Considérée dans son sujet, c'est-à-dire par rapport à l'homme qui la possede, c'est la faculté de saisir les vrais rapports des choses, faculté qui se développe par l'expérience, & se perfectionne par la réflexion. Sous ce point de vue, tout le monde a de la raison. Nous ne parlons pas ici des imbécilles, parce que les exceptions ne font pas la regle. Parcourez tous les peuples, depuis le Japon jusqu'en Afrique, depuis le Hottentot jusqu'au Lapon, vous trouverez par-tout les mêmes idées primitives, les mêmes notions du vrai & du faux, du bien & du mal.

Il y a donc une lumiere commune à tous les esprits, comme il y a un même soleil pour tous les yeux. Si tous les hommes ne l'apperçoivent pas également, tous ont au moins la faculté de l'appercevoir. C'est cette lumiere que j'appelle *Raison*. Fille immortelle de la Nature, compagne inséparable de la vérité, on ne peut se tromper en la suivant. Heureux le Peuple qui se montre digne de lui élever des temples & de lui dresser des autels ! Le génie de la Liberté, devenu son ministre, lui a fait rendre enfin des hommages que le despotisme lui avoit ravis. Il ne manqueroit rien au bonheur du monde, si la raison ne comptoit que des amis : mais trop long-temps encore elle trouvera des rebelles.

Le méchant la connoît & l'outrage ; l'ignorant la méprise ; le superstitieux lui ferme les yeux. Le premier la trouve incommode, le second inutile ; le troisieme la croit insuffisante ou même dangereuse. Telle est la source funeste de tous les crimes qui ont inondé la terre, de tous les préjugés qui l'ont déshonorée. De-là toutes les déclamations abſurdes que les paſſions ou le fanatiſme ont dictées contre la raiſon.

Je dirai donc au méchant : tu blaſphêmes contre la raiſon ; tu la trouves incommode; & pourquoi ? parce qu'elle te preſcrit des devoirs pénibles ?... Dis-moi, n'en coute-t-il rien pour être méchant ?....... D'ailleurs as-tu oublié que le plaiſir eſt à côté du devoir, & que les délices de la victoire dédommagent bien de la peine du combat ? Tu invoques la Nature à l'appui de tes penchans coupables.... Inſenſé ! la raiſon n'eſt-elle pas auſſi dans la nature ? Si celle-ci t'a mis aux priſes avec les paſſions, elle t'a en même temps donné des armes : étoit-ce pour les rendre ſans combattre ? Tu outrages donc la Nature, en voulant la rendre complice de ta lâcheté ? Tu ne le feras pas impunément. D'où viennent ces inquiétudes, ces remords, cet état d'angoiſſe qui ſerre & opprime ton cœur ? N'eſt-ce pas la Nature qui venge la raiſon ? Vas, c'eſt envain que tu veux réſiſter à cette voix impérieuſe : ce n'eſt qu'en la ſuivant que tu peux trouver

la

la portion de bonheur qui revient à l'homme sur la terre.

Je dirai à l'ignorant : tu fais peu de cas de la raison ; tu la crois inutile. Mais, mon ami, tu ne sais donc pas que la raison est le plus beau présent que le ciel ait fait à l'homme ? que c'est elle seule qui te distingue des animaux que tu méprises, & que sans elle tu n'as rien du tout au-dessus de la brute ? Crois-moi, ouvre les yeux, développe tes facultés, cultive ta raison, si tu es jaloux de la dignité de ton être... tu ne m'écoutes pas, tu t'obstines à rester dans ton ignorance, dans tes imbécilles préjugés : eh bien, malheureux, vas dans les forêts chercher tes semblables ; tu n'es pas digne d'être homme.

Le superstitieux est le plus bisarre des ennemis de la Raison ; il trouve toujours matiere à lui faire son procès. Tantôt il l'accuse de témérité, tantôt il la taxe de foiblesse. Tantôt elle éblouit, tantôt elle n'éclaire pas assez. Ce dernier reproche sur-tout est le plus fréquent. Comme s'il y avoit un seul moyen possible de bonheur, que la Raison ne fournît pas à l'homme ! Sous ce prétexte,

V

il refuse opiniâtrément d'en faire usage, & c'est la plus ordinaire de ses fantaisies ; semblable à un homme qui, en plein jour, fermeroit les fenêtres & toutes les ouvertures de sa maison, en se plaignant que le soleil ne donne pas assez de lumiere. Ne voulant pas se servir de ses yeux, il a recours aux yeux des autres. Il va recueillant avidement les idées les plus absurdes, les opinions les plus ridicules. Dans les ténebres volontaires où il s'est plongé, devenu craintif, tremblant, n'ayant d'autre guide qu'une imagination égarée, il rencontre à chaque pas des spectres, des fantômes. Si vous lui criez d'ouvrir les yeux, il les ferme encore davantage. Soumis en esclave à tout ce qu'il appelle *autorité*, il ne rejette que celle de la Raison. Elle est trompeuse, dit-il. — Elle est trompeuse! Et qui te l'a dit ? Comment sais-tu, si ce n'est par ta raison, que l'autorité que tu lui préferes ne te trompe pas ? Seroit-ce par la raison des autres ? En ce cas, mieux vaudroit te servir de la tienne, tu serois plus sûr de ton fait. Tu étouffes tes propres lumieres, tu condamnes impitoyablement les penchans les plus légitimes de la nature, & par là tu crois honorer la Divinité.... Belle maniere de l'honorer, que de ceffer d'être homme, & de fouler aux pieds fes bienfaits! vas, pauvre imbécille, reconnois enfin ton erreur, & n'oublie jamais que la plus grande des extravagances eft de vouloir être plus parfait que la nature, & plus fage que la Raifon.

Rue Pélopidas.

SI le fort des grands hommes fut d'être fouvent perfécutés, leur gloire fut fouvent auffi de fe venger, par de nouveaux bienfaits, des injuftices qu'ils éprouverent. Pélopidas, Général Thébain, fut exilé de fon pays par la faction des Lacédémoniens, qui craignoit fon courage. Pendant fon exil, vers la quatre-vingt-dix-neuvieme Olympiade, trois-cens-quatre-vingt-quatre ans avant l'ancienne ère vulgaire, Cadmée, citadelle des Thébains, fut prife par leurs ennemis. Il fembloit que le fort réfervât à Pélopidas, de tirer de fa Patrie la vengeance des grands cœurs. Il reprit Cadmée, quatre ans après, par une adresse digne de son art consommé. Il se joignit à Épaminondas, autre célebre général, durant la guerre de la Béotie, & partagea le triomphe de ce dernier à la fameuse bataille de Leuctres. Envoyé depuis en ambassade auprès d'Artaxercès, roi de Perse, il prouva dans cette mission qu'avec les vertus guerrieres se trouvoient en lui les qualités de l'habile politique, & de l'envoyé d'un Peuple qu'il avoit forcé de lui rendre justice. Son illustre carriere fut terminée dans une guerre qu'eurent à soutenir les Thébains contre Alexandre, tyran de Phérès; & sa gloire, qui ne s'étoit pas démentie, accompagne, dans la postérité, un nom qui mérita de n'être point étranger parmi les Républicains Français.

Rue de la Morale.

Les hommes étant tous également appellés à l'état de société, nous devons croire qu'ils sont aussi tous également doués des mêmes principes essentiels de conduite; qu'en un mot, ils ont tous nécessairement la même morale naturelle. Ce raisonnement, appuyé sur la sagesse infinie du grand Auteur qui ne rapproche point les êtres sans leur donner des moyens suffisans pour se maintenir réunis, reçoit une nouvelle force de l'expérience & des faits. Parcourons, par la pensée, les pays connus; écoutons les plus célebres voyageurs sur l'état de ceux qui ne le sont point encore assez; & nous nous convaincrons que nulle part ce n'est une bonne action de tuer son semblable, de trahir son ami, de calomnier son frere, que partout au contraire, il est beau de le secourir, de le protéger contre la violence de l'oppresseur, d'être fidelle, généreux, sincere; que partout les idées de l'Etre suprême & de l'immortalité sont gravées dans le cœur humain.

Mais étendons encore davantage nos recherches: ouvrons l'histoire de tous les peuples du monde, & nous les verrons tous, sans exception, établir leurs premieres loix, leurs premiers devoirs sur ce double principe: *Adore un Dieu & fais juste.* A la vérité, nous verrons aussi les erreurs, les mensonges sacrés & profanes, s'accroître par degrés par le développement des passions immodérées, & couvrir, par intervalles, de leurs ténebres ce principe lumineux & sublime; mais nous remarquerons que, destiné ainsi que le soleil à éclairer constamment tous les hommes, il a toujours eu, comme cet astre, assez de force pour fondre les croûtes impures qui menaçoient de l'éteindre sans retour. Nous admirerons avec quel empire il a toujours su triompher des systêmes absurdes, des loix tyranniques & barbares, des religions insensées, des subtilités ridicules des raisonneurs de tous les siecles.

En voilà plus qu'il n'en faut, sans doute, pour nous convaincre qu'il existe une source unique & invariable, dans laquelle tous les hommes, sans distinction de climats, de caracteres, de gouvernemens & de religion, sont forcés de puiser les regles de leur conduite. Le principe trouvé, mettons de côté l'histoire affligeante des abus & des excès qui, dans presque tous les siecles, lui ont servi d'escorte; tâchons de le suivre rapidement dans ses principaux développemens, & pour cela, disons un mot sur les grands hommes à qui l'on doit les rapporter.

Les premiers moralistes furent presque tous de grands législateurs. Vivement touchés des malheurs auxquels des hommes vicieux & sans principes étoient en proie, ils jeterent les premiers fondemens de la société & du bonheur commun, en consacrant par leurs leçons & par de bonnes loix les grandes vérités de la morale naturelle. Parmi ces bienfaiteurs de l'humanité, les plus remarquables sont Zoroastre chez les Perses, Bacchus dans l'Inde, Confucius dans la Chine, Numa chez les Latins, Pythagore dans la Grece, & Zaleucus chez les Locriens. Tous ont composé des codes de morale qui respirent la sagesse la plus profonde, tous ont reconnu l'empire de la vertu, tous ont parlé de la Divinité sur un ton sublime. Nous ne pouvons en donner une idée plus juste qu'en citant quelques-unes des maximes de Zaleucus. « Tous les hommes, » disoit ce digne philosophe, doivent être » persuadés de l'existence de Dieu : il faut » l'adorer, parce qu'il est l'auteur des vrais » biens. Préparez & purifiez votre ame, » ajoutoit-il ; car la Divinité n'est point honorée par l'hommage du méchant. Elle

« n'est point flattée des sacrifices pompeux &
» des magnifiques spectacles dont on orne ses
» fêtes; on ne peut lui plaire que par de
» bonnes œuvres, que par une vertu cons-
» tante, que par une ferme résolution de
» préférer la justice & la pauvreté à l'in-
» justice & à l'ignominie. Rien ne peut sous-
» traire à la vengeance céleste celui qui ne
» goûtera pas ces vérités : qu'il ait devant les
» yeux le moment qui doit terminer sa vie,
» ce moment où l'on se rappelle avec tant de
» regrets & de remords le mal qu'on a fait
» & le bien qu'on a négligé de faire. — Res-
» pectez vos parens, vos loix, vos magistrats ;
» chérissez votre patrie, n'en desirez pas
» d'autre ; ce desir seroit un commencement
» de trahison. — Ne dites du mal de personne ;
» c'est aux gardiens des loix à veiller sur le
» coupable, mais avant de le punir ils doivent
» le ramener par leurs conseils ».

Telles furent, en général, les premieres leçons de morale que reçurent les anciens peuples du monde, à la vérité souvent mêlées d'erreurs & d'absurdités mystérieuses, mais toujours pures dans leur source qui fut constamment la même pour toutes. De vastes génies qui parurent successivement, y puiserent des vérités nouvelles & acheverent de donner à la morale un éclat que plus de vingt siecles de superstitions & de ténebres ne purent ensuite lui faire perdre. Ce fut dans la Grece qu'ils fonderent leur école, ayant à leur tête Socrate, réputé le plus sage des hommes. Ce grand philosophe se montra digne de leur frayer la voie. Justement révolté des écarts des raisonneurs & des sophistes de son temps, il comprit que le but de la Morale devoit être de rendre les hommes plus heureux en les rendant plus sages, & aussi-tôt il s'efforça de l'atteindre, en leur enseignant les devoirs que prescrit la nature. Platon, surnommé le divin, se forma sous cet excellent maître; & il eut lui-même pour disciples Xénocrate & Aristote. Ce dernier ne fut point inférieur à ses maîtres en matiere de Morale; mais, doué des plus vastes connoissances, il voulut embrasser l'étude de la nature entiere, & fonda une doctrine qui devint une source d'erreurs pour la postérité. Une doctrine bien plus pure, bien plus sublime que la sienne, étoit enseignée, dans le même temps, par les disciples de l'école d'Elée, dont Zénon étoit le chef. Il est impossible d'imaginer quelque chose de plus élevé & de plus beau que les maximes qui en faisoient la base. Suivant ces maximes, les hommes devoient vivre conformément à la constitution de la nature humaine ; la vertu étoit le souverain bien, & Dieu gouvernoit l'univers par sa toute-puissance. Nul n'étoit censé être né pour lui, mais pour la société humaine. Tous devoient exercer la bienfaisance, se contenter d'avoir fait une bonne action, & l'oublier même, loin de s'en proposer quelque récompense ; la vertu devoit seule les occuper ; & jamais il ne falloit s'en détourner, ni par le desir de la vie, ni par la crainte des tourmens, ni par celle de la mort.

La Morale, après avoir acquis les plus magnifiques développemens, se trouva tout-à-coup fort négligée ; & elle continua de l'être jusqu'à l'époque où, passant de la Grece dans l'Italie, les Ciceron, les Seneque la firent revivre dans leurs immortels écrits. Une voix plus forte que celle de ces philosophes se fit aussi entendre dans une contrée soumise aux Romains. Cette voix, pleine de douceur, changée depuis en une voix de sang par d'indignes sectateurs, crioit aux hommes : « aimez-vous les uns les autres. Que celui qui a deux habits en donne un à celui qui n'en a point, & que celui qui a à manger imite cet exemple. Soyez miséricordieux ; oubliez les injures, & on oubliera les vôtres ; aimez vos ennemis, faites-leur du bien, vous serez dignes de l'Éternel qui répand ses dons, même sur les méchans & sur les ingrats ». Mais ce triomphe de la saine Morale fut de courte durée : elle ne put résister au charlatanisme des prêtres, à la corruption des richesses & du despotisme des empereurs ; & bientôt une nuit affreuse couvrit tous ces beaux pays, où la sagesse, protégée par la liberté, avoit brillé si long-temps pour la félicité des hommes. La Morale ne jeta plus dans l'Europe que des rayons incertains. Doublement offusquée par cent doctrines opposées, & toutes également absurdes, elle fut indignement prostituée pendant près de douze siecles dans les poudreuses écoles d'une théologie ridicule & sanguinaire, jusqu'à ce qu'enfin l'on vit le dix-septieme siecle préparer la fin de cette désastreuse période. Les Locke, les Puffendorff, les Hobbes, les Bayle, porterent une main hardie sur le voile qui déroboit aux hommes leur meilleur guide, la nature; mais ils n'en souleverent qu'une partie. Plusieurs d'entr'eux ne virent dans la vertu, dans les notions de la justice, du bon & du beau, que des objets de convenance, soumis à l'arbitraire des modes, à l'influence des climats & des gouvernemens. Ces erreurs, qui n'étoient que le résultat des faux rapports de quelques voyageurs, furent bientôt dissipées. Voltaire établit victorieusement l'universalité des principes; & l'illustre J. J. Rousseau, s'emparant enfin de toute la matiere, la traita d'une maniere si profonde & si éloquente, que tous les nuages, tous les prestiges tomberent à-la-fois. La vérité fut apperçue dans tout son éclat; l'homme parut dans toute la majesté de son être, libre par son essence, & portant dans son sein le germe de la vertu, ainsi que le sentiment sublime de la Divinité. Ses droits sacrés furent tracés en caracteres de feu ; & bientôt la Morale de la Nature faisant taire la Morale absurde & cruelle des tyrans, l'on vit un grand Peuple donner à l'Univers le signal du réveil, en consacrant hautement tous les grands principes de la société & de la félicité humaine.

Arrêtons-nous à cette époque à jamais mémorable, la derniere & la plus glorieuse de toutes celles qui marquerent les progrès de la raison parmi les hommes ; ne terminons point un tableau que les sages loix & les mœurs régénérées des Français rendent chaque jour plus parfait & plus conforme à la nature ; mais ajoutons-y seulement un trait touchant qui nous a paru mettre en action tout ce que la Morale a d'essentiel, l'amour de la justice & la conscience de l'Être-Suprême. C'est le bon, le sentimental Bernardin de Saint-Pierre qui va nous le fournir.

« Dans la derniere guerre d'Allemagne, un
» capitaine de cavalerie est commandé pour
» aller au fourrage. Il part à la tête de sa com-
» pagnie, & se rend dans le quartier qui lui
» étoit assigné. C'étoit un vallon solitaire, où

» on ne voyoit guere que des bois. Il y ap-
» perçoit une pauvre cabane ; il y frappe ; il
» en fort un vieillard à barbe blanche. *Mon
» pere*, lui dit l'officier, *montrez-moi un champ
» où je puisse faire fourrager mes cavaliers.* Tout
» à l'heure, reprit ce bon homme ; & il se met
» à leur tête, remontant avec eux le vallon.
» Après un quart-d'heure de marche, ils trou-
» vent un beau champ d'orge : *voilà ce qu'il
» nous faut*, dit le capitaine. — *Attendez un
» moment*, lui dit son conducteur, *vous serez
» content.* Ils continuent à marcher ; & ils
» arrivent, à un quart de lieue plus loin, à
» un autre champ d'orge. La troupe aussi-tôt
» met pied à terre, fauche le grain, le met
» en trousse, & remonte à cheval. L'officier
» de cavalerie dit alors à son guide : *mon pere,
» vous nous avez fait aller trop loin sans né-
» cessité ; le premier champ valoit mieux que
» celui-ci.* — *Cela est vrai, monsieur*, reprit le
» bon vieillard ; *mais il n'étoit pas à moi.*

Rue de la Discrétion.

La Discrétion, dans le sens le plus étendu du mot, est cette sage retenue qui tempere les premiers mouvemens de l'ame, & empêche qu'ils ne se manifestent avant que d'avoir eu la sanction du jugement & de la raison. La Discrétion ne sert donc pas moins à ordonner convenablement nos actions & nos démarches, qu'à réprimer & contenir notre langue; c'est en cela qu'elle a une très-grande analogie avec la prudence dont elle fait partie, & qu'elle se confond presqu'entiérement avec la modestie & la bienséance.

C'est en considérant la Discrétion sous ces divers rapports, que nous pouvons l'apprécier ce qu'elle vaut réellement. Nous nous hâtons alors de la distinguer de la dissimulation perfide, du mensonge & de la fourberie; & bientôt une foule de caracteres intéressans, d'images touchantes, jaillissent de sa nouvelle source. Nous croyons être au milieu de ces vertueux éleves de Pythagore, recueillant en silence les sages maximes de leur maître; nous croyons assister à ces assemblées si touchantes des anciens; & il nous semble voir un modeste & simple jeune homme se levant & offrant son siege au vieillard vénérable qui vient d'entrer. Mais des intérêts, plus grands que ceux de la vie privée, nous préparent une nouvelle férie d'images ; ce n'eſt plus la modeſtie, c'eſt la prudence qui va s'emparer de la Diſcrétion. Pénétrons dans un de ces ſanctuaires politiques où ſe traitent les grandes affaires de l'état ; contemplons un inſtant ces fronts reſpectables ſur leſquels ſe gravent les réflexions profondes, les ſollicitudes paternelles ; nous y lirons auſſi l'empreinte de la plus inviolable diſcrétion. Suivons de la penſée les ordres, les plans qu'ils communiquent pour le ſalut de la Patrie, & voyons agir le chef expérimenté qui les reçoit. Suppoſons que ce ſoit un Cecilius-Metellus, & écoutons ſa réponſe à un capitaine indiſcret qui lui demande ce qu'il compte faire exécuter à l'armée : *ſi je penſois que ma chemiſe le ſût, je la dépouillerois tout à cette heure pour la mettre dans le feu.*

Il eſt mille autres faces ſous leſquelles la Diſcrétion peut nous offrir les traits les plus intéreſſans ; mais nous croyons qu'elle n'eſt jamais plus aimable que lorſqu'elle eſt dirigée

par

par la bienveillance. Qu'il est estimable, celui qui sachant un mot qui peut perdre son ennemi, oublie ce mot pour jamais ! qu'il est estimable & grand tout-à-la-fois, celui qui n'étudie les défauts & les vertus de son ami, que pour corriger discrettement les uns & faire valoir hautement les autres !

Bornons-nous à ces réflexions : bien qu'elles ne fassent qu'effleurer la matiere, elles peuvent cependant servir à faire connoître une qualité très-essentielle. Vante qui voudra ces exemples trop préconisés, qui nous peignent la Discrétion comme une science de ruses & de détours adroits : nous admirons Papirius gardant le secret du Sénat ; mais nous détestons le mensonge qu'il crut devoir mettre à la place. La vérité, cette base solide d'une République, suivant le sage Platon, ne doit jamais cesser de diriger la langue d'un homme libre.

Rue Granville.

CETTE infâme horde de brigands qui ont flétri le nom d'un Département de la France, les révoltés de la Vendée, fuyant, loin de ur repaire, la vengeance Nationale, paſſerent la Loire à l'entrée de l'hiver dernier, (deuxieme année Républicaine), & inondant quelques-uns des Départemens voiſins, oſerent pénétrer juſqu'à Granville, & en firent le ſiege, le 24 Brumaire. Ils y furent reçus *à la Républicaine* : leurs cadavres couvrirent le ſol qu'ils étoient venus ſouiller. Les habitans de Granville ſe montrerent, dans cette affaire, les dignes défenſeurs de la liberté. Les femmes & les enfans ne voulurent pas être les vains ſpectateurs des exploits de leurs maris & de leurs peres ; ils formerent entr'eux une chaîne de correſpondance de l'arſenal aux batteries, & fourniſſoient ainſi, avec une célérité incroyable, les boulets qui alloient foudroyer les brigands. Ceux-ci eurent, pendant l'attaque, la ſacrilege impudence de propoſer aux aſſiégés de crier : *vive Louis XVII ! Tenez, voilà du hix-huit*, répondirent les canonniers en pointant leurs pieces.

Enfin, cette hydre du fanatiſme oſe à peine aujourd'hui montrer ſa derniere tête ; bientôt on ſe rappellera avec horreur que les brigands de la Vendée ont existé ; & afin que la postérité puisse les maudire encore, leur nom salira une page de notre histoire.

Rue de la Fidélité.

Lorsqu'il s'agit de peindre une vertu de sentiment, les définitions de mots sont foibles & insuffisantes ; elles réveillent tout au plus quelques idées, mais elles ne laissent point cette impression profonde qui ne peut s'établir que par l'entremise des sens. Quel tableau moral de la Fidélité parlera jamais aussi éloquemment à l'esprit & au cœur que ce vieux marbre trouvé à Rome. » Il représente, » dit-on, d'un côté, sous un pavillon, un » homme vêtu à la Romaine, près duquel » est écrit Honneur ; & de l'autre, une » femme couronnée de lauriers, avec cette » inscription : Vérité. Ces deux figures se » touchent dans la main ; au milieu d'elles est » représenté un jeune homme d'une figure » charmante, & au-dessus on lit : Dieu de » la bonne Foi. » Allégorie sublime qui fait naître une foule de sensations & d'idées à mesure qu'on l'examine davantage. O vous! amis tendres qui fûtes inséparables au milieu des épreuves du malheur! vous, amans sensibles & pleins d'honneur, qui resserrâtes vos nœuds à mesure que l'éclat de la fortune, les charmes de la séduction ou les terreurs de la violence s'efforçoient de les rompre! vous enfin, époux vertueux, dont l'union fondée sur l'estime ne fut jamais altérée par les noirs soupçons, par la funeste jalousie! placez-vous devant notre intéressant tableau ; étudiez-le en silence, frémissez de plaisir en vous reconnoissant dans quelques-uns de ses traits; mais gardez-vous de vouloir l'expliquer.

Nous allons terminer cet article en considérant rapidement la Fidélité sous le rapport général & immédiat qu'elle a avec l'utilité publique & le bonheur commun. Nous croyons ne rien dire d'exagéré, en assurant que cette aimable vertu a réellement été la base & le nerf des premieres Sociétés du monde. En effet, dans ces temps reculés où il ne pouvoit y avoir ni principes, ni loix écrites, la bonne foi dut composer tout le code politique des Peuples. Une parole donnée dans la sincérité d'un cœur droit dut tenir lieu des contrats les mieux cimentés, des chartes les plus authentiques, & il étoit impoffible qu'elle fût violée. Ce qu'il y a de certain, c'eft que les hommes vivement touchés de tous les biens dont ils étoient comblés par le moyen de la Fidélité, en firent une Divinité; & le premier autel qu'ils éleverent fut pour elle. Elle continua d'être ainfi dans la plus haute eftime parmi les hommes, pendant tout le temps qu'ils conferverent les mœurs fimples de la nature. Ce fut particuliérement chez les anciens Romains qu'elle brilla d'un plus grand éclat ; elle communiqua à leur commerce particulier une fûreté qui paffa en proverbe ; & elle procura tout-à-la-fois à leurs armes des fuccès qui ne fe démentirent jamais. Un Romain qui s'étoit lié par ferment à fon drapeau & à fon Général, ne les abandonnoit fous aucuns prétextes ; il mouroit plutôt que de manquer à fa foi. Mais qu'eft-il befoin de citer la foi des Romains à un Peuple généreux qui fut conferver la fienne intacte, au milieu même de la corruption du defpotifme ? Qui mieux que le Français fentira le prix de la Fidélité ?

C'est à lui, maintenant qu'il est soulagé du poids affreux qui le comprimoit, à présenter aux nations avilies de l'Europe l'image de cette foi antique qui faisoit, dit-on, préférer la parole d'un Romain à celle de dix Grecs. Français ! la nature toujours bonne, le fut particuliérement pour vous; elle vous forma pour la fidélité, car elle mit en vous l'honneur & la vérité, sans lesquels il n'existe point de foi. Elle vous dispensa presque des efforts qu'exige ordinairement l'acquisition des vertus; elle vous donna la sensibilité qui les rend naturelles. Livrez-vous donc à la pente heureuse de votre caractere, & ressouvenez-vous que rien ne le fera mieux contraster avec celui de l'esclave, que la pratique de la Fidélité.

Rue des Bonnes Mœurs.

Offrir tous les jours à des Républicains l'idée des bonnes Mœurs, c'est une invitation au bonheur social.

Les bonnes Mœurs sont la base de toutes les vertus, & sur-tout des vertus républicaines; elles font le tableau vivant des devoirs de chaque citoyen, elles procurent les plus douces jouissances : confiance, amitié, bienfaisance, union. Par elles, l'amour du travail se propage dans tous les états; par elles, l'indigence disparoît, les mariages se multiplient, le vice se cache & s'anéantit enfin devant les regards surveillans de la vertu qui le poursuit.

L'histoire nous fournit deux exemples frappans des avantages inappréciables dont jouirent les Athéniens & les Romains, tant que les bonnes Mœurs furent honorées par eux. Ces deux fameuses Républiques s'éleverent au plus haut point de grandeur & de puissance; elles avoient de véritables héros en tout genre, parce que c'étoient des héros du bien public, & non des héros de l'ambition; mais enivrées de leurs prospérités, elles en négligerent bientôt les sources; les Mœurs furent corrompues & remplacées par l'ambition, l'égoïsme, le mépris des loix, l'anarchie & l'esclavage. De ces républiques si célebres, il ne reste plus que l'idée douloureuse de leur anéantissement.

Que conclure de ces exemples ? Que les bonnes Mœurs étant le plus ferme appui

....république, & le premier mobile du bonheur de l'homme vivant en société, tout bon citoyen doit s'empresser de les honorer, & se faire un devoir sacré d'en être le précepteur & le modele.

Rue Publicola.

Ce fut à Rome que naquit Valérius Publicola, collegue de Brutus, & comme lui l'ennemi juré des tyrans, il commença sa carriere, par où tant d'autres se fussent estimés heureux de la voir finir, l'expulsion des Tarquins. Quatre fois, les suffrages du peuple Romain l'éleverent à la dignité de Consul, & chaque fois, ses vertus & son amour constant pour le Peuple comblerent les vœux & justifierent le choix des citoyens de Rome. La popularité qui le caractérisoit principalement, fit ajouter au nom de Valérius, le surnom de Publicola, qui veut dire *ami du peuple*. Pour faire connoître jusqu'à quel point alloit ce sentiment dans l'ame de Valérius, il suffira de citer le trait suivant. Il habitoit, sur la cime du Mont-Palatin, une maison superbe & fort élevée, qui dominoit toute la place publique de Rome, & de laquelle il voyoit tout ce qui s'y passoit. Ses avenues extrêmement difficiles en rendoient l'accès peu commode; & lorsqu'il en descendoit, ce n'étoit qu'avec un faste & une pompe qui tenoient plus de la marche d'un roi que de celle d'un consul. Le Peuple, naguere sorti de la servitude, en conçut de l'ombrage, & en témoigna son mécontentement. A peine Valérius en fut informé, qu'il assembla sur le champ le plus grand nombre d'ouvriers qu'il put; & dans une seule nuit, il fit démolir ce trop somptueux édifice & enlever jusqu'à sa derniere pierre. Il pria ses amis de lui procurer un logement, jusqu'à ce que le Peuple lui eût lui-même désigné un emplacement, où il pût faire construire une maison plus modeste & qui répondît mieux aux principes de cette égalité qui doit régner parmi les hommes. Depuis lors, il vécut si pauvre, que n'ayant pas laissé à sa mort de quoi subvenir aux frais de ses funérailles, il fallut, par une collecte, inviter tous les citoyens à y suppléer. Le Peuple honora de ſes regrets la mémoire de Publicola, & prouva, par cette marque précieuſe de ſon attachement, que les vertus populaires ſont les ſeules que nous devions être jaloux d'acquérir.

Rue de la Convention.

Le mot Convention, dans l'uſage le plus ordinaire, ſignifie accord ou pacte que deux ou un plus grand nombre de perſonnes font enſemble; mais nous l'enviſagerons dans cet article ſous l'acception politique, parce que c'eſt celle qu'on a eu en vue en donnant le nom de Convention à cette rue de la ſection de l'Unité.

Une maſſe d'hommes réunis en ſociété ne peut exiſter ſans Gouvernement & ſans loix. Égaux en droits par la nature, aucun n'a la faculté excluſive de commander ni de rien preſcrire aux autres, & cependant tous individuellement ne peuvent pas ordonner. La ſouveraineté, l'autorité, la puiſſance ne peuvent appartenir à aucun en particulier, ni à aucune ſection d'entr'eux. C'eſt dans la maſſe, c'eſt dans le Peuple qu'elles réſident eſſentiellement, & nulle autorité légitime ne peut émaner que du Peuple.

C'eſt donc au Peuple ſeul qu'appartient le droit d'établir le Gouvernement, d'en fixer les principes, d'en déterminer le mode, de régler les fonctions publiques, de déléguer l'autorité, les pouvoirs.

Dans une ſociété peu étendue, dont tous les membres pourroient commodément ſe réunir dans le même lieu, le Peuple exerceroit immédiatement ſa ſouveraineté ; ſes propres délibérations fixeroient le ſort de l'Etat, dirigeroient la marche du Gouvernement, en régleroient toutes les parties. Mais lorſque cette ſociété eſt tellement conſidérable que le rapprochement de tous ſes membres eſt abſolument impoſſible, le Peuple alors ne peut plus ſe gouverner lui-même : il eſt en ce cas obligé de ſe nommer des Repréſentans qu'il rend dépoſitaires de ſa confiance & qu'il inveſtit de ſon pouvoir.

Lorſqu'il eſt queſtion de faire ou de modifier la Conſtitution d'un Peuple, la réunion de ſes délégués ſe nomme Convention ; mais la Convention ne peut que propoſer la Conſtitution & toutes les diſpoſitions Conſtitutionnelles. Leur exécution eſt ſubordonnée à l'acceptation du Peuple. Car, en se nommant des Représentans, le Peuple ne s'est pas dépouillé de sa souveraineté pour la leur transmettre; c'est toujours en lui qu'elle réside essentiellement & virtuellement; & l'acte le plus solemnel de cette souveraineté est l'acceptation ou le rejet qu'il peut faire des loix constitutionnelles & fondamentales qui lui sont proposées.

C'est l'exercice que fait le Peuple de sa souveraineté dans cette circonstance importante, qui lui rend propres les loix auxquelles il doit obéir; & l'engagement qu'il prend de les respecter & de s'y soumettre est d'autant plus sacré, qu'il doit les considérer comme l'expression réelle de sa volonté, puisqu'il a doublement concouru à les former par le choix libre de ses Représentans, & par la sanction qu'il a donnée à leur ouvrage.

Après avoir fait connoître ce qu'on entend par Convention, nous devons parler de celle qui, formée par le Peuple Français pour consolider sa Liberté, est appellée à régler les destinées de l'Europe, & à préparer le bonheur du monde.

Malgré les crimes dont Louis XVI s'étoit déjà couvert, il lui étoit encore resté assez de partisans pour que la royauté, qu'admettoit la constitution de 1789, lui fût de nouveau déférée. Mais une autorité limitée ne convenoit pas à son orgueil ; ce n'étoit pas assez pour lui d'une royauté modifiée ; il vouloit être tout-à-fait roi, c'est-à-dire, tout-à-fait despote.

Secondé par d'infames ministres, soutenu par une armée nombreuse prête à envahir notre territoire, il crut pouvoir hardiment lever le masque. Le féroce Charles IX, ce bourreau de ses sujets, n'avoit fait égorger qu'une secte particuliere, une troupe de citoyens proscrits, dont les noms étoient désignés ; Louis XVI, plus féroce & plus criminel encore, tourna ses armes contre la masse du Peuple même ; mais le tyran succomba, son pouvoir fut suspendu dans ses mains parricides, & la constitution qui consacroit ses droits devint un objet d'horreur pour les Français, qui demanderent de toutes parts une Constitution entiérement Démocratique.

Telles font les circonstances qui néceffiterent la formation de la Convention Françaife. A peine réunie à Paris, son premier acte fut de proclamer la République. Une affaire d'une grande importance appella bientôt après ses délibérations. Pour la premiere fois, une autorité légitime devoit examiner la conduite d'un roi coupable ; pour la premiere fois, le glaive de la loi alloit être fufpendu fur la tête criminelle d'un defpote, & la France étoit destinée à donner ce grand exemple aux Peuples, & cette leçon terrible aux tyrans. Tous les forfaits de Louis XVI furent dévoilés, la prefqu'unanimité de la Convention le déclara coupable de haute trahifon, & la *peine de mort* lui fut appliquée conformément à la loi.

Un zélé défenfeur du Peuple paya de fa vie l'énergie avec laquelle il avoit voté la mort du tyran : Lepelletier eft le premier Repréfentant du Peuple, dont le fang ait coulé pour la caufe de la Liberté.

Quelque temps après, une grande trahifon éclata dans les armées ; la crife du fédéralifme ne tarda pas à fe manifefter, & du fein des orages dont la Convention étoit entourée, elle forma la Conſtitution Démocratique qu'elle préſenta à l'acceptation du Peuple François. Les circonſtances impérieuſes dans leſquelles ſe trouvoit la France, n'en permirent pas la promulgation ; on lui ſubſtitua un Gouvernement Révolutionnaire.

La Convention prit de grandes meſures, opéra de grandes réformes ; cependant l'immoralité, la corruption, l'intrigue, réduites en ſyſtême, menaçoient notre Liberté. Mais du ſein de ces factions diverſes, s'élevoit une autorité coloſſale, une nouvelle tyrannie qui, comprimant la France entiere, vouloit étendre ſon empire juſques ſur la Convention Nationale. Des échaffauds furent élevés ſur tous les points de la République, & le ſang des citoyens couloit à la ſeule volonté du tyran & de ſes exécrables ſuppôts. Les conſpirations des Hébert, des Manuel, des Chabot, des Danton, avoient été ſucceſſivement découvertes & punies ; le ſeul Robeſpierre, les faiſant ſervir à ſon ſyſtême, s'en faiſoit un moyen pour conſolider ſon autorité & perpétuer ſes crimes. Mais ils devoient avoir un terme dans la nuit du 9 au 10 Thermidor. La Convention, reprenant un caractere digne d'elle, renverfa le tyran, & ramena le regne fi defiré de la juftice & de la vertu.

En développant dans une adreffe énergique les fublimes principes dont elle eft animée, elle a porté la confolation dans le cœur de tous les Français. Depuis ce moment fortuné, l'intrigue eft confondue, un jour nouveau femble luire pour la France. On voit la Liberté régner, la confiance renaître; & la Convention Nationale, dégagée de ce qu'elle avoit d'impur, recueille de toutes parts les bénédictions du Peuple qui, fe ralliant autour d'elle, jure la plus entiere foumiffion à fes décrets.

Rue La Barre.

DE tous les fléaux qui ont pefé fur l'humanité gémiffante, le plus cruel fut la fuperftition. Ce monftre fanglant & dominateur vient enfin de perdre parmi nous fon empire politique; mais ne craignons pas de trop nous pénétrer de l'horreur qu'il nous infpira. Nommer fes victimes, c'eft faire fon hiftoire;

c'eft

c'eſt nous attacher de plus en plus aux principes de la révolution qui l'a détruit.

Abbeville fut le théâtre de la funeſte ſcene que nous allons retracer. En 1765, un jeune militaire, nommé LABARRE, y fut dénoncé par un ennemi perſonnel, pour *n'avoir pas ôté ſon chapeau à trente pas d'une proceſſion.* Son dénonciateur profita des diſpoſitions fatales où ſe trouvoient les eſprits, par le dommage accidentel que venoit d'éprouver un *crucifix* placé ſur un pont : dommage dont la véritable cauſe n'a jamais été conſtatée. Les prêtres, toujours habiles à tirer le plus odieux parti des circonſtances qui pouvoient aſſurer leur tyrannie, employerent en cette occaſion tous les moyens que leur fourniſſoit l'ignorance dans laquelle ils entretenoient le Peuple. L'évêque d'Amiens marcha lui-même à la tête d'une *proceſſion* particuliere auprès de l'image mutilée. On lança des *monitoires*; acte biſarre d'un cruel aſcendant ; menace faite au nom du ciel, qui trop ſouvent arracha la calomnie à des hommes égarés qui ne pouvoient penſer que le ſoupçon des prétendus *Miniſtres de Dieu* pût n'avoir pas la

Y

vérité pour objet, & dont l'imagination bleſſée créoit, de concert avec les prêtres, les fantômes dont ceux-ci réclamoient la menſongere exiſtence. On rappella quelques chanſons licencieuſes échappées à la jeuneſſe de Labarre : il n'en fallut pas davantage pour armer les préventions du Tribunal auquel le malheureux comparut. La Sénéchauſſée d'Abbeville le condamna à être jeté au feu, après avoir eu la tête tranchée. Le Parlement de Paris ratifia cet indigne jugement, malgré la conſultation ſignée de dix des plus célebres Avocats, où fut démontrée l'illégalité des procédures ; malgré les concluſions du Procureur-général, auxquelles acquieſcerent, pour *la caſſation*, dix des membres du Tribunal. Quinze autres juges confirmerent la ſentence ; & elle fut exécutée à Abbeville le 1er. Juillet 1766. Les tourmens de la *queſtion* précéderent la mort du jeune Labarre. Ils avoient pour objet de lui faire nommer des complices, lorſqu'il n'exiſtoit pas de crime. L'Europe entiere frémit à la nouvelle de cet aſſaſſinat juridique ; & ſon ſouvenir atteſtera dans la poſtérité les horreurs de l'infâme ſuperſtition, les attentats de ſon regne exécrable.

Ombres des infortunés qu'elle immola ! je crois vous voir planer sur la France régénérée. Recevez les hommages expiatoires d'un Peuple qui vient de briser son joug.... Le flambeau de la vérité répand sa lumiere sur vos tombeaux : nos larmes n'y coulerent pas envain. Outragé trop long-temps par les scélérats qui oserent le faire servir d'instrument à leurs passions criminelles, le ciel nous a choisis pour venger sa cause ; & déjà nous avons rempli nos destinées. L'humanité reconnoît ses enfans; la Liberté les protege, & toutes les vertus concourront bientôt à leur bonheur.

Rue de l'Opinion.

Les hommes se trouvant dans de continuels rapports d'intérêt avec les objets qui les environnent, ont tous nécessairement une maniere de les envisager, réglée sur le plus ou moins de développement de leur raison, le plus ou moins de connoissance qu'ils ont de ces objets, le plus ou moins d'impressions qu'ils en ont reçu. De toutes ces manieres de voir, il en résulte une générale qu'on appelle communément l'Opinion : son excellence comme sa défectuosité dépendent de la nature des élémens qui la composent. Il y a loin, par exemple, de l'opinion d'un Peuple libre, par conséquent vertueux & juste, à l'opinion d'un Peuple esclave, c'est-à-dire avare, injuste & corrompu. Chez l'un, elle repose constamment sur la vérité ; chez l'autre au contraire, elle est fondée sur l'erreur. Mais comment pourroit-il en être différemment ? Comment des hommes qui dévouent leur tête au joug de l'esclavage, pourroient-ils songer à soustraire leur ame à l'empire du mensonge ? Comment des hommes qui se laissent maîtriser par un despote, toujours lâche & sans courage, ne recevroient-ils pas la loi des passions indomptables & furieuses ? Comment ne s'imboiroient-ils pas des principes les plus faux, les plus corrompus, lorsque l'habitude seule de les voir pratiquer suffiroit pour les leur faire paroître équitables ? Allez demander, par exemple, à ce dur & orgueilleux colon, élevé dans l'infâme trafic du sang humain, ce qu'il pense de son odieux commerce. Demandez-lui de quel droit il va arracher à leur terre natale de malheureux Africains, pour venir ensuite les répandre ainsi que des bêtes de somme, sur les plaines brûlantes de l'Amérique. Demandez-lui de quel droit il enchaîne ces infortunés que la Nature avoit fait naître libres. Demandez-lui enfin de quel droit il fait ruisseler leur sang à la plus légere faute qu'ils auront commise. Frémissez de sa réponse; il invoque l'Opinion. Quel affreux malheur, si cette opinion étoit aussi invariable que la sienne & ne pouvoit jamais changer! Mais la Nature qui mesure le bien, mesure aussi le mal; elle ne paroît insensible que pour mieux faire éclater sa justice; & sa voix n'est jamais plus terrible qu'à la suite d'un long silence. Hommes aveugles & cruels, s'écrie-t-elle enfin, cessez de porter la désolation & la mort parmi des créatures qui ne me sont pas moins cheres que vous-mêmes ; ouvrez les yeux ; reconnoissez en elles, des hommes, des freres; apprenez que l'homme n'est point né pour l'homme, mais que tous sont égaux, & que nul n'a de droits particuliers à exercer sur ses semblables. Mais

ouvrez plutôt les yeux fur vous-mêmes, &
demeurez confondus à l'afpect de la dégradation de votre être ; ne vous contentez
donc pas de renoncer à vos efclaves, ceffez
de l'être vous - mêmes. Cette voix perdue
pour quelques-uns, ne l'eft pas pour tous:
les hommes fe réveillent infenfiblement ; chacun rectifie peu-à-peu fes idées ; & quand
la révolution générale de l'Opinion qui en eft
une fuite, eft opérée, nous voyons tomber
non - feulement les chaînes matérielles des
pauvres Negres, mais encore les chaînes politiques, bien plus pefantes, de leurs anciens
dominateurs. Nous voyons s'écrouler à la fois
tous les inftrumens du defpotifme ; une Opinion nouvelle s'éleve majeftueufement & plane
fur ces odieux décombres ; c'eft la Nature,
c'eft la vérité qui vont régner par elle. Des
mœurs pures & fimples feront fon premier
ouvrage ; elle infpirera aux Peuples ainfi
régénérés des loix juftes, & les maintiendra
enfuite par les mœurs qu'elle aura formées.

Rue Démosthenes.

Etre né avec les plus heureuses dispositions d'esprit pour l'éloquence; avoir un génie sublime, une ame forte; ne négliger aucun des moyens que peuvent donner l'application & l'étude; travailler à vaincre le dégoût inséparable des premiers pas dans une carriere difficile; avoir en quelque forte forcé la nature dans les obstacles qu'elle sembloit mettre aux succès; étonner ensuite son siecle & la postérité par des talens qui subjuguent l'admiration, & porter à son plus haut degré de perfection l'art de parler aux hommes; mériter enfin le surnom de pere de l'éloquence, tout cela n'est que la moindre partie de l'éloge de Démosthenes : il fut l'oracle de la Liberté.

Faut-il après cela s'étonner de sa gloire? Son ame étoit pêtrie de cette fierté Républicaine qui ne peut supporter l'indépendance; & la Liberté, venant à germer dans un cœur tout fait pour elle, a dû lui communiquer cette chaleur, cette énergie, cette véhémence, qui enfantent l'enthousiasme : de-là, ces traits perçans, ces images terribles, qui abattent; qui effraient; ce ton de dignité qui en impofe; ces mouvemens impétueux qui entraînent; & la Grece n'eût jamais fubi le joug de la Macédoine, fi la Grece eût encore voulu conferver fa Liberté. Mais Athenes n'offroit plus qu'un Peuple vain & frivole, tel qu'il le falloit enfin pour recevoir bientôt des fers.

Démofthenes eut à furmonter de grands obftacles du côté tant de la fortune que de la nature. Privé de fon pere dès l'age de fept ans, des tuteurs avides négligerent fon éducation, & ne fongerent qu'à le dépouiller de fon héritage. La nature, fi prodigue envers lui, s'étoit montrée avare fur un feul point, en le privant de la faculté de s'exprimer avec aifance, faculté que Démofthenes lui-même regarde comme la premiere qualité de l'orateur. Pour faire difparoître ce défaut, il mettoit dans fa bouche de petits cailloux, & prononçoit ainfi à haute voix plufieurs vers de fuite.

C'eft dans la retraite qu'il forgeoit ces armes redoutables qui porterent tant & de fi terribles coups à la fureur ambitieuse du tyran Philippe. Il s'étoit fait un cabinet souterrain, & de peur que le desir d'en sortir ne vînt quelquefois interrompre ses travaux, il se faisoit raser la moitié de la tête, n'osant plus alors se montrer en Public, ni s'exposer à la risée. Dans ce sombre lieu, à la lueur d'une lampe, il travailloit ces fameuses harangues qui plus d'une fois firent sortir des armées de dessous terre, & balancerent les destins de la Grece. S'il abandonnoit un instant sa solitude, c'étoit pour se promener sur les bords de la mer, d'où il haranguoit les flots soulevés, pour se prémunir contre la timidité que pouvoit craindre, lorsqu'il auroit à parler au milieu du tumulte des assemblées populaires, un homme que le silence profond qui l'environnoit, rendoit plus facilement maître de lui-même.

Cette précaution lui étoit d'autant plus nécessaire, que les Athéniens étoient distraits & légers. Un jour, au milieu de son discours, voyant que le Peuple ne l'écoutoit point, il s'arrête, & se met à débiter un conte. « Pendant les chaleurs de l'été, un jeune

» homme avoit loué un âne, pour aller
» d'Athenes à Mégare. A l'heure de midi,
» le jeune homme, afin de se dérober aux
» ardeurs du soleil, voulut se mettre sous
» l'âne; mais celui qui l'avoit loué, lui dis-
» puta ce droit, soutenant qu'il avoit loué
» l'âne, & non pas son ombre: le jeune
» homme, au contraire, disoit qu'en louant
» l'âne, il avoit aussi loué son ombre. » Démosthenes finit là son conte, & descend de
la tribune; le Peuple le retient, le force à
remonter, & lui demande avec empressement
comment la dispute s'étoit terminée. Alors
le sublime orateur, élevant cette voix fou-
droyante qui faisoit trembler la Macédoine:
« Dieux protecteurs d'Athenes, s'écria-t-il,
» voyez-vous avec quelle avidité votre Peuple
» écoute des contes frivoles & puérils, & la
» coupable indifférence avec laquelle il reçoit
» nos conseils sur les plus chers intérêts de
» la Patrie! » O Démosthenes! il n'a man-
qué à ta gloire, que d'avoir occupé dans la
tribune de l'aréopage Français, une place plus
digne de toi.

A sa mort, les Athéniens lui érigerent une

statue de bronze, & ordonnerent, par un décret, que d'âge en âge l'aîné de sa famille seroit nourri dans le Prytanée (1). Au bas de la statue étoit cette inscription : *Démosthenes, si la force avoit égalé en toi le génie & l'éloquence, jamais Mars le Macédonien n'auroit triomphé de la Grece.*

Rue de la Loi.

La Loi est l'expression libre & solemnelle de la volonté générale.
Déclar. des Droits. Art. 4.

Quel dut être l'étonnement d'un peuple immense, lorsque pour la premiere fois il entendit proclamer cette maxime d'une éternelle vérité ! Assujetti pendant quatorze siecles sous la volonté d'un seul homme, il croyoit obéir à des loix, tandis qu'il se laissoit aveuglément conduire par un système le plus illégal, le plus arbitraire, le plus injuste &

---

(1) *Prytanée*, lieu à Athenes, où étoit le siege des juges de la police, & où l'on nourrissoit aux dépens de la République ceux qui avoient rendu quelque service considérable à l'état.

le plus tyrannique. *Je le veux, je l'ordonne; que ma volonté seule tienne lieu de regle & de Loi*: telle fut dans tous les temps l'expression du despotisme. Fidelle à ce principe odieux, il en tiroit les plus affreuses conséquences; une foule d'esclaves adoroit en silence les caprices du maître qu'elle s'étoit donné, & ce dernier avoit osé porter l'impudeur jusqu'à trouver dans cette soumission stupide le droit de les opprimer, de les dégrader, en les sacrifiant à ses infâmes passions.

Un peuple ainsi comprimé, ainsi avili, pouvoit-il espérer jamais le regne de la justice ? Non sans doute, tant qu'il seroit assez aveugle pour méconnoître ses droits, ou assez lâche pour ne pas les ravir à l'indigne usurpateur. Mais dès qu'une fois la raison de ce même peuple, formée à l'école des sages & mûrie par l'expérience, lui eut fait connoître la légitimité de ses prétentions, dès qu'elle lui eut donné le secret de sa force, il ne fut plus possible de le contenir sous le joug; les efforts de ses tyrans pour l'empêcher de se mettre en état d'insurrection, ne servirent qu'à provoquer une juste révolte; l'explosion devint générale, le ressort par sa réaction renversa la tyrannie, & la volonté de tous fut mise à la place de la volonté d'un seul.

Il est donc enfin résolu, ce fameux problême en politique, que Jean-Jacques, dans le désespoir de trouver sa solution, comparoit aux problêmes de la quadrature du cercle en géométrie ou des longitudes en astronomie. Oui, le Peuple Français a *trouvé une forme de Gouvernement qui met la Loi au-dessus de l'homme*, depuis que la Loi est devenue *l'expression libre & solemnelle de la volonté* de tous.

Les hommes, en entrant en société, sont convenus de mettre en commun leurs intérêts; aussi-tôt la voix de la nature s'est fait entendre, & a dit à chacun d'eux : *ne fais pas à autrui ce que tu ne voudrois pas qui te fût fait*. L'évidence de ce principe n'auroit jamais dû trouver de contradicteurs ; & si les hommes avoient pu consentir à suivre l'instinct de la nature & l'impression de leur conscience, ce principe seul devoit suffire : il garantissoit à chacun l'exercice, la jouissance de ses droits, & le code des loix positives ou *écrites* devenoit inutile. Mais dans les uns l'ignorance, dans les autres l'oubli de leurs devoirs, & dans presque tous l'effervescence des passions alloient désoler la société, si les Législateurs n'en eussent réglé les intérêts. Le grand art de la Législation occupa donc les premieres pensées des hommes, & suivit de près l'acte qui les réunit. Le bonheur commun étant le but de toute association, les loix, pour être bonnes, devoient avoir une tendance naturelle vers la félicité publique, c'est-à-dire, ne retrancher que le moins possible de la liberté naturelle à chaque homme pour constituer la liberté civile. Il falloit plus : l'intérêt particulier, ce sentiment né du besoin, cette passion primitive qui ne nous quitte jamais entiérement, dont il seroit même injuste d'exiger de notre part l'absolu dépouillement, l'intérêt particulier devoit être réprimé; & la sagesse des loix étoit de le fondre tellement dans l'intérêt général, que l'un ne pût jamais être indépendant de l'autre. Tant que ces principes feront la base des loix, la société sera heureuse, & le contrat social subsiste dans toute sa rigoureuse exactitude. Or, les choses sont telles lorsque tous font ou acceptent la Loi. Devenue leur ouvrage, elle est dès-lors l'objet de leur attachement & de leur vénération ; dès-lors elle exclut toute idée d'injustice, car nul n'est injuste envers soi-même ; dès-lors enfin elle obtient à coup sûr la plus scrupuleuse observance, puisque tous ayant intérêt à son maintien, tous sont là pour surveiller & punir le transgresseur.

C'est par l'application de ces principes que la France, sous le régime de ses Loix, est appellée aux plus hautes destinées. Aussi-tôt que vingt-cinq millions d'hommes ont eu recouvré le droit imprescriptible & inaliénable de se donner la Loi, on les a vus, pénétrés de leur dignité & de l'importance de conserver ce droit, jeter les fondemens d'une Constitution qui pût à jamais assurer leur Liberté, & fixer irrévocablement les bornes de l'autorité. Ces précautions prises, que leur reste-t-il que de jouir en paix de la douceur & de la justice de leurs Loix ? Quel est le téméraire qui osera lutter contre la puissance d'une nation qui combat pour des intérêts aussi chers, qui ne veut devoir sa gloire qu'en se montrant plus docile devant la majesté des Loix, & qui trouve sa force dans l'accord de toutes les volontés particulieres?

O Français! ô mes concitoyens! non, jamais vous ne cesserez de chérir vos Loix, de leur être soumis, de respecter ceux que votre choix a établis pour les faire exécuter. Ayez toujours sous les yeux cette charte immortelle où sont écrits vos droits; que vos enfans reçoivent de vous des leçons qui les enflamment de l'amour de la patrie, en leur apprenant sur quels principes repose le pacte conventionnel qui les lie à la société; inspirez-leur dès l'âge le plus tendre l'horreur de la tyrannie; & pour cela, montrez-leur jusqu'où conduisent le mépris & la violation des Loix. Qu'ils sachent, & ne l'oublient jamais, que la société n'a pas de plus cruel ennemi que celui qui les enfreint; qu'il abolit, autant qu'il est en lui, les droits les plus sacrés; qu'il prépare par les dangers de son exemple la subversion de la société, & que c'est un *tyran* à sa maniere. Mais sur-tout fortifiez en eux l'amour des Loix par celui de l'ordre & de la justice : si la crainte du châtiment étoit le

seul

seul frein qui les retînt, ils seroient les plus méchans de tous les esclaves; mais tant que la morale formera les citoyens, la République est impérissable.

Rue Thrasybule.

La ville d'Athenes gémissoit depuis long-temps sous le joug de la plus affreuse tyrannie. Subjuguée par Lysandre, Général Lacédémonien, elle s'étoit vu forcée par cet étranger de se soumettre au pouvoir arbitraire de trente tyrans, qui se partageoient le plaisir de l'opprimer. Les injustices, les proscriptions, les cruautés de tout genre renouvelloient & multiplioient chaque jour les scenes les plus déplorables. Un morne silence régnoit par-tout; la crainte avoit glacé presque toutes les voix; la plainte même étoit devenue un crime. Cependant le feu sacré de la Liberté n'étoit pas éteint dans tous les cœurs: il brûloit sur-tout avec énergie dans l'ame de Thrasybule. Il rassemble autour de lui le petit nombre de citoyens que la tyrannie n'avoit pu avilir. Il leur communique son courage & son indignation; il se met à leur tête, & marche droit contre l'armée des tyrans. Le combat s'engage entre leurs esclaves & les hommes libres : le succès pouvoit-il être douteux ? Les tyrans vaincus sont forcés de fuir. Bientôt après, ils osent reparoître avec de nouvelles forces que l'étranger leur a fournies. Mais le Peuple avoit déjà brisé ses fers; il étoit invincible. Les tyrans sont vaincus une seconde fois; la fuite ne peut plus les dérober à la vengeance; ils sont massacrés; & leur mort, juste prix de tant de forfaits, laisse aux Athéniens la jouissance paisible de la liberté, à Thrasybule la gloire de l'avoir reconquise & le nom immortel de Libérateur de la Patrie.

Rue de l'Agriculture.

L'État est un arbre dont les racines sont l'Agriculture; a population en est le tronc; le commerce & les arts en sont les branches & les feuilles. (*Ami des hommes, 2e part., chap. 1.*)

L'auteur que nous venons de citer, trouvoit sa comparaison *étrange, mais expressive.* L'Assemblée Nationale l'a, pour ainsi dire, consacrée, en ordonnant que dans l'enceinte de chaque Commune on transporteroit un *arbre vivant* : ainsi le plus bel ornement des campagnes est en même temps le symbole de la Liberté, & l'emblême le plus naturel de la prospérité que l'Agriculture & le commerce assurent à un État bien administré.

Ainsi ce jeune chêne que nos mains ont planté avec tant d'allégresse au milieu de notre cité, rappellera à nos arriere-neveux, & la chûte des tyrans, & la fondation de la République, & la restauration du premier des arts.

Graces soient rendues aux Législateurs bienfaisans qui, depuis la glorieuse époque de 1789, n'ont cessé de s'occuper du sort des campagnes, & de cette classe laborieuse qui arrose la terre de ses sueurs, de ces honnêtes *Paysans* dont le nom étoit presqu'une injure, & dont l'existence étoit si malheureuse sous le flétrissant régime que la Révolution Française a fait évanouir !

Il seroit trop affligeant de retracer ici les impôts désastreux, les modes vexatoires de perception, toutes les tyrannies féodales, que l'on avoit inventés tout exprès, ce semble, pour défoler & dépeupler les Campagnes. L'ancien Gouvernement qui voyoit d'un œil ſtupide ces abus deſtructeurs, au lieu de les anéantir, comme il en avoit le pouvoir, ſe contentoit, dans ſa démence, de publier de temps à autre des édits pour encourager la culture & les défrichemens : c'étoit vouloir faire fructifier quelques branches de l'arbre, tandis que des milliers de vers rongeurs dévoroient les racines.

Après cela, faut-il s'étonner ſi la dixieme partie des *bonnes terres* de la France eſt encore couverte de friches, de bruyeres, ou de marais infects ?

Mais raſſurons-nous : ces landes ſtériles, ces marais fangeux, ces reſtes impurs de l'eſclavage, ne ſouilleront pas long-temps le ſol de la Liberté. Déja d'immenſes domaines, acquis à la Nation, ſont partagés entre pluſieurs familles de Cultivateurs qui vont y multiplier à l'infini les ſubſiſtances, les productions variées en tous genres, & les matieres premieres du commerce & des manufactures ; car ſi l'Agriculture eſt floriſſante, bientôt les arts utiles, qui s'alimentent de l'excédent des tributs de la terre, profperent & s'accroiffent dans la même proportion.

Déja des brebis étrangeres, élevées & naturalifées à grands frais dans les parcs du defpote, & dont les toifons nous promettent les laines les plus fines, ont été appréciées & payées leur jufte valeur par des Citoyens inftruits : une colonie de ces animaux intéreffans eft déja établie fur notre territoire par les foins d'un de nos compatriotes, amateur éclairé de la vie champêtre. (1)

Des couronnes céréales & des encouragemens ont été diftribués à de bons Laboureurs; & tout le Peuple Français a applaudi avec attendriffement à ce premier hommage rendu à l'Agriculture.

Sous l'heureufe influence de la Liberté, nos champs vont enfin changer d'afpect & fe vivifier : on n'y verra plus, à la vérité, ces

---

(1) Le citoyen Martin, à Beauregard, près Nuaillé, a fait l'acquifition de quelques-unes de ces brebis de race Efpagnole, qu'on élevoit à Rambouillet, près Paris. Son zele pour l'Agriculture & fes lumieres, nous donnent lieu d'efpérer qu'il réuffira à perfectionner l'efpece des bêtes-à-laine de ce pays.

magnifiques châteaux, ces faftueufes demeures de l'orgueil & de l'opulence; nos yeux ne feront plus choqués par le contrafte déchirant de quelques miférables huttes habitées par des fpectres en haillons, non loin d'un palais dans lequel des moines fainéans outrageoient tout-à-la-fois la religion & la Nature. Ces vampires font difparus; & plût à Dieu qu'ils euffent emporté avec eux les vices honteux qui les caractérifoient, & que leur long féjour parmi nous, & fur-tout dans les Campagnes, n'y ont que trop propagés; je veux dire l'égoïfme, l'ignorance & la fuperftition.

Faifons des vœux pour que le projet d'une éducation Républicaine fe réalife promptement; ce ne fera que par le baume falutaire de l'inftruction, par des leçons & des exemples continuels de vertu, que l'on parviendra à guérir, à cicatrifer peu-à-peu les maux infinis que quinze fiecles d'oppreffion & de barbarie ont produits fur le caractere d'une Nation magnanime, qui n'a eu befoin que de la plus légere impulfion pour s'élancer avec courage vers la Liberté, mais qui, au milieu de tant d'efforts presque surnaturels, a besoin d'être soutenue & encouragée.

O vous qui tenez entre vos mains le sort de la République Française ! hâtez-vous de répandre sur nous les trésors de l'instruction, que vous amassez depuis long-temps pour le perfectionnement & le bonheur du genre humain ; n'oubliez pas sur-tout les Villages & les Hameaux ; c'est par ce bon Peuple des Campagnes qu'il faut commencer votre ouvrage ; il est plus près de la Nature ; il sera plutôt régénéré ; & pour finir par la même comparaison que nous avons employée en commençant, si les racines de ce bel arbre qui vous est confié, sont en bon état, si vous avez détruit les insectes qui le rongeoient, si, par des arrosemens salutaires, il reçoit & repompe jusques dans ses moindres fibrilles une seve abondante, bientôt sa tige & ses branches croîtront à vue d'œil, & sa cime majestueuse s'élevera jusqu'aux nues.

RUE DU SOC.

LE *Soc* est, dans la charrue, ce fer qui sert à ouvrir la terre que le *coutre* fend &

renverse. Ainsi, le même métal que le sang rougit dans la main du guerrier, devient, dirigé par celle du laboureur joyeux & paisible, l'instrument auquel la terre doit sa fertilité toujours renaissante. Combien n'en devons-nous pas chérir le dernier usage !........ Mais puisque l'orgueil des tyrans, les passions viles, le génie du crime, s'opposent encore aux douces jouissances de la paix; puisque ce n'est qu'en nous couvrant d'armes menaçantes & meurtrieres que nous pouvons préserver nos champs d'une cruelle invasion, ah! sachons défendre jusqu'à la mort les droits précieux qu'on voudroit nous ravir. Laboureur! la nature sourit à tes efforts; guerrier Français! l'humanité sourit à tes triomphes, parce qu'ils ont pour but d'assurer son empire. Que l'épée vengeresse protege le Soc nourricier. Un jour viendra sans doute où, dans le sein d'un bonheur tranquille, les hommes n'auront plus qu'à goûter les bienfaits qui environnent leur existence; mais tant que le joug de la tyrannie s'appesantira sur eux, vainement espéreroient-ils parvenir à cette délicieuse situation... Elle n'appartient qu'aux

Peuples libres; & les Français acheteront, par leur inébranlable fermeté, le glorieux avantage d'en donner l'exemple.

Rue de la Charrue.

La Charrue est une des plus anciennes & des plus utiles inventions de l'homme. Cet instrument est trop connu pour que la description doive en être faite ici; mais nous n'oublierons pas d'observer qu'heureux supplément de nos forces trop tôt épuisées, il verse dans le sein de la terre les principes d'une fécondité qu'elle n'acquiert qu'avec infiniment plus de peine, si le *coutre* ne la sillonne. C'est par l'usage de la Charrue que nous avons trouvé le moyen d'associer à nos travaux champêtres la vigueur de ces animaux domestiques, dont nous tirons un parti si avantageux que leur possession devient une de nos principales richesses. Considérée sous ce point de vue, la Charrue occupe sans doute le premier rang parmi les véritables trésors de l'industrie. La simplicité de son usage ne fait qu'en rehausser le prix. Le luxe offre en vain à des besoins factices la recherche de tout ce qu'il enfanta : tout s'abaisse devant la Charrue. Saluons ce monument honorable d'un génie reproducteur. Rappellons-nous que les bienfaits que nous lui devons furent si sensibles dans tous les temps, que les loix même de l'ancien régime annonçoient particuliérement le respect de sa propriété. Le fisc odieux n'osoit porter sur la Charrue la main d'airain qu'il appesantissoit sur tout le reste. La Charrue étoit exceptée des objets dont la saisie réduisoit trop souvent à l'excès de la misere l'indigence isolée & plaintive. Si, sous le regne de la tyrannie, la Charrue obtint cette glorieuse distinction, quelle ne doit pas être sa valeur aux yeux du Républicain !.... Homme dont les mains, endurcies par le travail qu'elle seconde, la promenent sur nos champs fertiles, la Révolution te venge enfin du préjugé ridicule & barbare qui t'avilissoit à sa suite. Tu retrouves chez les Français le caractere de ces mœurs antiques & vénérables qui conduisirent plus d'une fois au Sénat & à la tête des armées ceux qu'honora ta profession. Tu es mis enfin à ta place.... Qu'un noble orgueil t'anime ; que l'émulation des vertus rempliffe ton ame. Autrefois tes regards ne fe portoient que fur des oppreffeurs ; ils ne rencontrent plus aujourd'hui que des égaux & des freres. Chéris cette Révolution qui ne put naître que pour ton bonheur ; & n'oublie pas qu'appellé particuliérement à la foutenir du fein de tes travaux paifibles, tu lui dois le concours de tes foins journaliers & de tes efforts courageux.

Rue des Moissonneurs.

Parmi les tableaux variés & fucceffifs que préfente le cercle des faifons & des travaux qu'elles ramenent, la *moiffon des bleds* femble offrir le plus riche développement de la Nature & le plus heureux inftant de fa prodigalité. Avec quelle complaifance, avec quelle forte de fierté, les regards ne parcourent-ils pas ces épis ondoyans & dorés qui fe balancent fur nos guérets !... Mais c'eft furtout dans l'abondance qu'il nous affure, que confifte le charme de ce fpectacle. Je vois déjà les Moiffonneurs fe répandre par troupes dans les fillons ; j'entends les cris de leur allégreffe. Bientôt les longues tiges que l'épi furmonte s'abattent fous la faucille diligente ; les gerbes s'amoncelent, & le champ, dépouillé de fon orgueilleufe parure, nous a livré tous fes tréfors.... Je me trompe : il recele encore la moiffon du pauvre. Heureux propriétaire ! ta véritable richeffe eft dans ce que tu lui abandonnes. Que ton accueil invite, encourage la timide glaneufe. Songe qu'en parcourant après toi ce champ que tes mains féconderent, l'indigent ne recueille que fon patrimoine.

Laiffe tomber beaucoup d'épis
Pour qu'*il* en glane davantage.

La fcene champêtre fe préfente fous un autre afpect. Le bruit mefuré des fléaux attire mon œil fur cette aire vafte & brûlante, où le grain, dégagé de fa légere enveloppe, jaillit fous les coups qui le frappent en cadence. Bientôt féparé de la paille qui s'y mêloit, il s'entaffe fous la main de l'économie, & les greniers s'ouvrent pour le recevoir. Le Cultivateur voit maintenant s'y réunir tout le produit de fa terre : la *dixieme* gerbe n'a pas été ravie par la rapacité facerdotale ;

l'odieuse féodalité n'a pas flétri de son haleine oppressive le fruit d'un honorable travail. Bénissez la Révolution, hommes de la Nature !... semez, moissonnez en paix sous les Loix qui sont son ouvrage ; & nous, habitans des cités ! aimons à transporter notre imagination vers les rians objets de la campagne. Cherchons-y souvent les délassemens qui nous sont permis ; & croyons que les pas qui nous conduisent vers la Nature, ne sont jamais perdus pour la vertu.

RUE DES ÉPIS.

DE toutes les productions de la nature, celle dont les hommes se sont approprié l'usage le plus général, est sans contredit ce grain substantiel, connu sous le nom de *bled* dans ses différentes especes. Sa qualité nutritive correspond tellement avec notre organisation, qu'il peut être regardé comme le principal soutien de notre existence. A l'extrémité du long & mince tuyau qui s'éleve de la terre, l'Epi se compose d'un certain nombre de grains pressés dans la même direction. Les opérations de la récolte les divisent & les dégagent des parties étrangeres à la nourriture de l'homme. La maniere dont le grain se multiplie par son germe, seroit un sujet d'admiration bien vive, si nous n'étions pas continuellement entourés de cette bienfaisante reproduction. Le sol de la République Française abonde en bleds de toute espece. Il est démontré que, sous les loix d'une sage administration, elle peut entiérement se suffire à cet égard. La nature semble avoir particuliérement créé pour l'indépendance ce pays comblé de ses faveurs.... Nous avons enfin entendu son vœu, il sera rempli; & sans proscrire le vaste système des échanges & de la circulation, toujours avons-nous à nous féliciter de voir naître sous notre main les principaux trésors dont la Providence dispensatrice voulut enrichir la terre. Peuple Français! toutes les ressources du bonheur t'étoient offertes; & tu en as trouvé le secret en proclamant ta Liberté.

Rue de la Herse.

Lorsque la terre entr'ouverte a reçu les semences qui doivent germer dans son sein, la *Herfe* assure ce dépôt précieux en le recouvrant avec légéreté d'une partie de cette même terre que soulevent & disperfent les pointes dont est hériffé l'inftrument. L'agriculture offre, dans fes différens détails, un intérêt toujours nouveau ; & l'œil du philofophe, du fincere ami des hommes, y reconnoît aifément le vrai triomphe de l'honorable induftrie, *le premier des arts*, puifqu'il eft le plus utile de tous.

Rue du Travail.

UN des abus les plus frappans qu'ait réformés la Révolution, c'eft l'injufte mépris qui, dans l'ancien régime, étoit attaché au Travail ; & l'entiere abolition d'un préjugé auffi révoltant eft un des plus beaux triomphes de la raifon, & l'un des plus précieux avantages qui réfultent du nouvel ordre de chofes.

Quoique l'utilité du Travail ne pût être méconnue, quoique perfonne ne pût douter que le Travail ne fût la premiere fource des plus folides richeffes & de la véritable profpérité, il n'étoit autrefois qu'un objet d'aviliffement & de mépris. Une profonde ligne de démarcation, que l'orgueil avoit tracée, sembloit séparer l'homme laborieux du reste de la société. C'est à la République qu'il appartenoit de venger le Travail, & de laver une tache aussi flétrissante pour le régime qui la lui avoit imprimée.

Si, sous la monarchie, le Travail étoit une peine, une honte, chez des Républicains il est une vertu, il est un devoir indispensable pour tous les citoyens. Le grand intérêt des mœurs & de la prospérité publique leur en fait une loi sévere, à laquelle il n'appartient à aucun d'eux de se dérober.

En effet, l'oisiveté étant la source de la corruption des mœurs, il est intéressant pour la société que chaque citoyen fasse de son temps un emploi utile, & qui occupe assez son esprit pour le soustraire à l'action de ces penchans déréglés que le désœuvrement réveille & favorise. Et s'il est riche, qu'il ne dise pas que sa fortune doive le dispenser de travailler, qu'elle lui donne le droit de promener çà & là sa nullité, de porter un œil dédaigneux sur l'ouvrier utile, de chercher à avilir le Travail, en paroissant l'envisager

comme

indigne de lui, & de donner à ses concitoyens l'exemple de l'oisiveté qui leur fraieroit ainsi qu'à lui le chemin de tous les vices.

Pour assujettir plus sûrement tous les citoyens au travail, il faut que le mépris dont il étoit ci-devant couvert, se reporte maintenant & avec plus de justice sur l'oisiveté; il faut pour le maintien des mœurs, que l'opinion fasse une prompte justice des gens oisifs, & qu'elle leur assigne enfin la place déshonorante qu'ils doivent désormais occuper jusqu'à ce que des loix rigoureuses répriment l'inertie du riche comme la fainéantise du pauvre.

Le motif de la prospérité publique doit être aussi puissant auprès des bons citoyens pour les exciter au Travail. Les richesses & l'abondance dans un pays ne sont que le produit des travaux de ceux qui l'habitent. Le Travail féconde la terre, améliore & multiplie ses productions; il anime, il vivifie tous les lieux où s'étend son activité bienfaisante; & c'est des travaux partiels de tous les membres de la société, que se composent la fortune & la prospérité publiques. Or, comme aucun citoyen ne peut se dire étranger à un aussi grand intérêt, il doit y concourir lui-même par le juste tribut de son Travail. Ceux qui s'y refuseroient diminuant ainsi la masse des produits de l'industrie, il en résulteroit pour la société un préjudice qui seroit plus ou moins sensible, selon que l'abus seroit plus ou moins multiplié. En méditant ces principes, chaque citoyen reconnoîtra l'utilité du Travail, & la nécessité de s'y livrer avec le plus grand zele.

Sous l'ancien régime, lorsqu'on traitoit avec le dernier mépris ceux qu'on appelloit *gens de travail*, on redoutoit tout ce qui pouvoit améliorer le sort du Peuple. S'il est trop à son aise, disoit-on avec une froide barbarie, il ne voudra plus travailler. Une telle appréhension ne sauroit exister dans une République où chacun se porte au Travail autant par raison que par besoin, aussi bien pour l'intérêt public que pour le sien propre.

Tout citoyen, en travaillant, sentira désormais que ce n'est pas seulement pour assurer sa subsistance ou pour accroître sa fortune, qu'il exerce une profession; il y reconnoîtra un motif d'utilité générale qui annoblira ses travaux & ses sueurs ; il sentira que travailler, c'est servir la chose publique; dèslors ses fatigues lui deviendront précieuses, il se réjouira de ses travaux. C'est ainsi que tous les Citoyens, unis par les mêmes devoirs, comme ils le sont par l'exercice des mêmes droits, se formeront tous aux mêmes vertus sociales ; & que, de nouveaux rapprochemens amenant plus d'uniformité dans les manieres, plus d'aisance & de familiarité dans les relations, nous verrons s'affermir de plus en plus le regne bienfaisant de l'Égalité & pourrons en goûter tous les charmes.

Rue de la Carmagnole.

La Carmagnole est un refrain joyeux qu'aucun Français n'ignore : nos guerriers aiment à l'entendre autant que nos ennemis le redoutent ; car il a été souvent pour ces derniers le présage des plus sanglantes défaites.

La grande vogue que ce refrain a si rapidement obtenue, est une preuve de l'aversion des Français pour les tyrans, & notamment pour l'Autrichienne qui exerça parmi nous ses fureurs ; car les crimes de Louis XVI, & sur-tout les excès d'Antoinette étoient le sujet des paroles assez négligées de cet air devenu si célèbre.

Depuis ce temps, la joyeuse *Carmagnole* & son gai compagnon *ça ira*, n'ont cessé d'animer nos fêtes, d'électriser nos braves défenseurs ; & plus d'une fois nous avons vu le chant de la Carmagnole, excitant nos danses & pressant le pas de charge, devenir tour-à-tour l'expression du plaisir & le signal de la mort.

C'est à cette gaieté franche qui de tout temps caractérisa les Français, qu'on doit attribuer l'étonnant succès de ces chants populaires. La grande Révolution qui s'est opérée, les travaux & les fatigues qu'elles nécessitent n'ont pu porter atteinte à cette gaieté native qui est un des plus précieux dons que nous tenions de la nature. Aucun refrain des camps Anglais, Espagnols ni Prussiens n'est parvenu jusqu'à nous ; & notre Carmagnole retentit dans toutes les parties de l'Europe.

Au sein même de l'adversité, le Français

toujours digne de lui, fait foutenir fon heureux caractere. Bien rarement, dans ces momens funeftes, fa gaieté naturelle l'abandonne; elle eft toujours auprès de lui compagne du malheur. Combien de fois nos braves freres-d'armes, tombés au pouvoir de l'ennemi, n'ont-ils pas fait éclater leurs chants en allant prendre des fers ! Il n'y a pas long-temps qu'un détachement de prifonniers Français paffant à quelque diftance de Berlin, la curiofité attira un grand nombre d'habitans de cette ville qui les virent défiler joyeufement devant eux. Dans le même lieu s'opéra la jonction de prifonniers Polonais qui avoient tous les dehors de la mifere. » Ces pauvres diables, di-
» rent nos généreux Français, font plus mal-
» heureux que nous, nous devons les affifter
» puifqu'ils combattoient pour la même caufe. »
Ils firent auffi-tôt entr'eux une collecte qui produifit plus de cent livres, donnerent cette fomme aux Polonais, & danferent avec eux *la Carmagnole*.

COURS.

Cour de l'Énergie.

L'Énergie est le ressort de l'ame. L'esclavage comprime ce ressort, la Liberté lui rend toute sa force, ou plutôt l'esclave n'a point d'Énergie : s'il en avoit, il cesseroit d'être esclave. La foiblesse, le modérantisme, vice entièrement opposé à l'Énergie, est en même temps le cachet de la servitude. Quiconque est atteint de cette maladie politique, pourra bien n'être pas un traître, mais il ne sera jamais un Républicain.

L'Énergie tient au courage, mais elle est plus que le courage même : c'est l'opiniâtreté, & pour ainsi dire, la permanence du courage. C'est le courage qui entreprend les révolutions, c'est l'Énergie qui en assure le succès. Si le courage fonde les Républiques, l'Énergie seule en affermit les bases, & en éternise la durée. A elle seule appartient d'imprimer à un Gouvernement libre une vigueur constante, de faire voguer malgré la fureur des vents, & d'affermir contre toutes les tempêtes le vaisseau de la Liberté. Elle seule enfin peut lasser les tyrans, & désespérer le despotisme.

Le courage remporte des victoires ; l'Énergie puise une nouvelle force dans ses défaites mêmes. Le premier sert à vaincre l'ennemi, la seconde à vaincre les revers. Redoublant avec les dangers, se roidissant contre les difficultés, elle ne sait ce que c'est qu'une chose *impossible*. Tout devient pour elle un instrument de succès ; elle triomphe des obstacles souvent par les obstacles même.

D'après un pareil signalement, on n'ira pas sans doute chercher l'Énergie dans un état monarchique ; on ne la trouve que dans des ames Républicaines : elle en est le caractere distinctif. C'est l'Énergie qui, dans le sénat Romain, décerna les honneurs du triomphe au général Varron, pour n'avoir pas désespéré de la chose publique. C'est l'Énergie qui força la nombreuse armée du roi des Perses à se consumer inutilement devant les petites Républiques de Sparte & d'Athenes. C'est l'Énergie qui, dans les Etats-Unis, brisa les efforts du léopard Anglais, & fixa la Liberté dans les champs de l'Amérique.

Mais pourquoi recourir à des exemples étrangers ? Le Français n'a plus besoin d'autre modele que lui-même. Quel est le principe actif de cette force extraordinaire qui a multiplié les prodiges de la Révolution, qui, après avoir démoli les cachots de la bastille, renversé le trône du tyran, soutient nos armées victorieuses contre toutes les forces de l'Europe, ne fait de toute la France qu'un vaste camp, & transforme, change toute la République en un immense attelier où se forge la foudre qui doit pulvériser ses ennemis ? Quel est ce sentiment sublime qui offre aujourd'hui le Peuple Français en spectacle à l'univers étonné, le fait lutter avec constance contre cinq années de perfidies & de trahisons sans cesse renaissantes, l'assujettit sans murmure à toutes les privations, & le tient disposé à périr, s'il le faut, plutôt que de capituler avec la tyrannie ? A ces traits reconnoissons l'Energie Républicaine. C'est ce ressort puissant qui, en se déployant de toutes parts, va bientôt renverser tous les trônes, & écraser tous les tyrans.

Tant que *vivre libre ou mourir* sera la devise des Français, le regne de la Liberté est assuré, & la République impérissable.

COUR

des Vainqueurs de la Bastille.

Il étoit naturel sans doute que les hommes qui donnerent en quelque maniere le signal de la *Révolution*, les hommes auxquels il fut réservé de porter ses premieres armes, obtinssent des droits particuliers à la reconnoissance Nationale. Les noms des *Vainqueurs de la Bastille* proclamés dans nos fêtes publiques, la place honorable qui leur est destinée dans celles que Paris célebre, telle est l'expression toujours grande, toujours sentie, de l'hommage que nos cœurs leur ont voué. Elie, Hullin, Maillard, Arné, se distinguerent particuliérement dans l'assaut de l'odieuse forteresse; mais les compagnons immédiats de leur gloire, & ceux qui s'y sont associés par leurs sentimens énergiques, ont mérité comme eux le nom d'*hommes du 14 Juillet*. La France s'est ainsi couverte de leurs dignes émules.... Frémissez, ennemis du Peuple, en songeant aux *Vainqueurs de la Bastille* & à ceux qui les honorent. Soutenus par le précieux instinct dont furent remplis ces premiers héros de la Patrie, que pouvons-nous craindre de votre rage?.. La chûte de la Bastille annonça la chûte des rois & de tous les genres de tyrannie : le courage animé qui renversa cet affreux monument du despotisme, s'est propagé chez une Nation généreuse, pour assurer au milieu d'elle, contre tous les efforts de l'orgueil, des passions & du crime, la *Liberté* qu'elle a conquise, *l'Égalité* qu'elle chérit, & *les vertus* qu'elle encense.

Cour des douze Mois.

Le temps nous appartient; ou plutôt si nous voulons parler exactement, nous dirons que le temps est bien moins notre domaine qu'un espace, un intervalle qui circonscrit la durée de notre existence. Mais ces bornes sont susceptibles de division; & cette division est notre ouvrage. En soumettant le temps au calcul, les hommes se sont arrêtés à de certaines époques, d'où ils sont partis, comme d'un point, pour marquer la succession des âges. Ces époques sont autant de repos dans le cours de l'histoire du Genre-humain, autant de liens qui enchaînent tous les siecles. Chaque peuple à son histoire, chaque Nation a ses époques; mais l'histoire du Peuple Français n'a encore qu'une date très-rapprochée & à laquelle nous touchons. Car appellerons-nous *Histoire de France* ce tissu monstrueux de crimes & de forfaits qui abondent dans ce recueil, & qui ne peuvent perpétuer que le souvenir de notre ancien esclavage? La France libre ne doit point confondre ses fastes avec de pareilles annales, ni écrire sa gloire & ses triomphes sur les pages d'un livre qui ne s'ouvrira plus à l'avenir que pour y puiser une horreur plus profonde de la tyrannie. L'histoire de la Nation Française a deux grandes époques: celle du 14 Juillet 1789, qu'on peut regarder comme la véritable époque de la Révolution Française; & celle du 21 Septembre 1792, époque à laquelle la France a été constituée en République, & où son Gouvernement a pris la forme d'une parfaite Démocratie. C'eſt de cette derniere époque que date l'Ere des Français & que commence notre année Républicaine.

Ce changement dans le Calendrier a donné lieu à une réforme indiquée par le partage inégal des jours entre les douze mois de l'année. Les uns avoient 31 jours, d'autres en avoient 30, & un ſur les douze n'en avoit que 28, & tous les cinq ans, 29. Pour faire diſparoître cette inégalité, les douze mois ont reçu 30 jours chacun, ce qui forme 360 jours; mais afin de compléter l'année commune, qui eſt de 365 jours & environ ſix heures, on a placé ces cinq jours, diſtribués auparavant entre pluſieurs mois, à la fin des douze. Ces cinq jours n'appartiennent à aucun mois; ils terminent l'année, & ont été appellés par cette raiſon *jours complémentaires*. (Voyez l'Art. *Sans-Culotides.*)

Cette nouvelle diſtribution de jours n'étoit pas la ſeule réforme à faire au Calendrier. Il convenoit d'effacer ces noms ridicules & abſurdes qui déſignoient les mois. On leur a donné une dénomination plus exacte qui caractérise chaque mois d'une manière également instructive & agréable. Qu'il nous soit permis d'essayer une description champêtre qui rapproche de leur étymologie ces douze noms nouveaux.

Déjà le pampre à demi-rougi des ardeurs du soleil appelle sur les côteaux la bande joyeuse des *Vendangeurs* ; l'habitant de la ville vient partager avec celui des campagnes les travaux de cette précieuse récolte ; tout s'anime ; ici, la cuve bouillonne, là, le pressoir gémit, plus loin des vaisseaux nouvellement réparés reçoivent à grands flots cette liqueur bienfaisante qui doit fortifier le cultivateur, & faire briller sur le front du vieillard une franche gaieté. Ainsi *Vendémiaire*, le premier mois de l'année, prépare la joie des mois suivans.

Mais à peine la terre a donné les fruits de l'automne, qu'elle se couvre d'épais brouillards ; les arbres se dépouillent de leurs feuilles, & si quelquefois le soleil, lorsqu'il est au milieu de sa course, ne dissipoit ces *brumes* & ne donnoit quelques beaux jours, on se croiroit déjà dans le triste hiver. Cependant l'animal à pas lents trace de nouveaux fillons; & dès *Brumaire*, on confie à la terre l'espérance de la moiffon prochaine.

A ces fombres brouillards fuccedent les noirs *frimats*. C'eft alors le fommeil de la nature. L'heureux villageois, environné de fa famille, auprès d'un feu qui l'échauffe & l'éclaire, jouit en paix de fon labeur. Si l'on apperçoit dans la chaumière un autre flambeau, c'eft la lueur pâle d'une lampe autour de laquelle fe réuniffent les fileufes. En *Frimaire*, l'homme, ainfi que la Nature, prend du repos, & le feul travail auquel il fe livre, eft de mettre en état fes inftrumens aratoires.

Un nouveau fpectacle s'offre aux yeux : ce n'eft plus un tapis de verdure qui couvre la terre ; il femble qu'on ait jeté deffus un vafte manteau d'une éblouiffante blancheur. Les *neiges* qui tombent en *Nivôfe* font une feconde couverture qui garantit de la rigueur de la faifon le germe nourricier que le laboureur a femé.

Les rayons du foleil ont acquis plus de force, depuis que cet aftre, en avançant fa carriere, eft monté plus haut fur nos têtes;

les neiges se fondent & grossissent les torrens; des *pluies* fréquentes inondent les vallons; les rivieres enflées étendent leur lit dans la plaine & la fertilisent de leurs ondes limoneuses; la carpe & le brochet se jouent sur la prairie, tandis que le pêcheur, porté sur un léger bateau, les enveloppe de son filet. C'est au sein des eaux que l'homme, en *Pluviôse*, va chercher une partie de sa nourriture.

Tout-à-coup se fait entendre un *Vent* violent & impétueux; les eaux s'écoulent, la terre se seche, les pluies ont cessé, & la fin de *Ventôse* ouvre la scene enchantée du printemps.

Délicieuse saison où la Nature semble reprendre une nouvelle vie! Tout *germe*, tout végéte, les arbres sont chargés de boutons que quelques jours de chaleur vont faire éclore; le feu de la réproduction se communique à tous les êtres animés, mille oiseaux gazouillent leurs amours; c'est en *Germinal* que la basse-cour reçoit de nouvelles peuplades; & par les soins d'une ménagere économe, la maison rustique est bientôt fournie de nombreux habitans.

L'épanouissement de la Rose vient nous procurer une source de plaisirs dans la douceur de ses parfums, & les autres *fleurs* qu'elle précéde présentent en *Floréal* la décoration la plus riche & la plus variée.

En *Prairial*, l'œil aime à se promener sur l'émail des *prés* ; mais la faulx ne tardera pas à joncher la terre de sa verte dépouille, & l'on verra bondir dans la prairie les troupeaux que réjouit une nouvelle pâture.

Le brûlant été a jauni les *moissons* ; le laboureur rassemble ses voisins, ses amis, pour l'aider à couper ses bleds ; la grange s'ouvre, & *Messidor* y voit entrer des gerbes qui promettent l'abondance.

Une chaleur dévorante embrâse la Nature ; la terre se fend de sécheresse ; & sans les *bains*, les corps abattus périroient sous l'ardeur des rayons qui éclairent *Thermidor*.

Enfin les chaleurs ont achevé de mûrir les *fruits* : en *Fructidor* on quitte la plaine pour courir au verger ; la poire fondante, la pomme d'une chair ferme sont arrangées avec soin sur des couches de paille ; la noix & l'olive sont envoyées au pressoir, tandis que

que la figue & la prune, desséchées au four, feront oublier dans quelques mois la disette de la morte-saison.

L'année touche à sa fin, les greniers sont remplis, la récolte est à l'abri des intempéries de l'air, & les cinq derniers jours se passent en jeux & en danses.

Vie pastorale ! séjour champêtre ! plaisirs purs ! travaux utiles ! vous composez ce cercle annuel. Heureux celui qui, loin du tumulte & sourd à la voix de l'ambition, voit couler ses jours au milieu de ces paisibles occupations ; qui attend la fin de sa carriere avec la résignation du sage, & qui, spectateur des merveilles de la Nature, éleve ses affections vers son auteur comme l'objet principal de ses desirs & le terme de son bonheur.

Cour de la Modestie.

La Modestie est un voile que nous jetons sur nos avantages naturels ou acquis, mais dont la transparence décele trop souvent notre vanité déguisée ; & c'est-là que l'attentive malignité nous attend pour nous enlever des droits qu'elle n'auroit point disputés peut-être à la franchise de l'orgueil; car l'orgueil n'est pas toujours interdit à la dignité de l'homme. Ce sentiment, épuré par l'éducation nationale, peut devenir le germe des vertus & le foyer des talens. Hazarderai-je une réflexion? C'est que la Modestie, telle que nous la concevions sous le despotisme, étoit une de ces vertus factices & mensongeres, nivelées, pour ainsi dire, sur la bassesse des esclaves prosternés aux pieds de leurs maîtres; ceux-ci s'étoient réservé le privilege d'être orgueilleux & vains. Mais dans la République, la Modestie prend un autre caractere : le Français qui a tout fait pour sa Patrie, craint encore de n'en avoir pas fait assez : il est modeste, parce qu'il est Citoyen. Les talens que la Nature lui a donnés, il brûle de les déployer & de les rendre utiles à la chose publique; il en est orgueilleux, parce qu'il est Citoyen. C'est ainsi que, sous le niveau de l'Égalité, la Modestie est sans bassesse & l'orgueil sans hauteur.

Il est une autre espece de Modestie, précieux partage d'un sexe tendre & sensible :

je n'en parlerai point ici. Qu'eſt-il beſoin de recommander aux femmes le plus touchant de leurs attraits, & à des Républicaines la plus aimable des vertus ?

Cour de la Bienfaisance.

A ce ſeul nom, je vois s'épanouir tous les cœurs ſenſibles. Il leur rappelle la plus belle & la plus chérie de leurs vertus. Il fait ſouvenir des généreux ſacrifices que les Citoyens de la Rochelle ont déjà faits pour ſoulager leurs frères ; il eſt l'heureux préſage de ceux qu'ils ſont encore diſpoſés à faire ; car la Bienfaiſance n'eſt pas un mouvement paſſager ; c'eſt un ſentiment permanent dans le cœur d'un Républicain ; c'eſt la volonté conſtante, le déſir habituel de faire du bien. Fille de la bienveillance & de l'amour de l'humanité, elle eſt en même temps le véritable ſigne du patriotiſme : ſans la Bienfaiſance, la fraternité n'eſt qu'un vain mot. De quel droit nous traiterions-nous de frères & d'amis, ſi nos cœurs n'avoient aucun des tendres ſentimens que ces beaux noms expriment, ſi nous voyions avec indifférence les malheurs de nos semblables, les besoins de nos concitoyens ? L'homme insensible n'a point de patrie ; l'égoïste n'a ni freres ni amis. On voit bien sans doute que nous ne voulons pas parler ici de la mendicité, cette lepre hideuse des monarchies, ni par conséquent de ce que jadis on appelloit *aumône*, ce résultat odieux de l'opulence orgueilleuse & de l'indigence avilie : il doit disparoître sous le régime bienfaisant de la fraternité & de l'égalité. Quand vous allez au secours d'un frere, d'un ami, est-ce l'aumône que vous lui faites ?.... Rayons, rayons ce mot honteux du dictionnaire des hommes libres : la République ne doit connoître ni *mendians* ni *faiseurs d'aumônes*.

Ce n'est pas toujours avec de l'argent qu'on exerce la Bienfaisance ; les consolations, les conseils, les services de tout genre, tout est mis à profit par un cœur bienfaisant. Il sait sur-tout en relever le prix par l'attention délicate avec laquelle il oblige : souvent le bienfait se montre & la main se cache. Ennemi de toute ostentation, il ne cherche pas la gloire, mais le plaisir de faire du bien ; il ne va pas mendier adroitement une mention honorable ; il ne se fait point inscrire pompeusement dans les feuilles publiques ; c'est assez pour lui que la reconnoissance l'écrive dans le cœur des heureux qu'il a faits.

Animé de ces sentimens, il est toujours à l'abri de ces revers, si redoutés du riche avare qui n'amasse que pour lui. Le vrai moyen de ne pas craindre la perte de sa fortune, c'est d'en faire part à ses semblables ; car le plaisir d'avoir fait du bien ne se perd jamais. C'est ce qui fit dire à un ancien philosophe, tombant sous les coups de la fortune, ces mémorables paroles : *je n'ai plus que ce que j'ai donné.*

Si la Bienfaisance fait la consolation de l'homme dans ses malheurs, elle fait dans tous les temps son bonheur & sa véritable gloire. L'homme, dit Cicéron, ne peut jamais s'approcher de plus près de la Divinité qu'en faisant du bien aux hommes ; c'est le plus beau trait de ressemblance qu'il puisse avoir avec l'Être-Suprême, dont l'essence est la bonté, & qui ne fait connoître aux mortels son existence que par ses bienfaits.

Source des plus douces jouissances, compagne inséparable de la sérénité de l'ame & de la paix du cœur, la Bienfaisance procure à l'homme ces plaisirs purs qui seuls peuvent se renouveller encore, & se multiplier par le souvenir ; elle lui concilie tout-à-la-fois l'estime & l'amour de ses semblables. De toutes les vertus, la Bienfaisance seule rend l'homme vraiment aimable ; elle seule fait s'ouvrir la route des cœurs, souvent interdite aux qualités les plus brillantes.

<blockquote>
Le conquérant est craint, le sage est estimé ;
Mais le bienfaisant charme, & lui seul est aimé.
</blockquote>

O Bienfaisance ! sentiment céleste ! sois à jamais gravé dans le cœur de tous les Républicains ! que chacun de nous, à la fin de chaque jour, puisse se dire à lui-même : graces au ciel, je n'ai pas perdu ma journée.... j'ai fait encore du bien aujourd'hui.

Cour de l'Instruction.

De tous les moyens qui peuvent régénérer un Peuple & conserver la Liberté, le plus efficace est sans contredit l'Instruction publique. On a dit il y a long-temps, *l'ignorance n'est bonne à rien*.... On s'est trompé : elle est fort bonne pour le despotisme. Un Peuple ignorant sera toujours nécessairement un Peuple esclave. Comment pourra-t-il reprendre ou conserver ses droits, s'il les ignore ? Voyez cet animal, si fier quand il est libre, si terrible quand il reconnoît sa force, voyez-le tracer maintenant un cercle pénible sous les coups redoublés du fouet qui presse sa marche laborieuse.... il a fallu l'aveugler pour l'assujettir. Voilà l'image du despotisme & de l'esclavage. Pour mieux asservir les hommes, on a commencé par les priver des lumieres de l'Instruction ; on les a retenus dans l'ignorance pour les retenir plus aisément dans la servitude. Ainsi le despotisme Oriental interdit dans ses états l'usage de l'imprimerie qui propage les lumieres ; ainsi le despotisme ministériel en France traitoit de contrebande coupable les productions de la raison & de la philosophie, imposoit silence à la vérité, renfermoit l'encyclopédie sous vingt clefs dans les cachots de la Bastille, & ne sembloit occupé que du foin de fermer toutes les iſſues par où la lumiere pouvoit parvenir juſqu'au Peuple. Oublierons-nous le deſpotiſme ſacerdotal, dont le crédit, fondé tout entier ſur l'ignorance des Peuples, devoit tomber au moment même où les Peuples ouvrirent les yeux ; qui, ne pouvant ſe ſoutenir que par la crédulité publique, mettoit tout en œuvre pour l'entretenir, & interdiſoit, au nom de Dieu, les livres même où il prétendoit que Dieu avoit conſigné les titres de ſa puiſſance ?

Ce ſyſtême fut celui de tous les deſpotes de la terre. Suivant eux, pourvu que le Peuple travaille & paie les impôts, il n'en faut pas davantage ; il ſera toujours aſſez ſavant. Auſſi un cri général s'éleva-t-il dans toute l'Europe de la part des ſuppôts de la tyrannie, lorſqu'ils virent déchirer enfin ſi publiquement ce voile antique qui couvroit depuis tant de ſiecles les droits des Peuples & les crimes des rois. Mais leurs cris ſeront impuiſſans ; la lumiere qui vient d'éclore malgré eux ne peut plus s'éteindre ; l'ignorance va être bannie pour jamais. Les fondateurs de la République ont ſenti l'importance de l'Inſtruction ; ils veulent que ses lumieres bienfaisantes atteignent tous les individus de la société ; qu'elle soit universelle, uniforme, égale pour tous ; que l'enfant du citoyen pauvre ait les mêmes secours que l'enfant du riche, qu'ils reçoivent tous deux les mêmes leçons, qu'ils puisent aux mêmes sources. Déjà ces loix salutaires sont tracées : des écoles publiques vont s'ouvrir ; & l'Instruction, en se propageant d'un bout de la France à l'autre, va former une génération Républicaine, instruite & pénétrée de ses droits & de ses devoirs, assurer le triomphe de la Liberté, & combler le désespoir du despotisme.

Français ! êtes-vous jaloux de votre Liberté ? Sachez apprécier les avantages de l'Instruction. Faites la guerre à l'ignorance aussi bien qu'à la tyrannie ; car l'une est inséparable de l'autre. Un ignorant est tout façonné pour l'esclavage ; il est aisément séduit ou subjugué par le premier intrigant qui profite de son ignorance pour l'asservir. C'étoit la pensée de ce philosophe qui s'étoit consacré à l'Instruction de la jeunesse. Un citoyen riche lui propose son fils pour recevoir ses leçons. Le prix demandé lui paroît trop fort ; il se récrie, en disant : je viens d'acheter un esclave qui ne m'a pas coûté davantage.—*Tu as un esclave*, reprend le philosophe avec mépris, *eh bien, garde ton fils, & tu en auras deux.*

Instrument de la servitude, soutien du despotisme, l'ignorance est en même temps la source la plus féconde des malheurs du genre humain. Toutes les pages de l'histoire sont autant de monumens funebres qui attestent cette triste vérité. Si quelqu'un pouvoit en douter encore, qu'il jette les yeux sur cette contrée voisine, sur ce théâtre sanglant, où la stupide ignorance, mere de la superstition & du fanatisme, vient de multiplier les scenes les plus horribles. Ah! si la lumiere de l'Instruction avoit brillé dans ce pays barbare, des torrens de sang n'auroient pas inondé ses fertiles campagnes ; la patrie & l'humanité n'auroient pas eu tant de larmes à verser.... Arrêtons-nous : ce terrible exemple ne prouve que trop que l'Instruction est nécessaire au bonheur du monde, & que l'ignorance est le plus cruel fléau qui puisse désoler la terre.

Cour des Mesures Décimales.

Parmi les innombrables abus de l'ancien ordre de choses, il en étoit de plus vivement sentis ; il en étoit sur lesquels on pouvoit s'expliquer sans craindre la verge de fer qui faisoit courber toutes les têtes. De ce nombre étoit la diversité des poids & mesures. Leur fixation remontoit à ces temps de féodalité, où une foule de tyrans subalternes déchiroit le sein de la plus belle partie de l'Europe. Faut-il s'étonner du défaut d'unité, d'ensemble, de combinaison, de rapports, qui se fait sentir dans ce système monstrueux. L'homme simple & de bonne foi se perdoit dans ce dédale, tandis que l'homme puissant, l'homme astucieux, faisoient tourner à leur profit ces ténebres impénétrables. Leur intérêt commun leur faisoit repousser, de concert, la lumiere présentée par quelques savans, amis de l'humanité. On exagéroit les difficultés; on opposoit le bouleversement que l'on prétendoit devoir résulter de toute innovation dans cette partie. Ainsi en parlant de *boisseau*, de *livre*, de *journal*, de *pinte*, des hommes différens difoient des chofes très-différentes; & prononcer les mêmes mots n'étoit pas parler la même langue. Pour en donner un exemple qui ne nous foit pas étranger, difons qu'à la Rochelle on fe fert de trois boiffeaux différens entr'eux, celui de *Minage*, celui de *Rive* & celui de *Marans*.

Un nouvel ordre de chofes fuccede à ce chaos; une conception vafte, lumineufe, qui ne pouvoit appartenir qu'à un fiecle où les fciences perfectionnées font appliquées aux arts utiles, a fu réfoudre ce grand problême. Les mefures linéaires, celles de fuperficie, au nombre defquelles font les mefures agraires; les mefures des folides & de capacité, les poids, les divifions du temps, celles des monnoies font embraffées par des rapports fenfibles : ils uniffent tout ce qui peut être compté ou mefuré. Mais ce qui affure la durée immortelle de cet ouvrage, c'eft d'avoir rejeté toute bafe de convention, bafe que le temps, l'ignorance & la mauvaife foi euffent pu altérer ; c'eft d'avoir choifi une mefure dont la durée doit être celle de notre globe.

Il faut un Traité pour expliquer cette sublime opération (1). La nature de notre ouvrage, les bornes qui lui sont prescrites, ne nous permettent qu'une simple notice : nous allons la présenter.

La base ou unité à laquelle se rapportent toutes les mesures est le quart du méridien ou la distance de l'équateur à l'un des pôles. Les opérations, tant géométriques qu'astronomiques, nous ont appris que cette distance est de 5,132,430 toises.

Cette base une fois connue, il a fallu en fixer la division, pour y trouver l'étalon des différentes mesures. Et d'abord, ayant à se déterminer entre la division duodécimale & la division décimale, les deux seules dont les avantages pussent se balancer, la derniere a été adoptée : l'usage de presque tous les Peuples, usage qui paroît dériver de la Nature, le nombre des doigts de l'homme, ayant

---

(1) Voyez *l'instruction sur les mesures déduites de la grandeur de la terre... par la Commission temporaire des poids & mesures répub.* Paris, Lepetit. Un professeur de mathématiques, dans notre commune, s'occupe d'un ouvrage élémentaire sur cet objet.

probablement déterminé cette méthode, semblent lui avoir assuré la préférence.

On a donc divisé le quart du méridien en dix parties égales : chaque partie en a dix autres & ainsi de suite, c'est-à-dire en 10, en 100, en 1000 parties, &c. En continuant la subdivision, on est descendu à la dix-millioneme partie, qui, correspondant à 3 pieds 0 pouces 11 lignes 44 tierces de l'ancienne mesure, a été jugée d'une proportion commode dans l'usage journalier.

Cette dix-millioneme partie est regardée comme l'unité usuelle de mesure & s'appelle *mètre*, c'est-à-dire mesure. Ce mètre est l'étalon d'après lequel doivent être déterminées toutes les autres mesures. Son invariabilité est donc du plus grand intérêt, mais elle est irrévocablement assurée.

Si dans la suite des siècles on venoit à perdre le mètre, il ne seroit plus nécessaire que des astronomes fussent de nouveau sous les glaces du Pôle & sous les feux dévorans de l'Équateur mesurer un arc du méridien, ni même qu'ils mesurassent la portion de ce cercle comprise entre Barcelone & Dunkerque, pour en déduire la mesure du quart de ce cercle. La physique nous a appris qu'un pendule d'une longueur déterminée faisoit toujours, à une même distance & dans un temps donné, un nombre égal d'oscillations. Il suffira donc de connoître combien un pendule de la longueur du mètre déjà trouvé doit faire d'oscillations dans l'espace d'un jour, à telle distance du Pôle ; & l'on a choisi le quarante-sixieme degré de l'ancienne maniere de compter, ce point également éloigné du Pôle & de Équateur réunissant plusieurs avantages. Ayant conservé cette connoissance, il n'y aura plus, pour rétablir tout le système des mesures, qu'à trouver, au point dont nous avons parlé, quelle longueur doit avoir le pendule, pour faire le nombre d'oscillations connu ; & l'on aura retrouvé un pendule égal à celui qui aura servi à la premiere observation, on aura retrouvé le mètre.

Les mesures *linéaires* sont les premieres & les plus simples. Dans l'usage du commerce, le mètre doit remplacer l'aune, le double-mètre remplacera la toise ; le quart de mètre remplacera le pied : ce pied sera de 9 pouces, 2 lignes de l'ancien pied.

La dix-millieme partie du quart du méridien, égale à mille mètres, eſt appellée *millaire*. C'eſt l'unité des meſures itinéraires, compriſes dans les meſures linéaires. Le millaire répond à-peu-près à 513 toiſes de l'ancienne meſure, & n'excede que de 13 toiſes le quart de la très-petite lieue.

La centieme partie du quart du méridien, égale à cent mille mètres, ſe nomme *grade* ou *degré décimal du méridien*; c'eſt une grande meſure géographique. Ainſi le quart du méridien eſt diviſé en 100 degrés, au lieu de 90. Les minutes, les ſecondes ſont diviſées par 100, au lieu de l'être par 60.

Parmi les meſures de ſuperficie, les *meſures agraires* méritoient que l'on fixât pour elles une *unité*. Cette unité eſt un carré dont chaque côté eſt de 100 mètres, & qui renferme dix mille mètres. On lui a donné le nom d'*are*, dérivé du mot latin qui ſignifie *labourer*. Son étendue eſt à-peu-près double de celle de l'arpent qu'elle remplace. Sa dixieme partie s'appelle *déciaire*, & ſa centieme partie *centiaire*.

Les autres ſuperficies, ſans avoir d'unité appellée d'un nom particulier, ont toujours

pour

pour base de leur calcul le mètre, base générale de toutes les mesures.

Les mesures de *capacité* sont les mêmes pour les liquides & pour les grains. L'unité usuelle de ces mesures, qui ne pourra servir qu'aux grands approvisionnemens, sera égale au mètre cubique & portera le nom de *cade*, du mot latin qui signifie *tonneau*.

Le *cade* se divisera en *décicade*, *centicade* & *cadit* qui est le *millecade*. Le centicade contient environ 16 livres de bled, & le cadit à-peu-près une pinte & un vingtieme, mesure de Paris.

L'unité des *poids* est donnée par la pesanteur d'un volume d'eau capable de remplir le cadit. Cette eau a été distillée & amenée au degré de la glace fondante. Pesé dans le vuide, ce volume pese 2 £, 5 gros, 49 grains de l'ancien poids de marc. On lui donne le nom de *grave* (pesant). Il se subdivise comme les mesures. Le *millegrave* s'appelle *gravet* qui se subdivise encore pour l'usage des orfèvres & des jouailliers.

Pour les grandes pesées on remonte, en suivant toujours le système décimal, & l'on

Cc

compte *centibar*, *décibar*, *bar* ou millier d'unités. Le mot *bar* vient du Grec & signifie ce qui est pesant.

Le *temps* a aussi été divisé en portions décimales, tant que cette division a pu se concilier avec les mouvemens célestes. Le mois est partagé en *décades*, & la durée du jour, de minuit à minuit, est de 10 heures. L'heure se divise en 100 minutes, la minute en 100 secondes. (*Voy. Rue Décadaire.*)

Le quart de cercle est divisé en 100 degrés, au lieu de 90, le degré en 100 minutes &c.

La division des *monnoies* en *livres*, *sous* & *deniers*, c'est-à-dire en parties dont les subdivisions étoient soumises à un système différent, jetoit de l'embarras dans le calcul. Le système décimal lui a été substitué. La livre tournois sera l'unité de la monnoie de compte ; elle sera divisée en *décimes*, valant chacun deux des anciens sous, & en *centimes* ou centiemes de livres.

Ainsi dans le nouveau système, tout est simple & uniforme, tout est lié. Les rapports qu'il offre se saisissent sans effort. Les opérations du calcul sont facilitées & assurées ; & si l'habitude nous y faisoit d'abord trouver quelques difficultés, un peu d'usage les feroit bientôt disparoître.

Rue de l'Espérance.

L'Espérance n'est point le desir. Il y a cette différence entre ces deux sentimens, que l'un fait le plus souvent le tourment de la vie, tandis que l'autre en fait toujours le bonheur. Tous deux sont dans les mains de la Nature qui les distribue avec une sagesse & une justice infinie. Elle donne le desir à l'homme corrompu que la fortune caresse, & réserve l'Espérance pour l'infortuné qui en est poursuivi. C'est du moins dans le cœur de ce dernier que l'Espérance prend ses couleurs les plus agréables & les plus riantes. C'est là, qu'à l'aide de l'imagination, de la sensibilité, & sur-tout d'une conscience irréprochable, elle se plaît à créer des tableaux enchanteurs, des perspectives charmantes. L'innocence reconnue, la fidélité récompensée, le calme de la paix qui succede aux alarmes, le bonheur enfin, dont le jour pur vient dissiper les ombres d'une vie traversée par les chagrins; tels sont les songes consolateurs que l'Espérance envoie, & qu'elle n'envoie jamais envain.

Mais, dira-t-on, le malheur est à son comble; & l'infortuné, lassé par de trop dures épreuves, ne croit plus désormais à aucun retour: son ame est flétrie, & nécessairement il faut qu'il s'abandonne au désespoir. — Au désespoir? Non; jamais ce sentiment honteux & vil ne comprimera son cœur vertueux; voyez plutôt son Espérance prendre une direction nouvelle; & ne pensez pas qu'il y perde du côté des jouissances. A peine se sera-t-il apperçu que la terre refuse de le soutenir, qu'il s'élancera vers cette région brillante, toujours ouverte aux ames généreuses & sensibles. Il n'en voudra point aux hommes pour avoir rejeté leur ami; mais il plaindra leur foiblesse, & n'y verra qu'un motif de plus pour croire à la compensation que lui réserve l'Auteur de toute justice. C'est alors que l'Espérance prendra dans son cœur l'un des plus sublimes caracteres qu'elle puisse recevoir des circonstances humaines ; elle y fera germer ces vertus désintéressées & indépendantes, qui se suffisent à elles-mêmes & n'ont pas besoin d'être alimentées par la réputation, la gloire ou l'estime.

Il est facile de s'appercevoir, par cette légere esquisse des principales applications de l'Espérance, que ce sentiment délicieux s'aggrandit toujours en proportion de son objet. Si donc on vouloit se faire une idée juste de l'étendue & de la puissance de ses ressorts, nous croyons qu'il conviendroit de la chercher dans ces luttes aussi vigoureuses que constantes de quelques Peuples énergiques contre la tyrannie & l'oppression ; & sans doute l'œil de l'observateur, après avoir parcouru les plus grands spectacles en ce genre, qui se trouvent consignés dans les annales du monde, viendroit bientôt se fixer avec admiration sur une scene absolument neuve, & d'autant plus frappante, que tous les acteurs sont maintenant en mouvement devant la génération attentive. Il verroit les Français guidés par l'Espérance, se serrant au milieu de la nuit obscure des événemens & des crises, s'avançant d'un pas ferme, à travers les orages & les tempêtes politiques, vers le grand but de la Nature, la liberté universelle des hommes. Rien ne les détourne, rien ne peut les arrêter. Qu'importe qu'ils ne puissent arriver tous, pourvu du moins qu'ils arrivent ? Ils savent que l'immortalité s'attache à tous leurs pas, & qu'elle est toujours prête à recevoir dans son sein le Patriote moissonné sur la route de la vertu & de l'honneur. Qui osera dire que le héros, mourant ainsi pour la cause de l'Univers, pour le soutien des droits sacrés de la Nature, & vivant à jamais dans la reconnoissance des hommes, n'aura pas obtenu le prix le plus flatteur que puisse offrir l'Espérance ?

Cour des Sans-Culotides.

Les mois de l'Ere Républicaine sont formés de *divisions décimales*. Trois décades les composent invariablement ; & l'on a donné aux cinq jours qui complettent *l'année solaire*, le nom de *Sans-Culotides*, par suite de la dénomination dont nous avons expliqué l'origine. (*Voyez l'article* Sans-Culottes.) L'écoulement de quatre années ramene la néceffité d'un fixieme jour complémentaire qui fera, par excellence, le jour *de la Révolution*. L'année où il fe rencontre fe nomme *fextile*, par allufion à ce fixieme jour; & les quatre années qu'il termine font comprifes fous le nom de *franciade*.

Mais ce n'étoit point affez d'avoir défigné par une dénomination révolutionnaire les jours dont nous venons de parler. Un but moral fe préfente dans leur inftitution.

Le premier jour complémentaire eft confacré *aux Vertus*. La République ne peut exifter que par elles; & c'eft en les pratiquant tous les jours de fa vie, que le vrai Patriote fe rend digne de célébrer leur fête périodique.

Le fecond jour eft la fête du *Génie*. C'eft un tribut au Génie des lumieres & de la véritable inftruction, à ce Génie bienfaifant qui doit être le foutien de la Révolution dont il fut l'auteur. Ses productions, dirigées fous toutes les formes vers le bonheur focial, vers le *mieux* commun, font autant de droits à nos hommages.

Le troifieme eft deftiné à honorer le *Travail*,

ce glorieux emploi des facultés de l'homme, ce nerf de l'état civil, cet appanage des plus respectables classes de la société, qui fut trop long-temps avili par un préjugé barbare. Les arts qui n'étoient qu'utiles sembloient dévoués, dans ceux qui les exerçoient, au mépris de l'opulence oisive & dédaigneuse. Tout est maintenant à sa place : le *Travail* est vengé.

Par-tout ailleurs que chez les *hommes libres*, l'*Opinion* se traîne en esclave sur les pas de ceux qui gouvernent ; elle est souveraine chez un Peuple souverain. Le quatrieme jour complémentaire est consacré à l'*Opinion*, à la *conscience publique*.

Le cinquieme jour est la fête des *Récompenses*. Les défenseurs de la patrie, ceux qui, appellés à la servir sous différens rapports, ont rempli leur glorieuse vocation, ceux que leurs vertus privées ou publiques ont particuliérement désignés à l'estime de leurs concitoyens, reçoivent le prix le plus flatteur dans l'expression de la reconnoissance nationale. Le cri de leur ame est répété par elle ; & il leur appartient d'apprécier ce témoignage.

C'est ainsi que dans une République, fondée sur les principes de l'Égalité, de la Liberté, tout est un motif de faire le bien ; c'est ainsi que les ennemis de cette République ne peuvent être que les ennemis de la saine morale, de l'honnête & du beau. Puissent ces réflexions les réduire au silence, ou plutôt les forcer de mêler leurs applaudissemens à ceux des amis de l'ordre social, & d'en mériter enfin le titre & le bonheur !

COUR DU NIVEAU.

LE *Niveau* est un instrument de mathématiques, *par le moyen duquel on voit si un plan, si un terrain est uni & horisontal, & on détermine de combien un point de la surface de la terre est plus haut ou plus bas qu'un autre.* Le fréquent emploi qu'en font presque tous les arts méchaniques le rend très-connu ; & depuis que l'égalité dont il offre l'emblême est devenue notre précieuse conquête, nos yeux retrouvent sans cesse dans son usage journalier l'allégorie chere à nos cœurs. La proclamation des *droits de l'homme*, le sentiment de ces droits, ne tiennent pas moins naturellement dans la société chaque chose à sa place, que les loix de la pesanteur ne fixent dans la plus exacte perpendiculaire le corps suspendu qui fait l'à-plomb du Niveau; & comme l'usage de cet instrument, aussi simple qu'ingénieux, fait connoître & mesurer les irrégularités du plan, comme il détermine les moyens de les réparer, de même l'application des principes sacrés de la Nature nous indiqua les abus révoltans de l'ancien régime, & devint la base des loix qui les ont fait disparoître. Il seroit inutile de disserter sur cette vérité palpable : ce fut par le plus impérieux sentiment qu'elle pénétra nos ames. . . . Malheur à l'homme corrompu qui pourroit encore la méconnoître ou la combattre !

Cour de l'Éloquence.

On doit comprendre sous le nom d'Éloquence tout ce qui touche, émeut, entraîne & persuade. Rien n'est à cet égard plus circonscrit & plus étendu tout-à-la-fois que l'empire de l'Éloquence. A peine existe-t-elle quelque part pour l'ame engourdie & glacée de l'homme sans délicatesse, tandis que l'ame brûlante, généreuse & élevée de l'homme sensible la rencontre & la saisit par-tout. L'un a besoin, pour être ému, de voir briller le poignard d'un tyran & couler le sang d'une victime innocente ; l'autre s'affecte d'un mot, d'un signe, d'un silence même qu'accompagne l'expression. Heureux celui que la nature a doué de cette sensibilité exquise qui se répand sur tout, anime tout, & rend éloquens les êtres les plus muets. Habitué à entendre ce langage enchanteur qui séduit & subjugue, c'est à lui qu'il appartient de le parler dignement. Qu'il suive la pente de son caractere ; qu'il soit tour-à-tour poëte, orateur, philosophe, & qu'il sache s'élever au-dessus de ces regles scientifiques que l'art prescrit, mais qui ne sont pas faites pour lui. Eh ! comment en auroit-il besoin ? Quel maître lui parleroit comme la nature ? Quelles leçons d'harmonie vaudroient ce concert universel des êtres avec lequel il fait accorder sa voix ? Quels principes iroit-il chercher dans les livres, qu'il ne trouvât plus énergiquement écrits au fond de son cœur ? Et qu'a-t-il besoin d'étudier les élans

& les mouvemens remarquables des grands maîtres, lorsque lui-même brûle de toutes les passions sublimes qu'inspire l'amour de la vertu, du beau, du juste & de l'honnête?

Non, l'Éloquence véritable ne fut jamais un art. Le talent d'émouvoir & de toucher ne se prend point dans les livres; il naît dans une ame droite & élevée, & c'est à l'école de la nature qu'il se développe. S'il falloit appuyer cette vérité par des faits & des exemples, ils ne nous manqueroient pas: les Corneille, les Shakespeare & tant d'autres grands hommes que l'art n'approcha jamais, viendroient à notre secours. Nous demanderions au rhéteur, qui veut tout soumettre à son art, où il pense que ces puissans génies puiserent ces traits vifs & touchans qui nous transportent & nous étonnent. Ah sans doute, ce ne fut pas en lisant les traités de Longin & de Cicéron que notre grand tragique trouva ce sublime *qu'il mourût*, qu'on ne peut entendre sans tressaillir; & Shakespeare ne songeoit guere à ces puériles ressources du *spectacle*, si précieuses pour les auteurs vulgaires & arides, lorsque voulant peindre les tourmens du remords, il composa la scene fameuse de la tragédie de Machbet. Quel est le poëte qui, à sa place, n'eût allumé les torches & fait siffler les serpens des furies ? Mais ce grand homme connoît un meilleur secret pour imprimer la terreur, & c'est la nature qui le lui dicte. La malheureuse, que l'idée d'un meurtre récent poursuit, arrive seule sur la scene, & au milieu de la nuit ; elle paroît fort occupée à frotter une de ses mains ; elle s'agite, elle se lamente, des sons lugubres & entrecoupés s'échappent de son sein ; elle rêve qu'une goutte de sang est tombée sur sa main, & que rien ne peut la faire disparoître. Nous ne pouvons résister à la tentation de placer ici un dernier exemple ; il est peut-être un peu incohérent, mais il est intéressant & peu connu ; & il prouve d'ailleurs autant que les précédens combien la véritable Éloquence s'éloigne des routes tracées par la regle. Il s'agit d'une circonstance de la mort de Caton ; & il faut se reporter à l'instant où les amis de ce fier Romain, après avoir fait de vains efforts pour l'engager à ne point mourir, font forcés de fe retirer tout en pleurs & de lui envoyer fon épée qu'ils avoient cachée, & qu'il demande avec colere. Réfolus de tenter une nouvelle épreuve, ils en imaginent une qui eft marquée au coin du pathétique le plus preffant & le plus vif, c'eft de faire reporter l'épée par un jeune enfant. Éloquente apoftrophe ! tu te brifes contre la vertu inflexible de Caton ; mais tu défies tous les plus beaux difcours de l'orateur méthodique.

En voilà beaucoup trop pour prouver ce que tout le monde fait, excepté les pédans qui font de tous les fiecles & de tous les momens. Nous avons indiqué la fource de l'Éloquence ; nous avons fait connoître quelques-uns de fes effets particuliers ; & c'en eft affez pour prendre une idée jufte de tous ceux qu'elle peut produire, lorfqu'à des intérêts bornés fuccedent des intérêts fort étendus, & que les grandes paffions de l'amour de l'humanité & de la Patrie, les fentimens profonds de la vertu & de la Liberté, brillent à la place des paffions moins généreufes & des fentimens moins vifs. L'Éloquence, interprete fidele de tous les mouvemens de l'ame, s'éleve toujours en proportion de ce que celle-ci s'aggrandit & s'échauffe; concluons de là, que ce n'eſt que chez les Peuples libres qu'elle peut avoir un caractere vraiment ſublime.

Républicains Français! je n'attirerai point vos regards ſur les tribunes populaires d'Athenes & de Rome. Vous avez parmi vous des Phocions, des Ariſtides & des Catons; ſachez les diſtinguer par-tout; écoutez leurs leçons ſéveres, naïves & pleines de ſens; ſouffrez qu'ils vous repréſentent vos devoirs & qu'ils vous reprochent vos fautes; ceux-là n'ont d'autre objet que votre bonheur & votre gloire. Défiez-vous au contraire de ces diſcoureurs inſinuans & artificieux, qui ne vous flattent que pour vous ſurprendre. Les phraſes les plus brillantes, lorſqu'elles n'ont point leur ſource dans un cœur pur & droit, dans une ame élevée & ſenſible, ſont auſſi étrangeres à vos intérêts, qu'elles le ſont à la véritable Éloquence.

Cour des Pétitions.

» Le droit de préfenter des Pétitions aux dépofitaires
» de l'autorité publique, ne peut, dans aucun cas,
» être interdit, fufpendu, ni limité. »

(*Déclarat. des droits de l'homme.*)

Ce droit facré est inféparable d'un Gouvernement libre ; il tient à la fouveraineté du Peuple, il est donc inaliénable comme elle. Sous le régime du defpotifme, ce droit étoit méconnu & étouffé comme tous les autres, le nom même en étoit ignoré. Vous aviez, il est vrai, le droit de préfenter *très-humblement* des placets, des requêtes, des fuppliques ; mais on avoit auffi le droit de vous méprifer, de vous rebuter ; & fi vous aviez la hardieffe de le trouver mauvais, on avoit encore le droit de vous emprifonner, pour vous apprendre à vivre. D'ailleurs, ce n'étoit pas une petite affaire que de réuffir, même à préfenter une requête à *monfeigneur*. Mille barrieres s'élevoient entre vous & lui. Il falloit d'abord, comme on difoit, *graiffer le marteau* pour ouvrir la porte, payer les fuiffes,

les

les commis, le valet-de-chambre, le secretaire, &c. Il falloit essuyer les mépris & l'insolence des laquais, rompre une armée de subalternes, solliciter la protection d'une favorite, & acheter par mille bassesses.... souvent l'honneur d'un refus.

En vérité, on ne conçoit pas comment un Peuple entier a pu souffrir si long-temps un pareil degré d'avilissement! Graces à la Révolution, le Peuple a enfin levé la tête & repris ses droits. Un des plus précieux, celui dont l'exercice est le plus habituel, est le droit de Pétition. Rien ne sauroit désormais le lui ravir, pas plus que la Liberté. Ce n'est plus à ses maîtres qu'il s'adresse; c'est à ses mandataires, à ses freres, à ses égaux. Il n'a plus besoin, ni de sollicitations, ni de protections; il n'a besoin que de son droit. Toujours accueilli fraternellement, il est assuré du succès de sa demande, si elle est fondée sur la loi, seul maître que reconnoisse un homme libre.

Allée du Printemps.

S'il est peu d'hommes dans l'ame desquels le spectacle de la Nature ne porte des impressions touchantes ; si sur-tout à l'époque où le Printemps vient embellir la terre, tous les cœurs semblent renaître avec lui, ce n'est que chez un Peuple libre que ce sentiment peut avoir toute sa force, toute sa douceur & toute sa dignité. Par-tout où la servitude avilit l'ame & flétrit le courage, la Nature ne semble prodiguer qu'à regret ses bienfaits & ses richesses. Les moissons qu'elle promet y sont d'avance tributaires de la tyrannie ; & comment ces odieuses idées ne flétriroient-elles pas les couleurs qu'elle étale ?... La Liberté, l'Égalité les animent au contraire de cet éclat qui n'appartient qu'au bonheur. Républicains Français ! A peine échappés aux fers dont vous accabloit le despotisme, c'est à vos yeux que devient sensible le triomphe du Printemps sur la triste saison qui lui cede l'empire de la Nature. Il vous retrace votre victoire sur la ligue des tyrans : il est l'image aussi juste que touchante de votre régénération glorieuse.

L'allée que son nom consacre près des remparts de la Rochelle, semble appeller sous ses voûtes de verdure le génie de la contemplation. Écarté du bruit de la ville, ce petit temple est l'asyle des réflexions & du recueillement. La pensée s'y pénetre de ce charme sentimental, étranger aux promenades fréquentées & tumultueuses. Lorsque sur-tout la Nature frappe nos regards des premieres teintes qui annoncent sa renaissance, avec quel doux intérêt n'y allons-nous pas épier les progrès de la végétation ! Le ramage des habitans de l'air s'y fait entendre ; & notre ame y savoure les sensations les plus délicieuses. Le voisinage de l'esplanade où les défenseurs de la Patrie s'exercent à l'art de la guerre, ne sert qu'à rendre plus délicieux, par un contraste piquant, le calme que nous venons goûter sous ces ombrages. L'hommage que nous rendons à la Nature champêtre ne pouvoit mieux trouver sa place ; & le Printemps, la jeunesse de l'année, sourit à notre choix.

Qu'il nous soit permis de rappeller ou de peindre à nos lecteurs la fête charmante que la Rochelle a consacrée au renouvellement de cette aimable époque. Cette fête eut lieu le 20 Floréal de la 2ᵉ. année Républicaine. Ses ordonnateurs ne puiserent point dans l'antique mythologie les images qui en durent composer le tableau. La Nature seule, embellie par le goût dont elle-même dicte les loix, en dirigea les apprêts. Nos jeunes Citoyennes y offrirent, sous la plus simple allégorie, tous les charmes de la saison nouvelle. L'éclat touchant de la beauté, l'attrait de la modestie, les graces ingénues de l'enfance, se réunissoient dans cette peinture animée. Le temple étoit orné de feuillages & de fleurs; le cortege printanier s'y rendit, suivi de la foule joyeuse des habitans de la ville & des campagnes voisines. La moralité, qui doit être le but principal de toutes nos fêtes nationales, se fit heureusement sentir dans les détails de celle que nous retraçons. L'hymne du Printemps porta vers l'Être-Suprême l'expression de la reconnoissance. Le sentiment qui remplissoit tous les cœurs avoit dicté cette inscription placée dans le fond du temple :

> D'un Dieu l'éternelle bonté
> De ses bienfaits nous environne :
> Républicains, sa main vous donne
> Le Printemps & la Liberté.

Rien n'avoit été oublié pour présenter au Peuple l'emblème de ses droits, de ses devoirs & de sa puissance. La *Liberté*, l'*Égalité*, la *Victoire*, personnifiées, y fixoient les regards au milieu des gracieux attributs de la saison. Les transports de la joie la plus pure peignoient la félicité publique. Deux couples, dotés par la bienfaisance, furent unis aux yeux du Peuple attendri ; & le souvenir de cette heureuse journée sera toujours cher, dans les murs de la Rochelle, aux amis de la Nature & des vertus.

FONTAINES.

Fontaine des Platanes.

Cette fontaine est située au bas du glacis de la porte du Nord, près de l'écluse qui sépare les eaux-douces de Lafond du grand étang d'eau salée, dans lequel se réunissent les deux fossés abreuvés par la mer, qui forment de ce côté-là une double enceinte à nos remparts.

Cette fontaine ayant été construite pour l'usage de la garnison, nous avons cru devoir la comprendre dans notre notice ; elle est d'ailleurs à la proximité d'une petite place que l'on a rendu intéressante par des allées d'arbres. Au milieu de cet emplacement on voit dans la belle saison notre Jeunesse s'exercer au maniement des armes & aux évolutions guerrieres, ce qui lui donne alors l'aspect d'un *champ-de-Mars* : il ne lui manque, pour mériter véritablement ce nom, qu'une arène plus spacieuse.

Le long du canal qui borde un des côtés de ce terrain, on a planté alternativement un *Platane* & un *Peuplier*. C'est apparemment pour nous faire jouir plutôt de cette nouvelle plantation, que l'on a ainsi entre-mêlé de peupliers d'Italie les Ormes & les Platanes qui la composent. Il est vrai que ce peuplier croît vîte & porte avec grace sa tête pyramidale. Son feuillage clair & presqu'aërien, si j'ose ainsi dire, contraste avec le verd sombre de l'orme à petites feuilles, & avec le verd tendre & un peu safrané des larges feuilles du Platane. Ce mélange produit un effet très-agréable à la vue; mais pour avoir multiplié le peuplier d'Italie, qui est le moins utile de tous les arbres, il en est résulté un inconvénient qu'il étoit facile de prévoir : celui-ci, en s'élevant plus vîte a nui à l'accroissement des Ormes & des Platanes; il est dans notre plantation ce qu'étoient les privilégiés dans l'état; il vit aux dépens de ceux qui valent mieux que lui, il les écrase par sa stature insolente, & il finiroit par les étouffer, si on n'y porte un prompt remede.

Il faut abattre ces têtes orgueilleuses; il faut qu'elles tombent aux pieds de ces autres végétaux précieux qui ont trop long-tems souffert de la présence des peupliers d'Italie, dont l'ancien Gouvernement étoit si fort engoué, parce qu'il s'attachoit plus à l'apparence qu'à la solidité : après cet abattis salutaire, donnons nos soins & une culture convenable aux ormes & aux Platanes, & nous aurons bientôt une promenade charmante.

Le Platane est un bel arbre qui mérite d'être cultivé : il est originaire d'Asie, d'où les Romains le tirerent pour en orner leurs jardins de luxe, & il se trouve à l'Amérique Septentrionale, en Virginie & dans la Caroline (ce qui est remarquable), avec la seule différence, que le feuillage de celui du nouveau monde est plus large, plus découpé que celui du Platane d'Asie.

Il y a environ quarante ans que deux cultivateurs de cette ville en firent venir une douzaine de pieds de Montbart : six furent plantés à Candé, les six autres à la Suze, près Dompierre. Ils y sont venus d'une grosseur prodigieuse, & surpassent en hauteur les plus grands arbres qu'il y ait dans le pays. Une si prompte végétation est déjà un avantage très-réel ; son bois est pour le moins aussi bon que celui du *jaule* & du *peuplier franc*. Peut-être le Génie Républicain parviendra-t-il à lui reconnoître d'autres propriétés ; il vient d'en découvrir dans le maronnier d'inde, dont le bois est presqu'incorruptible, & dont le fruit (graces aux recherches des enfans de la Liberté) nous donne, dans une proportion furprenante, un des principes effentiels de la foudre avec laquelle nous renverfons les remparts les plus formidables de l'Europe.

Cultivons donc avec foin ces utiles végétaux que notre induftrie a naturalifés parmi nous ; ornons-en nos demeures champêtres, entourons nos héritages de toutes fortes d'arbres ; rendons à la France Républicaine fon antique parure ; repeuplons nos forêts & nos bois ; & que fous l'heureux empire de la Liberté ces magnifiques productions de la nature remplacent par-tout ces *arbufcules* inutiles & toutes ces vaines babioles que nos fybarites avoient profufément entaffés dans leurs jardins tortueux.

Fontaine de la Régénération.

La Régénération de la France eft le grand œuvre de la Révolution. Nous en avions befoin. L'un des principaux caracteres du defpotifme eft de corrompre tous ceux qu'il opprime ; & il n'avoit que trop bien réuffi. Comment aurions-nous pu en effet échapper à la contagion ? Nos corrupteurs ne nous estimoient même plus assez pour dissimuler leurs excès; l'hypocrisie, cette derniere pudeur du crime, étoit le seul vice qui leur manquât. Mais, ne nous le cachons pas à nous-mêmes, tandis que la Révolution politique touche à son terme, la Révolution morale voit encore devant elle un grand espace à franchir. Rendons-nous dignes de la premiere en achevant celle-ci, & devenons vertueux pour mériter d'être libres. Le spectacle majestueux de nos mœurs républicaines, prêchera éloquemment dans l'Univers la *Croisade* de la Liberté. « Voyez, diront les Nations, » comme les Français sont heureux ! Tous » les vices sont au nombre des tyrans qu'ils » ont détruits, & leur bonheur est né tout natu- » rellement de leurs vertus. Aspirons aux mêmes » destinées, en les prenant pour modeles. »

CASERNES.

Quartier de la Subordination.

Si la bravoure est le premier sentiment du soldat, la Subordination est son premier devoir. L'amour de la Liberté même nourrit ce principe & trace invariablement cette regle. La Liberté est le sentiment & l'exercice de nos droits : ces droits ne sont assurés que par leur légitime usage. C'est le concours de tous les membres du corps social au maintien de l'ordre qui fait l'ensemble de ce corps, c'est l'exacte observation du pacte de famille, qui seuls peuvent garantir la force & la souveraineté du Peuple. Si dans la hiérarchie des pouvoirs constitués, ainsi que dans les armées en particulier, chacun ne se tient à sa place, sûr de l'honorer toujours également par les vertus du Citoyen, la confusion & l'anarchie viennent tout détruire : tel est l'espoir coupable de nos ennemis ; tel est l'écueil que nous devons peut-être éviter avec le plus de soin, parce que nous y sommes en général attirés par une sorte d'amour-propre qui ne peut tendre qu'à notre perte. Soldat Républicain ! songe que ton poste est toujours celui de l'honneur. Que ton habit soit décoré d'une épaulette ou d'un simple galon, qu'il soit honoré plus simplement encore des seules couleurs de la Patrie, pense que c'est pour écarter les dangers de cette mere commune, que tu supportes les fatigues d'une guerre inévitable. Je ne rappellerai point d'autres motifs à ta raison : c'est t'en dire assez sans doute. Le républicanisme n'a pas besoin d'un langage plus développé : le sentiment fait sa logique, & cette logique est toujours sûre.

Quartier de la Bravoure.

La Bravoure est, si l'on peut s'exprimer ainsi, un premier élan, un mouvement particulier du *courage*. Ce dernier fait supporter les maux déja connus; la Bravoure aborde ceux que le courage surmonte, & semble lui préparer son triomphe dans ses épreuves. La Bravoure fut de tous les temps un des premiers caracteres du Peuple Français. Les tyrans firent long-temps servir à leurs vues homicides cette qualité brillante dont le génie Républicain dirige enfin l'emploi d'une maniere toujours glorieuse. Les vices de la monarchie en avoient dénaturé l'usage. Ils en avoient fait, ainsi que l'observe *Jean-Jacques*, le supplément des vertus qui nous manquoient.

Une opinion fatale fembloit confacrer cette erreur; & les plus légeres offenfes devenoient, à la honte de la fociété, un motif d'exercer cette difpofition, qui fouvent n'étoit plus que l'irréflexion brutale d'un fpadaffin. Le fang couloit à tout propos dans des combats particuliers. Maintenant, c'eft en appréciant fa vie pour le bien de l'État, que le Français fait en connoître le mépris lorfque fon pays l'exige. Ainfi l'amour de la Patrie annoblit tout ; ainfi le foldat Républicain n'outrage plus la Nature, puifque ce n'eft qu'en défendant fa caufe qu'il croit pouvoir prétendre à la gloire. Dans la guerre qu'il foutient contre les tyrans du monde, fa bravoure ne fe dément jamais, parce qu'elle eft fondée fur la vertu. Les fatellites des rois font forcés de reconnoître que tout cede à cette noble impulfion qu'infpire le fentiment de la Liberté. La Bravoure eft la principale tactique du Français. Des bataillons inexpérimentés, formés en un clin d'œil autour du drapeau tricolore, bravent & furmontent l'art confommé de nos ennemis. L'hiftoire de la Révolution en fournit fans ceffe des exemples : c'eft à nos bayonnettes qu'ont cédé les formidables redoutes de Gemmappe, les forts de Toulon, les hauteurs du Mont-Cénis ; tous les obstacles s'applanissent devant l'irrésistible impétuosité des hommes libres ; & la République compte autant de héros que d'enfans. Gloire à la République !....

PONTS.

Pont d'Horatius-Coclès.

Rome étoit assiégée l'an 245 de sa fondation, par Porsenna, roi d'Etrurie. Les soldats Etrusques avoient chassé les Romains du Janicule, l'une des sept montagnes de Rome, séparée du reste de la ville par le Tibre, sur lequel étoit construit dans cet endroit un pont de bois. Horatius, Romain déjà célebre par sa bravoure, descendant d'un des *Horaces* qui avoient combattu les *Curiaces*, & surnommé *Coclès*, parce qu'il avoit perdu un œil dans une bataille précédente, arrêta, avec deux de ses concitoyens, la poursuite des Etrusques à l'entrée du pont, & les empêcha de pénétrer dans la ville fur les pas des fuyards qui y cherchoient leur retraite. Quand ces derniers eurent paffé la riviere, les deux compagnons d'Horatius les fuivirent; & Horatius s'oppofa feul à l'effort des Etrufques jufqu'à ce qu'on eût coupé le pont derriere lui. Dès que la communication fut détruite, il fe précipita tout armé dans la riviere, & gagna la ville à la nage. Les Romains lui décernerent le prix que méritoit fon dévouement héroïque. Une ftatue lui fut érigée, & on lui donna la portion de terre qu'il put parcourir avec une charrue. Ils croyoient ainfi ne pouvoir mieux récompenfer les vertus les plus éclatantes, qu'en fourniffant à celui dans lequel elles brilloient l'occafion d'exercer le premier des arts utiles. Horatius avoit reçu dans le combat une telle bleffure à la jambe, qu'il en demeura toujours boiteux. Lorfqu'on lui en faifoit l'obfervation : « ne me plaignez pas, répondoit-il, chaque » pas que je fais me rappelle mon triomphe. »

Lorfque, par ce beau trait, le nom d'Horatius-Coclès mérita de paffer à la poftérité la plus reculée, ce Romain étoit au moins parvenu à l'âge où les facultés de l'homme ont atteint leur entier développement. La Révolution Française nous offre dans de jeunes enfans, dans des Républicains à peine doués des prémices de la force humaine, un prodige bien plus digne de notre admiration. Les noms de Barra & de Viala sont déjà consacrés par la reconnoissance nationale. Le trait de ce dernier semble avoir un rapport direct avec celui qui vient d'être rapporté. Agé de treize ans, Agricola Viala voit les Marseillais rebelles menacer sur les bords de la Durance la liberté d'un petit nombre de patriotes foibles & dispersés. Une armée réguliere ne laisse à ces derniers d'autre ressource que de couper aux ennemis les cables des pontons dont ils s'étoient emparés ; mais il sembloit impraticable de tenter cet effort sous le feu de la mousqueterie. Viala se précipite sur une hache, frappe le cable à coups redoublés. Sa force naissante s'accroît de son courage ; plusieurs coups sont dirigés sur lui, rien ne peut le déterminer à la fuite ; il est enfin atteint du plomb mortel ; il tombe dans les flots de la Durance, en criant : — *c'est égal...*

je

je meurs pour la Liberté...... vive la République !.... Un pays dont l'amour enfante de pareils actes, ne sera jamais soumis..... Il ne doit plus rien envier aux Peuples de l'antiquité, puisqu'il doit fournir des modeles à l'Univers.

Pont de l'Écluse.

Pont des Moulins.

Canal d'Abondance.

Les eaux des fossés de la place étoient autrefois retenues par une *Écluse* placée au-dessus du pont des Moulins. Une des principales destinations de cette Écluse étoit de fournir une chasse d'eau qui nettoyât le canal & le port. On s'apperçut bientôt que l'eau arrivée dans le port avoit perdu presque toute sa force. Cette observation détermina, lorsqu'on entreprit de nouveaux ouvrages, à porter l'écluse à l'angle du port & à y construire un pont qui fut appellé le *Pont-neuf*.

Cette écluse, qui verse un torrent d'eau par deux ouvertures, remplit-elle bien sa destination ? Enleve-t-elle suffisamment les vases du port, ou ne creuse-t-elle point un canal en rejetant sur les bords une partie de ces vases ? La chasse d'eau sortant du havre conserve-t-elle assez de force pour nettoyer l'avant-port, formé par les jetées ? Les vases portées par ce courant factice & trop foible ne retombent-elles point à une trop petite distance, ne sont-elles point arrêtées par le flot, & ne menacent-elles point de former une barre ? Une écluse placée à la sortie du port, au pied de la tour *haute* dans la direction de l'avant-port, fournissant une chasse d'eau qui auroit toute sa force au point où elle devroit opérer, ne suffiroit-elle point pour entretenir l'avant-port à une profondeur convenable, & pour porter les vases au de-là du point où leur dépôt pourroit nuire ? Ou bien faut-il abandonner tout ce dont on vient de parler, & s'occuper d'un projet plus vaste, celui d'élever *la digue*, & de faire un port de la baie formée par les pointes ? Ces questions, relatives à l'exécution du canal de Niort, sont soumises à l'examen de commissaires éclairés.

Le Pont de l'Ecluse a remplacé avantageusement pour les voitures l'ancien pont-levis ; mais pour la commodité des gens de pied & pour faciliter la communication dans la partie où étoit placé le pont-levis, on a établi un léger pont en bois.

Le Pont des Moulins est à la partie de l'est-sud-est de la ville, à la tête du canal d'abondance. Il doit son nouveau nom à un moulin établi au lieu où étoit l'écluse portée, depuis peu d'années, à l'autre extrémité du canal.

La nécessité d'employer la force de l'eau pour moudre nos grains s'est toujours fait sentir à la Rochelle. Les moulins à vent ne sont pas assez nombreux pour assurer le service ; & de longs calmes, particuliérement dans l'automne, nous ont souvent fait éprouver la disette au milieu de l'abondance. Les farines de la Motte-Sainte-Heraye, appellées minots, étoient quelquefois arrêtées par les basses eaux de la riviere de Sèvre. Nos peres ont vu un moulin à eau entre les portes du sud ; la sûreté de la place fut le motif ou le prétexte de sa destruction.

Nous avons vu commencer l'établissement d'un moulin à eau, au lieu appellé *Port-Neuf*; il devoit faire tourner plusieurs meules. Des circonstances fâcheuses pour quelques-uns des intéressés firent abandonner une entreprise dont on ne peut trop regretter l'inexécution.

Il n'y a rien de pareil à craindre pour l'établissement dont nous parlons : la municipalité, dont les vues sont toujours dirigées vers l'utilité publique, favorisera efficacement l'entreprise ; les principaux ouvrages sont achevés ; déjà trois meules tournent, & la quatrieme pourra bientôt être placée. Ce moulin, par un service constant, suppléera en partie au trop petit nombre de moulins à vent, particuliérement dans les calmes. Par un mouvement plus égal, il donnera une mouture plus parfaite; il peut, en cas de siege, en assurant les subsistances, procurer aux Rochelais le moyen de déployer le courage qui leur fut toujours naturel, & dont l'amour de la liberté augmente encore l'énergie.

LE CANAL D'ABONDANCE traverse la ville depuis le pont des Moulins jusqu'au port, où il est terminé par le pont de l'Ecluse; il reçoit les eaux des fossés de la place auxquelles se sont réunies celles de la Moulinette & de Périgni. Nous avons encore vu, il y a peu d'années, les petits bâtimens remonter ce canal, & porter leur charge devant les magasins dont il est bordé. Un pont-levis coupé en deux parties, & supporté par quatre forts piliers, ouvroit la communication avec le port. Depuis, le passage a été interdit aux vaisseaux par le pont de l'Ecluse.

C'est par anticipation que notre canal porte le nom de canal d'*Abondance*. Il méritera cette dénomination lorsque les eaux surabondantes de la Sèvre & celles d'une grande étendue de marais mouillés, y porteront les récoltes d'un pays riche en productions, & ouvriront une communication sûre, facile & peu dispendieuse entre Niort & la Rochelle.

Il nous est permis de concevoir des espérances plus étendues : la jonction de la Sèvre avec le Clain, & la navigation de cette derniere riviere assurée, feront communiquer la Rochelle avec Châtellerault, en passant par

Niort & Poitiers, comme Châtellerault communique avec Nantes par la Vienne & la Loire.

Le projet du *canal de Niort* n'eſt pas nouveau ; mais l'intérêt de quelques hommes puiſſans, le défaut de moyens dans un Gouvernement que les profuſions obéroient, en avoient empêché l'exécution. Aujourd'hui c'eſt au milieu de nos triomphes que nos Légiſlateurs aſſurent notre bonheur prochain, & qu'ils deſtinent aux travaux utiles les bras victorieux qui terraſſent aujourd'hui les deſpotes & leurs ſatellites.

IMPASSES (1).

De la Balance....   *Du Bélier.*
Du Scorpion.......   *Du Taureau.*
Du Sagittaire......   *Des Gémeaux.*
....
Du Capricorne.....   *De l'Écreviffe.*
Du Verfeau........   *Du Lion.*
Des Poiffons.......   *De la Vierge, ou
                                             de la Glaneufe.*

L'ASTRONOMIE eft une fcience qui a pour objet la connoiffance du ciel. Quoique placé fur la terre bien plus pour la cultiver que pour deviner comment & pourquoi elle a

---

(1) Le mot *Impaffe* a été fubftitué à celui de *Cul-de-Sac.* L'un & l'autre offrent la même idée, & défignent *un commencement de rue terminée par un mur,* de forte qu'on ne peut paffer au-delà. L'expreffion d'*Impaffe*, plus exacte que celle de cul-de-fac, porte avec elle fa fignification. Le nombre des impaffes qui font dans cette commune a donné lieu de rappeller les du fignes *zodiaque* qui font en nombre égal. Les douze Impaffes ont reçu le nom de chacun de ces douze fignes.

été formée, l'homme a voulu au moins connoître son domaine, & d'un vol hardi, il a franchi les espaces. Le spectacle imposant de l'Univers, en parlant à son cœur, a aussi excité la curiosité de son esprit. Le compas à la main, il a mesuré l'étendue, il a sondé la profondeur de la voûte céleste, & semble avoir été chercher la nature sur ses dernieres limites. Il a observé le cours des astres, étudié leurs mouvemens, prédit leurs retours périodiques. Il est enfin parvenu à réduire sous des formes simples ce vaste ensemble, à rapprocher les riches détails que présente cette scene mobile, à toucher, pour ainsi dire, du doigt & de l'œil cette innombrable multitude de corps lumineux qui se perdent dans l'immensité de l'espace. La *Sphere* est devenue l'abrégé de l'histoire du ciel.

Le nombre des astres, l'ordre dans lequel ils sont placés, leur marche réguliere & constante, & sur-tout la position apparente de la terre qui est pour nous, à la premiere vue, le centre du monde, offrent un plan de division que les astronomes ont imaginé être tracé sur la partie du ciel qui frappe nos regards,

& qu'ils repréfentent par *dix cercles* placés à diftances inégales, entrelacés les uns dans les autres, & qui fe croifent en différens fens. Six de ces cercles partagent le ciel en deux parties égales, & fe nomment par cette raifon *grands cercles*; les quatre autres appellés *petits cercles* le coupent en deux parties inégales.

Le zodiaque eft un des grands cercles, mais il differe des cinq autres, 1°. parce qu'il a de la largeur, tandis que les autres ne font que des lignes; 2°. parce qu'il eft appliqué fur ces cercles en biaifant, de forte qu'il femble une ceinture mife en écharpe, fi l'on peut s'exprimer ainfi.

Nous obferverons qu'on eft convenu de divifer tout cercle, grand ou petit, en 360 parties ou degrés, chaque degré en 60 minutes, la minute en 60 fecondes. Outre cette divifion générale, le zodiaque en a une qui lui eft particuliere; il eft partagé en douze parties de 30 degrés chacun, ce qui forme 360 : ces douze parties font appellées *conftellations* ou *fignes du zodiaque*, parce que la largeur de ce cercle eft parfemée d'étoiles jetées par *maffes* de diftance en diftance, & que ces constellations servent à distinguer les saisons & à marquer les divers travaux de l'agriculture. Enfin cette large bande a reçu le nom de *zodiaque*, mot dérivé du grec, qui signifie *animal*, parce que la plupart des signes portent les noms de différens animaux.

La largeur du zodiaque se divise en deux par une ligne appellée *écliptique*. Les signes qui sont du côté du midi sont nommés *signes méridionaux* ; ceux du côté du nord, se nomment *signes septentrionaux*.

Le soleil, pendant l'espace d'une année, parcourt (ou semble parcourir) (1) cette ligne écliptique ; il avance chaque jour, par un mouvement propre, d'un degré environ d'occident

---

(1) Nous disons, *ou semble parcourir*, parceque dans le sentiment le plus généralement adopté par les astronomes, le soleil, placé au centre du monde, est fixe, & c'est la terre qui tourne. Ce système est appellé du nom de son auteur, le *système de Copernic*. Nous ne présentons les choses dans ce moment que sur les apparences ; mais il est facile de redresser l'erreur d'un pareil jugement par une comparaison simple. Lorsqu'un homme regarde fixement la terre de dedans un bâteau en mouvement, il la voit s'éloigner dans le

en orient, en passant successivement à côté des douze signes ; mais ce mouvement du soleil d'occident en orient étant commun aux signes du zodiaque, il est arrivé que le soleil ne répond plus exactement à ces signes qui, faisant un degré en 70 ans, sont maintenant avancés de 30 degrés vers l'orient.

Voici les noms de ces douze signes & la date de chaque mois qui marque l'instant où le soleil passe d'un signe à l'autre.

SIGNES

Méridionaux.			*Septentrionaux.*	
Automn. { La Balance...	1 Vend.	Printem. {	Le Bélier......	1 Germ.
Le Scorpion.	2 Brum.		Le Taureau...	30 Germ.
Le Sagittaire.	2 Frim.		Les Gémeaux.	1 Prair.
Hiver. { Le Capric...	1 Niv.	Eté. {	L'Ecrevisse....	3 Messid.
Le Verseau..	4 Pluv.		Le Lion......	4 Therm.
Les Poissons.	30 Pluv.		La Vierge.....	5 Fruct.

sens contraire à la direction du bateau qui lui semble immobile. Ce n'est cependant qu'une illusion, puisque le bateau avance & que la terre demeure. Cette illusion est précisément celle qui nous fait croire que le firmament se meut ; le soleil, la lune, les étoiles nous paroissent dans un mouvement perpétuel, & nous nous persuadons que notre globe, qui n'est qu'un point dans la sphere, est immobile, tandis que le contraire arrive.

Dans la nouvelle computation, les cinq derniers jours de l'année ayant été retranchés des mois anciens, cette suppression dérange d'un jour pour *Ventôse* & *Floréal* la concordance que nous voulions présenter dans l'application des signes du zodiaque aux mois nouveaux. Delà vient que ces deux mois sont ici omis, & que *Pluviôse* & *Germinal* sont répétés.

Les noms des signes du zodiaque sont de la plus haute antiquité. Ces noms symboliques étoient d'un secours infiniment utile pour régler le temps des semailles, celui de la moisson, de la fenaison & des autres travaux champêtres. C'est à cette utilité même qu'ils doivent leur invention.

La *Balance* marque l'égalité du jour & de la nuit par toute la terre, lorsque le soleil commence à entrer dans ce signe. C'est ce que l'on nomme l'*Equinoxe d'Automne* qui a lieu le premier Vendémiaire, le soleil se levant ce jour-là à six heures du matin & se couchant à six heures du soir. Le *Scorpion*, animal venimeux, désigne les maladies d'automne ; & le *Sagittaire*, mot qui veut dire *homme armé d'une fleche*, indique la chasse que les anciens donnoient aux bêtes féroces à la chûte des feuilles.

Le soleil, en entrant dans le signe du *Capricorne* ou chevre sauvage, commence à quitter le point le plus bas de sa course pour revenir au point le plus élevé, ainsi que l'on voit ce léger animal promener ses caprices sur les hauteurs. C'est-là le *Solstice d'hiver*, c'est-à-dire le point où se borne la course descendante du soleil, & où il paroît s'arrêter un moment avant que de reprendre son cours pour remonter. Le *Verseau* annonce les pluies abondantes qui tombent en cette saison ; & les *Poissons* marquent la pêche qui se fait communément vers la fin de l'hiver.

Le *Bélier*, le *Taureau*, les *Gémeaux* ou les deux chevreaux, sont des animaux qui font successivement la prospérité de la métairie, & forment de nouvelles troupes dans le cours du *printemps*. Si l'on indique deux chevreaux, c'est que la chevre produit plus communément deux petits qu'un seul. Le jour où le soleil entre dans le signe du Bélier est d'une durée égale à la nuit par toute la terre;

& se nomme par cette raison l'*Équinoxe du Printemps*.

La marche oblique & rétrograde du soleil, lorsqu'il est parvenu au signe de l'*Écrevisse*, ne pouvoit être mieux comparée qu'à la marche de cet animal que l'on fait aller à reculons. Les grandes chaleurs qui se font sentir sous le signe suivant, sont assez bien désignées par la force du *Lion*; & une jeune fille, portant à la main des épis, était l'expression la plus heureuse & la plus naturelle du temps des moissons qui se récoltent au signe de la *Vierge*.

Nous ne croirons pas cet article trop étendu, si nous avons donné une idée exacte du zodiaque. Il ne nous reste qu'à répondre à une question qui se présente d'elle-même.

Puisque le soleil au solstice d'hiver est plus près de *nous habitans de l'Europe*, puisqu'il en est plus éloigné au solstice d'été, comment arrive-t-il que le froid se fasse sentir pour nous plutôt l'hiver que l'été ? C'est qu'en hiver les rayons du soleil parviennent à nous d'une maniere oblique, & sont alors moins pénétrans; au lieu que l'été ces mêmes rayons frappant nos têtes presque perpendiculairement ou d'à-plomb, ils ont plus de force. Un exemple rendra cette réponse plus sensible: que l'on approche la main d'une lumiere, on sentira bien moins de chaleur à une petite distance, que si on présente la main au-dessus de la lumiere à une distance plus considérable.

Voyez l'article *Cour des douze mois* avec lequel celui-ci a la plus grande liaison. Ce rapprochement donnera lieu de remarquer l'exactitude de la nouvelle dénomination que les mois ont reçue, ainsi que de la nouvelle distribution des jours par rapport aux signes du zodiaque.

HOSPICES.

HOSPICE GÉNÉRAL.

CET établissement, appellé jusqu'à ce jour *Hôpital Général*, ne remplit que depuis peu la destination que son nom indique. Placé d'abord (1667) dans la maison du Plessis, & ensuite dans le lieu qu'il occupe actuellement, il ne devoit recevoir que les pauvres de la ville & ceux des fauxbourgs de Lafond & du Colombier : il ne subsistoit que par les dons des habitans de la Rochelle ; mais la réunion des cinq aumôneries, celles de Marans, Mauzé, Surgeres, Maillezais & Charron, lui imposa successivement des obligations relatives à ces divers lieux. La justice & l'humanité étoient invoquées en faveur d'autres malheureux, & elles étoient écoutées dès que l'on jugeoit que la subsistance accordée à des étrangers n'entraînoit pas une privation pour ceux qui y avoient un droit primitif. Enfin une Révolution régénératrice, en formant un peuple de freres, a réintégré tous les citoyens dans leurs droits. L'hospice devenu National peut avec raison être appellé *Hospice-Général*, puisque tous les secours ne peuvent être limités que par le défaut de moyens ou d'étendue du local.

Cette maison reçoit les individus des deux sexes à qui leur bas âge, leur âge avancé ou des infirmités permanentes ne permettent pas de se procurer la subsistance par leur travail, & qui manquent de secours étrangers. Il reçoit les insensés, les enfans trouvés. Ces derniers

derniers sont donnés à des nourrices, & ensuite élevés à la maison jusqu'à ce que l'on trouve les moyens de les rendre à la Société. Les occasions ne sont pas rares pour les hommes ; la navigation, l'agriculture, les divers métiers les arrachent heureusement de bonne heure à une vie que les circonstances ne permettent guere d'employer, dans l'hospice, qu'à des travaux peu propres à former des hommes vigoureux. La filature du coton est le premier ouvrage auquel on les applique, & il occupe le plus grand nombre. Le soin des jardins, le moulin, la boulangerie, la tisserie, les métiers à bas emploient les autres, & l'on doit faire une observation bien satisfaisante ; c'est que dans le nombre de plus de 500 individus des deux sexes, on ne trouveroit presque jamais dix hommes valides de 18 à 60 ans.

Depuis un assez grand nombre d'années, l'Administration de l'Hospice accorde une petite somme, par mois, aux meres qui allaitent leurs enfans, & qui, si elles étoient privées de ce secours, seroient obligées de les abandonner à l'Hospice. Ainsi l'on conserve à l'enfant le lait, les soins & l'affection de celle qui lui a donné la vie.

On vient de réunir à l'Hospice-général celui des femmes malades formé, en 1710, par Anne Forestier, auquel, lors de la supression des ci-devant communautés religieuses, avoit été joint celui dit des Hospitalieres. (*Voyez l'Art. AUFFREDY.*)

L'Hospice-général placé à l'Est, près le rempart, occupe un terrain isolé, vaste & régulier. Des jardins & des cours étendus, la distribution la plus commode, & au moyen de laquelle les deux sexes sont suffisamment séparés, des ouvertures bien ménagées en assurent la salubrité. La régularité & la simplicité de la construction sont encore un mérite.

Le Conseil-Général de la Commune, à qui l'administration des hospices de charité a été délégué, a formé une commission composée d'un certain nombre de ses membres & d'un certain nombre d'autres citoyens. Ces commissaires forment ce que l'on appelle le Bureau d'administration. Ce choix répond aux Citoyens, & du bon gouvernement de l'hospice, & des sages principes que l'on saura inspirer à ceux qu'il contient.

HOSPICE D'AUFFRÉDY.

SIX siecles n'ont pu faire oublier le nom d'un homme modeste & vertueux, d'un bienfaiteur de l'humanité. Ce nom devoit être placé parmi ceux que consacre la reconnoissance. Les habitans de la Rochelle le savent; mais apprenons aux étrangers qu'Auffrédy, négociant de la Rochelle, ruiné par la perte présumée de dix navires, & redevenu tout-à-coup riche par le retour inopiné de ces mêmes vaisseaux, se dépouilla de la totalité de sa fortune pour le soulagement des pauvres malades, & qu'il s'y dévoua lui-même : il fonda l'hôpital, connu sous le nom de *Saint-Barthelemy*. Cet hospice, dirigé par un Administrateur choisi par la Commune, servoit aux hommes & aux femmes, en 1628. On le divisa à cette époque : l'ancien établissement fut réservé pour les hommes, & confié aux Religieux, dits de *la Charité*. Une portion du revenu fut affectée à un hôpital de femmes, & servit à former celui qui, jusqu'à ces derniers temps, a été gouverné par les *Hospitalieres*, dont il a porté le nom. (Voyez *Hospice-général*.) Ainsi les deux sexes ont joui depuis l'an 1203 des bienfaits d'Auffrédy.

Des commissaires pris dans le Conseil-général de la Commune administrent l'hospice, qui, d'aujourd'hui seulement, porte le nom de son fondateur.

Hospice Militaire de la Réunion.

Plut au ciel que ce mot eût été, dès le commencement de la Révolution, le cri général des Français! qu'il eût frappé toutes les oreilles & retenti dans tous les cœurs! La masse entiere de la Nation, debout autour de l'autel de la Patrie, & disant à haute voix : *nous voulons être libres*, eût imposé silence au reste de l'Europe; & tandis que nos frontieres eussent été respectées, le sang régénérateur eût circulé tranquillement dans toutes les veines du corps politique, dont l'organisation n'eut jamais été troublée par les convulsions du fanatisme religieux ou royaliste. Insensés & coupables transfuges ! vous qu'on a si justement nommés *l'opprobre de tous les partis*; & vous plus coupables encore, qui, cachés sous toutes les formes, êtes demeurés parmi nous pour nous trahir de plus près, c'est vous dont les crimes ont trop long-temps ajourné la gloire de votre Patrie. Mais vos efforts seront vains : la victoire trace autour de la France un cercle que vos complices couronnés n'auront pas l'audace de franchir, & au-dedans la vengeance Nationale suspend sur vos têtes le glaive de la mort. O mes concitoyens ! serrons-nous ; que la Réunion devienne le *mot d'ordre* des Français, & les Français cesseront de vaincre, parce qu'on n'osera plus les attaquer.

Le Champ du Repos.

Ici s'éleve la borne où tout mortel doit s'arrêter. O mes concitoyens ! venez avec moi fouler cette terre silencieuse que la cendre de nos freres a consacrée. Leur

...oire, planant en quelque sorte sur leurs tombes, retrace à la cité présente les vertus & les erreurs de la cité qui n'est plus. Quelle haute leçon ! Un jour sans doute nos neveux viendront à leur tour interroger après notre mort le souvenir de notre vie. Ils diront : *ici fut déposé un citoyen qui mourut en défendant sa Patrie*; & les larmes de la reconnoissance couleront pour lui. *Là repose une mere qui, dans l'exercice journalier des vertus domestiques, employa son obscure & laborieuse existence au bonheur de sa famille*; & l'attendrissement fera encore couler des pleurs. *Plus loin gît le corps d'un homme qui n'aima pas ses freres, que la Patrie ne compta pas au nombre de ses enfans*; & nos neveux n'approcheront pas du tombeau de cet homme. Ainsi sur cette terre commune sera érigé le tribunal de la postérité; l'estime ou le blâme de nos propres descendans s'attacheront à nos dépouilles, & nous renaîtrons, pour ainsi dire, à la gloire ou à l'infamie. Dieu lui-même semble présider à cet arrêt solemnel; car l'abyme du néant ne nous dévore pas tout entiers, & dans le partage qui se fait entre le ciel & la terre, la justice divine devance celle des hommes.

O vous qui m'avez suivi dans ces lieux qu'aucun de nous ne doit quitter sans retour, n'avez-vous point senti sous vos pas se ranimer une froide poussiere? Arrêtez.... C'est un pere, une épouse, un ami qui vous attendent : ne cachez point vos larmes, & méritez qu'un jour celles de la nature & de l'amitié arrosent ainsi votre cendre. (1)

Nota. *Le Champ du Repos, hors des murs de la Rochelle, dans un local bien aëré, a enfin remplacé dans sa destination tous les ci-*

---

(1) Lorsque nous composions cet ouvrage, nous étions éloignés de croire que nous dussions le terminer par des regrets & faire à l'un de nous l'application de ces paroles de deuil. La mort, en nous enlevant le citoyen LEROY, nous a séparés d'un ami dont les talens n'étoient que le second titre à l'estime que nous lui accordions. Les qualités de son ame, l'honnêteté, la décence de ses mœurs, la douceur de son commerce, nous le rendoient infiniment cher. Philosophe éclairé, citoyen sage, l'amour de son pays, le desir du bonheur des hommes le possédoient tout entier.

...etieres que renfermoit l'enceinte de la ville. C'est encore là un des bienfaits de la Révolution de rendre familieres des idées simples & salutaires que repoussoient d'absurdes préjugés. Un Peuple sage ne croit plus que ce soit honorer les morts que de conserver des foyers de contagion au milieu des vivans.

C'est sur-tout par l'excellence de son cœur que nous aimions à l'apprécier. Nous pouvons dire qu'il s'est lui-même peint dans l'article *Bienfaisance*; & puisque ce recueil offre des leçons pour exciter à la pratique des vertus, nous trouvons quelqu'adoucissement à nos regrets, en honorant ici la mémoire d'un homme qui les aima toutes.

TABLEAU
DE CONCORDANCE
Des heures décimales avec les heures anciennes.

QUELQUES-UNES AU PLAISIR ;
PLUSIEURS AU DEVOIR ;
TOUTES A LA VERTU.

HEURES DÉCIMALES.	HEURES ANCIENNES.	
» . . . . . un quart. .	» . . . . . 36 minutes.	
» . . . . . demie. . . .	1 heure. . 12.	
» . . . . . trois quarts.	1 . . . . . 48.	
1 heure.	2 . . . . . 24.	
1 . . . . . un quart. .	3 heures. .	
1 . . . . . demie. . . .	3 . . . . . 36.	
1 . . . . . trois quarts.	4 . . . . . 12.	
2 heures.	4 . . . . . 48.	
2 . . . . . un quart. .	5 . . . . . 24.	Matin.
2 . . . . . demie. . . .	6 heures. .	
2 . . . . . trois quarts.	6 . . . . . 36.	
3 heures.	7 . . . . . 12.	
3 . . . . . un quart. . .	7 . . . . . 48.	
3 . . . . . demie. . . .	8 . . . . . 24.	
3 . . . . . trois quarts.	9 heures. .	
4 heures	9 . . . . . 36.	
4 . . . , . un quart. . .	10 . . . . . 12.	
4 . . . . . demie. . . .	10 . . . . . 48.	
4 . . . . . trois quarts.	11 . . . . . 24.	

HEURES DÉCIMALES.	HEURES ANCIENNES.
5 heures.	12 heures ou midi.
5 . . . . . un quart. .	» . . . . . 36 minutes.
5 . . . . . demie. . .	1 . . . . . 12.
5 . . . . . trois quarts.	1 . . . . . 48.
6 heures.	2 . . . . . 24.
6 . . . . . un quart. .	3 heures. .
6 . . . . . demie. . .	3 . . . . . 36.
6 . . . . . trois quarts.	4 . . . . . 12.
7 heures	4 . . . . . 48.
7 . . . . . un quart. .	5 . . . . . 24.
7 . . . . . demie. . .	6 heures. .
7 . . . . . trois quarts.	6 . . . . . 36.
8 heures	7 . . . . . 12.
8 . . . . . un quart. .	7 . . . . . 48.
8 . . . . . demie. . .	8 . . . . . 24.
8 . . . . . trois quarts.	9 heures. .
9 heures	9 . . . . . 36.
9 . . . . . un quart. .	10 . . . . . 12.
9 . . . . . demie. . .	10 . . . . . 48.
9 . . . . . trois quarts.	11 . . . . . 24.
10 heures.	12 heures ou minuit.

Soir.

Nota. Le dixieme de l'heure nouvelle vaut à-peu-près le quart de l'heure ancienne, ou 14 minutes 24 secondes. Il ne s'en faut que de 36 secondes sur un quart d'heure, que ce rapport ne soit exact. La demi-heure ancienne vaut le cinquieme de l'heure nouvelle, à une minute douze secondes près.

TABLE

Des Matieres contenues dans ce Volume.

A

Adoption.	Page 174
Agriculture.	354
Amitié.	181
Aristide.	33
Arsenal.	31
Assignats.	142
Auffrédy.	100 & 451
Avant-port.	18

B

Ballons.	211
Barra (jeune).	295
Beauvais.	272
Bienfaisance.	387
Bonnes-Mœurs.	326
Bonnet rouge.	92
Bravoure.	428
Brutus.	121
Buffon.	248

C

Calas.	Page 220
Ça-ira.	209
Canal d'abondance.	433
Canon.	90
Carmagnole.	371
Caſſius.	131
Caton.	37
Châlier.	120
Champ du Repos.	453
Charondas.	141
Charrue.	361
Cinq & ſix Octobre.	207
Clélie.	129
Cocarde.	197
Commune.	169
Conſtitution.	100
Contrat-Social.	282
Convention.	330
Cornélie.	284
Courage.	83
Cynégire.	151

D

Décadaire.	279
Démocratie.	40

Démosthènes.	Page 34
Descartes (René).	267
Discrétion.	318
Dix Août.	20
Douze Mois.	378
Droits de l'Homme.	62

E

Égalité.	6 & 97
Éloquence.	410
Empédocle.	103
Encyclopédie.	217
Énergie.	374
Épaminondas.	256
Épis.	365
Espérance.	403
Est.	13
États-Unis.	66

F

Fabricius.	226
Faisceau.	62
Fidélité.	323
Flaminius.	239
Force.	82

Franklin. Page 27
Fraternité. 8 & 97

G

Gasparin. 84
Gemmapes. 240
Granville. 321
Guillaume Tell. 265
Guiton. 172

H

Héroïsme. 39
Herse. 366
Horaces. 244
Horatius-Coclès. 430
Horloge. 159
Hospice-Général. 447
Humanité. 187
Hymne des Français. 262

I

Immortalité. 69
Indivisibilité. 232
Industrie. 277
Inoculation. 142
Instruction. 390
Introduction. 1

J

Jetée.	Page 19.
Jeu de Paume.	214
Justice.	93

L

Labarre.	330
Lafontaine.	75
Lepelletier.	117
Liberté.	3 & 97
Lillois.	290
Loi.	347
Lucrèce.	287

M

Mably.	148
Manlius-Torquatus.	24
Marat.	114
Marathon.	51
Meche.	91
Mer.	17
Mesures Décimales.	395
Modestie.	385
Moissonneurs.	363
Montagne.	13 & 20
Morale.	308

N

Niveau.	Page 409
Nord.	13

O

Opinion.	339
Ouest.	13

P

Panthéon.	144
Pélopidas.	307
Pétitions.	416
Philadelphie.	30
Philosophie.	57
Phocion.	285
Piques.	85
Platanes.	421
Platon.	126
Plutarque.	138
Pont de l'Écluse.	433
Pont des Moulins.	ibid.
Printemps.	418
Probité.	190
Prudence.	226
Publicola.	328

Q

Q

Quatorze Juillet.   Page 81

R

Raison. 302
Régénération. 425
Régulus. 152
République. 168
Réunion. 452
Révolution. 97
Rochelle (la). 291
Rousseau (Jean-Jacques). 105

S

Salpêtre. 86
Sans-Culottes. 205
Sans-Culotides. 406
Scevola. 116
Serment-Civique. 194
Sévérité. 258
Soc. 359
Sociétés Populaires. 46
Socrate. 133
Sophocle. 237
Signaux. 156
Subordination. 426
Sud. 13
Surveillance. 50

T

Tableau de Concordance des heures anciennes & nouvelles. Page 457
Tartu. 22
Thénard. 137
Thermopyles. 35
Thionville. 281
Thrasybule. 353
Timoléon. 274
Travail. 367
Trente-un-Mai. 233

U

Unité. 239

V

Vainqueurs de la Bastille. 377
Vérité. 298
Vertu. 176
Victoire. 112
Vigilance. 124
Vingt-un Septembre. 95
Virton. 266
Voltaire. 198

Z

Zénon. 203
Zodiaque (signes du). 439

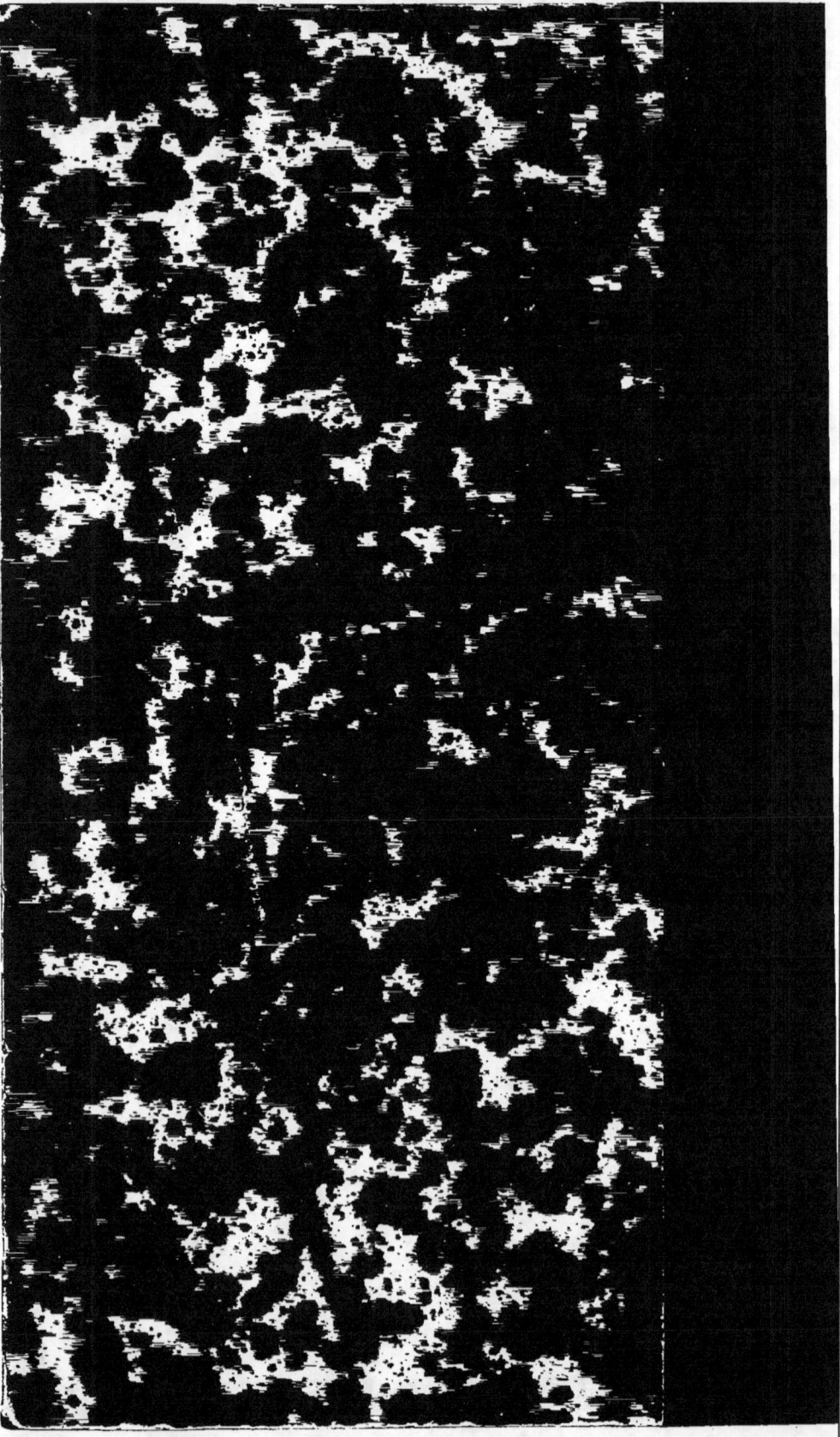